AI가 말해주는
와인의 모든 것

4 book
powered

AI가 알려주는 와인의 모든 것

만화로 웃고, AI와 토론하다 보면 당신은 이미 와인 전문가

책임 프로듀서 김수영
펴낸곳 포춘쿠키
출판일 2025년 10월 15일
주소 경기도 고양시 덕양구 삼원로63 F208
전화 02-7777-3000
사업자 105-87-29720
정가 23,000원

ISBN 979-11-994192-2-3

Published by Fortune Cookie Co.,Ltd.
Copyright © 2025 Fortune Cookie Co.,Ltd.

이 책은 저작권법에 의해 보호를 받는 저작물이므로 무단 전재와 복제를 금합니다.
또한 저작권자와 (주)포춘쿠키의 허락없이 이 책의 일부 또는 전부를 어떠한 형태로든 영리를 목적으로 이용하는 것을 금합니다.

AI가 알려주는 와인의 모든 것

책임 프로듀서 **김수영**

포춘쿠키

들어가며
책을 프로듀싱하다

　인공지능의 발전은 이제 단순한 기술적 진보를 넘어 창작의 영역에까지 발을 들여놓았습니다. 비록 인간의 깊은 경험과 통찰이 빚어내는 예술적 감동의 경지에는 아직 미치지 못할지라도, 그 기능적·기술적 성취는 충분히 경탄할 만합니다.

　앞으로 우리는 인간과 인공지능이 협력하여 탁월한 결과를 창조해내는 장면을 무수히 목격하게 될 것입니다. 인간이 탐구할 방향을 제시하고 예술적 직관으로 골격을 구축하면, 인공지능은 숙련된 조수처럼 그 사이를 정교하게 채워나갑니다. 이러한 협업의 방식은 모든 분야에서 일반화될 것이며, 저술 영역 또한 예외가 아닙니다.

　그러나 많은 이들이 아직 이러한 방식에 낯설어하며 거부감을 드러내는 것도 사실입니다.

　책을 만드는 과정에서 인간이 목적과 방향을 설정하고 서사의 전개 과정을 구상하면, 인공지능이 나머지를 담당하는 것—우리는 이를 '저작의 한 형태'로 정의합니다. 하지만 사람들이 아직 이를 받아들일 준비가 되어있지 않다면, 우리는 이러한 저술의 형태를 '저작'이 아닌 '프로듀싱'이라 명명하고자 합니다.

따라서 이러한 집필을 수행하는 이는 저자가 아닌 프로듀서로 불리게 될 것입니다.

물론 시간이 흘러 세상이 이러한 집필 형태를 자연스럽게 받아들이게 된다면, 그때는 저자와 프로듀서를 동등한 창조자의 반열에 올리게 될 것입니다. 우리는 이를 믿으며 기다립니다.

우리는 프로듀서입니다.

이 책을 만들 때 사용된 인공지능들

AI LLM ChatGPT, Claude, Gemini, Perplexity, Grok
Agent AI Genspark, Felo, Manus
TTS AI ElevenLabs, F5-TTS, Azure TTS
Imaging AI GPTv1, Whisk, GemImage, Gemini, Midjourney, Flux
자체제작 AI 4bookAI Framework

북 프로듀서 ▲
창작의 패러다임 전환

가이드

4bookAI 사용 가이드

    4bookAI는 인공지능 기술을 활용해 독서 경험을 혁신하는 차세대 독서 플랫폼입니다. 단순히 책을 읽는 것을 넘어, AI의 도움으로 한 권의 책에서 무한한 지식과 창조적 영감을 얻을 수 있는 새로운 독서 생태계를 제공합니다.

    4bookAI 는 확장본문, 인포그래픽, 마인드맵, 강의오디오, 팟캐스트 오디오, 퀴즈 등 다양한 구성으로 되어있으며, AskAI 라는 에이전트가 이 구성들마다 상주하면서 독자가 선택한 내용에 대하여 인공지능 해설을 해주거나 특별한 요청을 수행하게 됩니다.

    이 에이전트를 이용하면 독자는 1권의 책으로부터 수천권의 책, 수만의 인터넷 문서와 만날 수 있을 뿐만 아니라 시와 에세이를 쓰는 것처럼 훌륭한 창조적 기능들을 수행할 수 있습니다.

    그 뿐 아닙니다. AskAI 의 핵심 중 핵심은 현재 도서에 담겨있는 모든 내용과 저자의 주의, 주장을 학습하였다는 것입니다. 일반적 인공지능이 그냥 백과사전식 지식을 무미 건조하게 맥락에서 동떨어진 황당한 답변을 받을 확률이 높다는 것과 비교하면 AskAI 는 책내용의 맥락에 맞게 결과를 내어주므로 응답품질이 하늘과 땅 차이인 것입니다.

QR코드 접속 안내

4bookAI의 모든 기능을 이용하려면 책에 인쇄된 QR 코드를 스캔하여 접속하시면 됩니다.

먼저 스마트폰을 준비하신 후, 카메라 앱을 실행해 주세요. 최신 스마트폰은 별도의 QR 리더 앱을 설치하지 않아도 기본 카메라 앱에서 QR 코드를 자동으로 인식합니다. 카메라를 QR 코드에 맞추면 화면 상단이나 하단에 웹사이트 링크가 담긴 알림이 자동으로 나타납니다. 이 알림을 터치하시면 바로 4bookAI 사이트로 연결됩니다.

한 번의 스캔만으로 확장 본문, 인포그래픽, 마인드맵, 오디오 강의, 팟캐스트, 퀴즈, 독자 게시판, AskAI 에이전트 등 책과 연동된 모든 디지털 콘텐츠를 즉시 이용할 수 있습니다. QR 코드는 각 챕터별로 제공되므로, 읽고 계신 부분에 해당하는 QR 코드를 스캔하면 해당 챕터의 콘텐츠로 바로 이동합니다.

랜딩페이지 안내

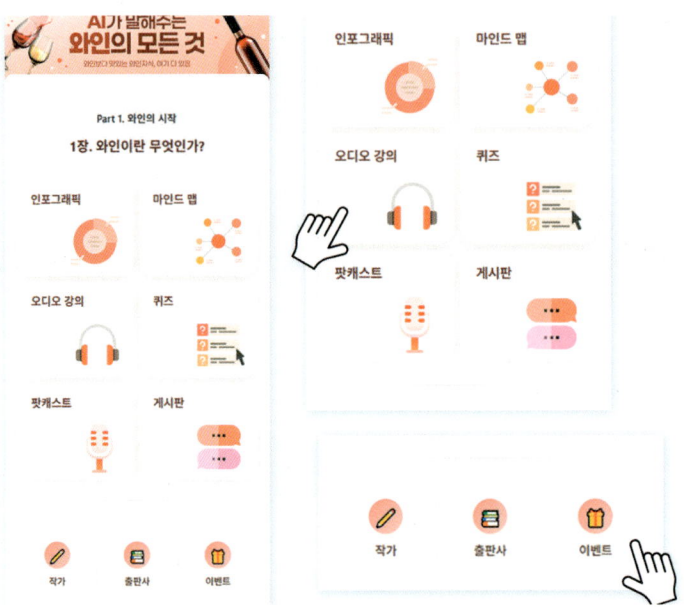

QR 코드를 스캔하여 접속하면 4bookAI의 랜딩 페이지가 나타납니다. 페이지는 직관적인 인터페이스로 구성되어 있어 원하는 기능을 쉽게 찾아 이용할 수 있습니다.

페이지 상단의 헤더에는 도서명이 표시되며, 바로 아래에는 접속하신 챕터의 제목이 명시되어 있습니다. 중앙 영역에는 주요 기능 버튼 6개가 체계적으로 배치되어 있어 한눈에 확인할 수 있습니다. 각 버튼에는 확장 본문, 인포그래픽, 마인드맵, 오디오 강의, 팟캐스트, 퀴즈 등의 아이콘과 명칭이 표시되어 있으며, 터치 한 번으로 해당 기능 페이지로 이동합니다.

하단에는 3개의 추가 버튼이 배치되어 있습니다. 이 중 '가이드북' 버튼을 선택하면 현재 읽고 계신 이 사용 가이드 페이지보다 더욱 상세한 설명과 활용 팁, 각 기능별 세부 매뉴얼을 확인할 수 있는 페이지로 연결됩니다.

인포그래픽

책의 주요 내용을 그림과 함께 일목요연하게 정리한 시각 자료입니다. 각 항목에서 AskAI를 활용해 심화 정보를 탐색하거나, 해당 주제로 창작 활동을 할 수 있어 학습의 폭을 넓힐 수 있습니다.

마인드맵

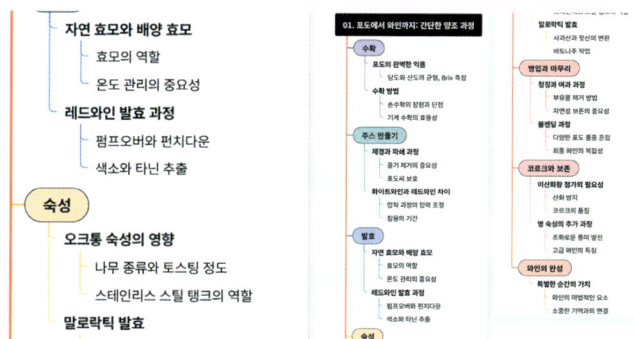

핵심 개념들을 다이어그램으로 체계적으로 구조화한 사고 도구입니다. AskAI와 연동하여 각 노드에서 확장된 지식을 얻거나 다양한 창의적 결과물을 생성할 수 있습니다.

오디오강의/팟캐스트

오디오 강의는 전문 강사가 챕터별로 제공하는 음성 해설로, 이동 중에도 편리하게 학습할 수 있는 청각 콘텐츠입니다.

팟캐스트는 전문가와 진행자가 재미있게 대화를 나누며 핵심 내용을 풀어내는 토크 형식의 콘텐츠로, 부담 없이 들으며 이해도를 높일 수 있습니다.

퀴즈

인공지능이 초급, 중급, 고급 수준별로 제공하는 문제를 통해 본문 이해도를 점검할 수 있습니다. 오답에 대한 상세한 해설과 최종 평가를 제공하여 입체적인 학습 피드백을 받을 수 있습니다.

독자 게시판

목차별로 마련된 토론 공간에서 독자들이 의견을 나누고 서로의 관점을 공유하며 능동적으로 참여할 수 있습니다.

기타

저자, 출판사 등 추가 페이지가 제공되어 한 권의 책이 더 넓은 세상으로 가는 관문이 되게 해줍니다. 책에 따라 구성이 다를 수 있습니다.

AskAI 에이전트

앞서 설명한 바와 같이 AskAI는 해당 도서로 강화 학습(Reinforcement Learning, RL)된 인공지능 에이전트입니다. 저자의 주장과 견해를 독자에게 해설하고 보충해 주는 역할을 합니다. 독자가 4bookAI 사용 중 항목을 선택하여 호출하면 다음과 같은 화면이 구성됩니다.

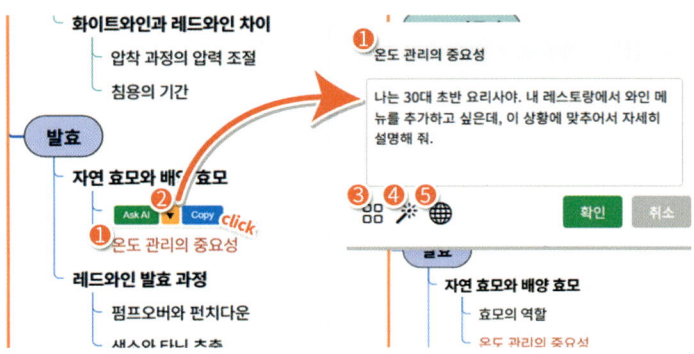

1. **선택된 키 센텐스** 현재 선택된 키센텐스를 중심으로 답변합니다.
2. **부가 요청 대화창** 사용자의 추가 질문을 작성하거나 템플릿에서 내용을 가져올 수 있습니다.
3. **부가 요청 템플릿** 도서 특성에 맞게 준비된 자주 묻는 질문들입니다. 버튼 클릭으로 입력하고, 백스페이스 한 번으로 전체 삭제가 가능합니다.
4. **인공지능이 선택해준 추천 질문** 핵심 문장과 연관되어 독자가 궁금해할 만한 내용을 AI가 선별하여 제시합니다.
5. **인터넷 검색 버튼** AskAI는 기본적으로 사전 학습된 내용으로 답변하지만, 이 토글 버튼을 활성화하면 실시간 웹 검색을 통해 최신 정보를 참조하여 답변하고, 출처 링크를 함께 제공합니다. 이때문에 다소 느려질 수 있습니다.

4bookAI의 혁신성

4bookAI는 단순한 독서 도구를 넘어 지식 창조와 학습 혁신을 위한 종합 플랫폼입니다. 한 권의 책이 수천 권의 지식과 연결되고, 독자는 능동적 학습자이자 창작자로 성장할 수 있습니다. 이는 기존 독서 패러다임을 완전히 바꾸는 혁신적 접근법으로, 미래형 독서 문화의 새로운 표준을 제시합니다.

4bookAI를 처음 사용할 때

1. 하단에 있는 QR코드를 스캔하면 등록화면이 나옵니다.
2. 지시에 따라 이 책의 뒷장에 스티커로 붙어있는 4bookAI 등록 코드를 입력합니다.
3. 이 코드는 처음 등록한 날로부터 180일간 4bookAI를 사용할 수 있습니다.
4. 180일 뒤에는 월정액을 결제하고 계속 사용할 수 있습니다. 월정액과 방법은, 종료일 약 1달 전에 별도 안내드립니다.

4bookAI ▶
코드 입력 및 시작

소개
AI가 알려주는 와인의 모든 것에 대하여

와인보다 맛있는 와인 지식, 여기 다 있음

AI가 들려주는 와인의 세계! 재미있게 와인을 즐겨보세요.

수백 년간 쌓여온 와인의 지식과 전통을 AI의 눈으로 새롭게 해석하여, 누구나 쉽게 이해할 수 있도록 풀어냈습니다. 마치 친구와 와인 한 잔 나누며 대화하는 것처럼 편안하고 즐거운 와인 이야기가 시작됩니다. 프랑스의 보르도부터 한국의 캠벨얼리까지, 전 세계 와인의 다채로운 이야기를 한 권에 담았습니다.

구대륙의 전통 와인 산지에서 시작해 신대륙의 혁신적인 와이너리까지, 각 지역만의 독특한 테루아와 와인 문화를 생생하게 전달합니다. 포도에서 와인이 되는 과정, 와인 라벨 읽는 법, 완벽한 페어링까지! 당신이 몰랐던 와인의 재미있는 비밀도 함께 알려드립니다. 복잡해 보이는 와인 에티켓부터 레스토랑에서 자신 있게 와인을 주문하는 방법, 집에서 와인을 보관하는 노하우까지 실생활에 바로 적용할 수 있는 실용적인 팁들이 가득합니다.

보르도 와인 라벨에 피카소가 참여했다는 사실, 샴페인이 실수로 탄생했다는 이야기, 역사 속 인물들의 와인 일화, 영화와 문학 속에 등장하는 와인의 의미, 그리고 현대 와인 산업의 최신 트렌드까지 다양한 각도에서 와인을 조명합니다.

특히 이 책에서는 AI 기술을 활용한 스마트한 와인 선택법과 개인 맞춤형 와인 추천 시스템도 소개하여, 디지털 시대의 새로운 와인 문화를 제시합니다.각 장마다 QR 코드를 통해 접근할 수 있는 AI 와인 컨시어지 서비스로, 읽는 것을 넘어 직접 체험하고 질문하며 학습할 수 있습니다.이 책 한 권으로 와인 초보자에서 자신감 넘치는 애호가로 거듭나세요. 와인이 주는 즐거움을 온전히 느끼고, 와인을 통해 삶의 품격을 높이는 여정에 함께하시길 바랍니다.

이런 분이라면 이 책을 꼭 보세요

- 와인에 관심은 있지만 어디서부터 시작해야 할지 모르겠다면?
- 레스토랑에서 와인 메뉴를 볼 때 더 이상 당황하고 싶지 않다면?
- 다양한 국가의 와인을 차례대로 배우고 싶다면?
- 친구들과의 모임에서 와인 고수로 인정받고 싶다면?
- 한식에 어울리는 와인이 궁금하다면?
- 홈파티용 와인과 안주 조합을 알고 싶다면?
- 가격대별로 추천받을만한 좋은 와인을 찾고 있다면?
- 와인 취향을 발견하고 자신에게 맞는 와인을 찾고 싶다면?

구성
AI가 알려주는 와인의 모든 것에 대하여

여러분은 이 책을 통해 다양한 와인지식을 배우게 됩니다.

1. 와인의 기초부터 발전된 지식까지 단계별로 배우기

여러분은 이 책을 통해 와인의 기본 개념부터 시작해 점차 깊이 있는 지식으로 발전해 나가는 여정을 경험하게 됩니다. 포도가 와인이 되는 양조 과정, 와인의 4가지 기본 종류(레드, 화이트, 로제, 스파클링), 와인 라벨 읽는 법, 와인 병의 형태 등 초보자가 꼭 알아야 할 기초 지식을 체계적으로 배우게 됩니다. 와인을 더 풍부하게 즐길 수 있는 전문적인 지식과 문화적 배경도 함께 알아갑니다.

2. 와인 테이스팅, 페어링, 보관법 등 실용적인 정보 습득하기

와인잔 올바르게 잡는 법, 테이스팅의 기본 단계, 와인별 적정 온도와 보관법을 배웁니다. 음식과 와인의 궁합 법칙, 한식과 어울리는 와인, 홈파티용 와인 안주 등 일상에서 바로 활용할 수 있는 실용적인 정보를 얻을 수 있습니다.

3. 와인 문화와 매너, 소셜 라이프에서 활용하는 와인 지식

와인 예절, 흔한 실수와 대처법, 초보자가 알아둘 와인 용어 100가

지를 배웁니다. 나만의 와인 취향을 발견하는 방법을 통해 레스토랑이나 사교 모임에서 자신감 있게 와인을 즐길 수 있게 됩니다.

4. 세계 각국의 다양한 와인 산지와 특징 탐험하기

프랑스, 이탈리아 같은 전통 강국부터 칠레, 미국, 아시아, 남아공까지 세계 각국의 와인을 탐험합니다. 각 나라별 대표 와인과 특징, 초보자 추천 와인까지 세계 와인 지도를 완성해나가는 흥미로운 여정을 경험합니다.

5. 미래 와인 산업의 트렌드와 지속 가능한 와인 문화 이해하기

AI와 드론을 활용한 스마트 와인 생산, 밀레니얼과 Z세대가 이끄는 새로운 와인 소비 문화, 내츄럴 와인과 유기농 와인의 부상을 알아봅니다. 또한 기후 변화에 대응하는 와인 산업의 혁신과 환경을 생각하는 지속 가능한 와인 생산 방식을 통해 미래 와인 문화의 방향을 이해하게 됩니다.

차례

책을 프로듀싱하다   4

4bookAI 사용 가이드   6

책 소개   14

책의 구성   16

Part 1
와인의 시작

1장. 와인이란 무엇인가? 　　　　　　　　　　　　　　　　　　23
　　1. 포도주에서 와인으로: 양조 과정 | 2. 와인의 역사 | 3. 와인의 4가지 기본 종류

2장. 와인 고르기 　　　　　　　　　　　　　　　　　　　　　　55
　　4. 와인 라벨 읽는 법 | 5. 와인병의 형태 이해하기 | 6. 가격대별 와인 찾기

Part 2
와인 즐기기

3장. 와인 마시는 법 　　　　　　　　　　　　　　　　　　　　107
　　7. 와인잔과 바르게 잡는 법 | 8. 맛보기의 기본 단계 | 9. 적정 온도와 간단한 보관법

4장. 와인과 음식　　　　　　　　　　　　　　　　141

10. 음식 궁합의 법칙 | 11. 한식과 어울리는 와인 추천 | 12. 홈파티를 위한 간단한 와인 안주

Part 3
와인의 매너

5장. 와인과 함께하는 소셜 라이프　　　　　　　　173

13. 와인 한 잔의 기본 예절 | 14. 와인 관련 흔한 실수와 대처법 | 15. 초보자가 알아두면 좋은 와인 용어 100 | 16. 나의 와인 취향 발견하기

Part 4
와인의 세계

6장. 나라별 와인의 종류　　　　　　　　　　　　　213

17. 프랑스: 와인 할아버지가 들려주는 이야기 | 18. 독일: 와인계의 숨은 보석 | 19. 이탈리아: 와인계의 패션 디자이너 | 20. 스페인: 와인계의 열정적인 플라멩코 댄서 | 21. 오세아니아: 와인계의 젊은 혁신가들 | 22. 칠레: 와인계의 숨은 가성비 챔피언 | 23. 미국: 와인계의 자유로운 개척자들 | 24. 아시아: 와인계의 신흥 강자들 | 25. 또 다른 나라들: 남아공 | 26. 또 다른 나라들: 동유럽 | 27. 또 다른 나라들: 중동 지역

Part 5
와인의 미래

7장. 와인의 전망   **343**

    28. 와인 산업의 미래 트렌드 | 29. 와인 문화의 변화와 새로운 소비 패턴 | 30. 지속 가능한 와인 생산과 환경 이슈

맺음말   **374**

Part 1

와인의 시작
1장 와인이란 무엇인가?

"와인은 시간이 만든 시이며, 땅이 빚어낸 음악이다."

로버트 루이스 스티븐슨

1장
와인이란 무엇인가?

포도 한 송이에 담긴 8,000년의 비밀을 아시나요? 고대 조지아의 항아리에서 우연히 발견된 발효된 포도즙이 오늘날 전 세계인이 사랑하는 와인이 되기까지, 그 놀라운 여정이 지금 시작됩니다. 평범한 포도가 황홀한 한 잔의 와인으로 변신하는 마법 같은 양조 과정을 생생하게 들여다볼 것입니다.

레드, 화이트, 로제, 스파클링이 품은 각각의 매력을 하나하나 발견해나갈 예정입니다. 영하에서 탄생하는 아이스 와인, 대항해시대가 낳은 포트 와인의 특별한 이야기도 기다리고 있습니다.

와인잔에 담긴 것은 단순한 음료가 아닙니다. 그것은 인류 문명의 향기이자 시간이 빚어낸 예술작품입니다. 지금부터 와인의 매혹적인 세계로 함께 빠져들어 보시겠습니까?

1. 포도에서 와인까지: 양조 과정

모든 것은 포도송이에서 시작됩니다

 와인의 첫 단계는 '수확'입니다. 농부들은 포도가 완벽하게 익었을 때 - 달콤함과 신맛이 균형을 이룬 그 순간에 포도를 수확합니다. 수확 시기가 너무 이르면 신맛이 강해지고, 너무 늦으면 지나치게 달콤해집니다. 이 타이밍이 와인의 첫 번째 비밀이죠!

 사실 수확 시기를 결정하는 것은 와인메이커의 가장 중요한 결정 중 하나입니다. 포도의 당도는 **'브릭스(Brix)'**라는 단위로 측정하는데,

1장 와인이란 무엇인가?

대부분의 와인용 포도는 21-25 브릭스 사이에서 수확됩니다. 하지만 단순히 당도만이 아니라 산도, 타닌의 성숙도, 그리고 포도의 향기 성분까지 모두 고려해야 합니다.

수확 방법도 와인의 품질에 큰 영향을 미칩니다. 손수확은 포도를 선별하면서 수확할 수 있어 품질 관리에 유리하지만, 시간과 비용이 많이 듭니다. 반면 기계 수확은 효율적이지만 잎이나 덜 익은 포도가 섞일 수 있습니다. 최고급 와인은 여전히 새벽 시간대에 손으로 수확하는데, 이는 포도가 차가울 때 수확하면 산화를 막고 신선한 향을 보존할 수 있기 때문입니다.

으깨고, 짜고, 풀어내고

포도가 수확되면 주스를 만들 차례입니다. 전통적으로는 맨발로 포도를 밟기도 했지만, 요즘은 기계로 으깹니다. 레드와인은 포도알, 껍질, 씨앗 모두를 으깨서 발효시키기에 빨간색을 띠고, 화이트와인은 포도즙만 사용하여 투명한 색을 유지합니다.

먼저 '**제경**(destemming)' 과정을 거칩니다. 포도송이에서 줄기를 제거하는 이 과정은 와인에 쓴맛이나 떫은맛이 과도하게 들어가는 것을 방지합니다. 하지만 일부 와인메이커들은 의도적으로 줄기를 일부 남겨두기도 하는데, 이는 와인에 구조감과 복잡성을 더하기 위해서입니다.

1. 포도에서 와인까지: 양조 과정

'**파쇄**(crushing)' 과정은 포도를 으깨는 것인데, 이때 중요한 것은 포도씨를 깨뜨리지 않는 것입니다. 포도씨가 깨지면 지나치게 쓴맛이 날 수 있기 때문이죠. 현대의 파쇄기는 포도알을 부드럽게 터뜨려 주스를 내면서도 씨는 온전히 보존하도록 설계되어 있습니다.

화이트와인의 경우, 파쇄 후 즉시 '**압착**(pressing)' 과정을 거쳐 주스만을 분리합니다. 이때 압력의 강도가 중요한데, 처음 나오는 주스(프리런 주스)가 가장 품질이 좋고, 압력을 높일수록 더 많은 타닌과 쓴맛이 추출됩니다. 반면 레드와인은 껍질과 함께 발효시켜 색소와 타닌을 추출합니다. 이 과정을 '**침용**(maceration)'이라고 하며, 보통 1-4주간 지속됩니다.

자연의 마법: 발효

포도즙에 있는 천연 효모나 첨가된 효모가 당분을 알코올로 변환시키는 과정을 '**발효**(fermentation)'라고 합니다. 수백만 개의 효모가 설탕을 먹고 알코올과 이산화탄소를 만들어내는 이 작은 파티는 보통 1-3주간 지속됩니다.

발효는 와인 양조의 심장부라고 할 수 있습니다. 효모는 포도의 천연 당분을 먹고 알코올과 이산화탄소, 그리고 수백 가지의 향기 성분을 만들어냅니다. 이 과정에서 열이 발생하는데, 온도 관리가 매우 중요합니다. 화이트와인은 12-18°C의 낮은 온도에서 천천히 발

1장 와인이란 무엇인가?

효시켜 섬세한 과일 향을 보존하고, 레드와인은 20-32°C의 높은 온도에서 발효시켜 더 많은 색소와 타닌을 추출합니다.

천연 효모를 사용하는 '**자연 발효**(natural fermentation)'는 와인에 독특한 개성과 복잡성을 부여하지만, 예측하기 어렵고 실패할 위험이 있습니다. 반면 배양 효모를 사용하면 안정적이고 일관된 결과를 얻을 수 있습니다. 많은 와인메이커들이 두 방법을 혼합하여 사용하기도 합니다.

발효 중에는 레드와인의 경우 '**펌프오버**(pump-over)'나 '**펀치다운**(punch-down)' 같은 작업을 통해 껍질과 주스를 섞어줍니다. 이는 색소와 타닌을 고르게 추출하고, 껍질이 표면에 떠서 박테리아에 오염되는 것을 방지합니다.

숙성의 시간

발효 후 와인은 아직 청년기로 맛이 거칠 수 있습니다. 오크통이나 스테인리스 탱크에서의 숙성 과정을 통해 와인은 부드럽고 복합적인 맛과 향을 발전시킵니다. 오크통 숙성은 바닐라, 토스트, 스파이시한 풍미를 더해줍니다.

숙성은 와인에 깊이와 복잡성을 더하는 과정입니다. 오크통 숙성의 경우, 나무의 종류(프렌치 오크, 아메리칸 오크), 토스팅 정도(light, medium, heavy), 통의 크기, 새 통인지 사용한 통인지에 따라 와인에 미치는 영향이 달라집니다. 프렌치 오크는 섬세하고 우아한 바닐라와 스파이스 향을, 아메리칸 오크는 더 강렬한 바닐라와 코코넛 향을 부여합니다.

스테인리스 스틸 탱크에서 숙성하는 경우는 와인의 신선한 과일 향을 보존하고자 할 때 선택합니다. 특히 화이트와인이나 가벼운 레드와인에 적합합니다. 일부 와인메이커는 콘크리트 탱크나 암포라(점토 항아리) 같은 전통적인 용기를 사용하기도 하는데, 이는 와인에 독특한 미네랄 느낌을 부여합니다.

숙성 중에는 '**말로락틱 발효**(malolactic fermentation)'라는 2차 발효가 일어날 수 있습니다. 이는 날카로운 사과산이 부드러운 젖산으로 변환되는 과정으로, 와인을 더욱 부드럽고 크리미하게 만듭니다. 대부분의 레드와인과 일부 풀바디 화이트와인(샤르도네 등)이 이 과정을 거칩니다.

또한 숙성 중에는 '**바토나주**(batonnage)'라는 작업을 하기도 합니다. 이는 발효 후 남은 효모 찌꺼기(리스)를 저어주는 작업으로, 와인에 빵이나 비스킷 같은 고소한 풍미와 크리미한 질감을 더해줍니다. 샴페인이나 고급 화이트와인에서 자주 사용되는 기법입니다.

병입과 마무리

숙성이 끝나면 와인은 병에 담겨 코르크나 스크류캡으로 밀봉됩니다. 이렇게 포도는 수확에서 병입까지 여러 단계를 거쳐 우리가 즐

1장 와인이란 무엇인가?

기는 와인으로 탄생합니다!

병입 전에는 여러 마무리 작업이 필요합니다. 먼저 '**청징**(fining)'과 '**여과**(filtering)' 과정을 통해 와인 속의 부유물을 제거합니다. 청징제로는 달걀 흰자, 벤토나이트(점토의 일종), 이징글라스(물고기 부레) 등이 사용됩니다. 하지만 일부 와인메이커들은 와인의 자연스러운 특성을 보존하기 위해 이런 과정을 최소화하거나 생략하기도 합니다.

'**블렌딩**(blending)'도 중요한 과정입니다. 서로 다른 포도 품종, 다른 밭에서 수확한 포도, 다른 방식으로 숙성한 와인을 섞어 최종 와인을 만듭니다. 보르도 와인의 경우 카베르네 소비뇽, 메를로, 카베르네 프랑 등을 블렌딩하여 복잡하고 균형 잡힌 와인을 만들어냅니다.

병입 시에는 소량의 이산화황을 첨가하여 와인의 산화를 방지하고 보존성을 높입니다. 코르크로 마감하는 경우, 천연 코르크의 품질이 와인의 장기 숙성 가능성에 큰 영향을 미칩니다. 최근에는 스크류캡이나 합성 코르크도 많이 사용되는데, 이는 코르크 오염(TCA)의 위험이 없고 일정한 품질을 보장한다는 장점이 있습니다.

마지막으로, 일부 고급 와인은 병입 후에도 와이너리에서 추가로 숙성시킵니다. 이를 '**병 숙성**(bottle aging)'이라고 하며, 와인이 더욱 조화롭고 복잡한 풍미를 발전시킬 수 있도록 합니다.

2. 와인의 역사

우연한 발견 (기원전 6000-3000년)

 인류가 처음 와인을 만난 것은 약 8,000년 전입니다. 코카서스 산맥 지역에서 포도가 담긴 용기가 발효되어 우연히 발견되었고, 고고

1장 와인이란 무엇인가?

학자들은 조지아 지역에서 기원전 6000년경의 와인 흔적이 남은 도자기를 발견했습니다.

이 발견은 2017년 조지아의 가다크릴리 고라와 슐라베리 고라 유적지에서 이루어졌는데, 토기 조각에서 타르타르산과 같은 와인의 화학적 흔적이 발견되었습니다. 이는 인류가 농경 생활을 시작한 지 얼마 되지 않아 와인을 만들기 시작했다는 놀라운 증거입니다.

당시의 와인은 오늘날과는 매우 달랐을 것으로 추정됩니다. 야생 포도를 으깨어 항아리에 담아두면 포도 껍질의 천연 효모가 당분을 알코올로 변환시켰을 것입니다. 이 우연한 발견은 아마도 포도를 저장해두었다가 며칠 후 열어보니 거품이 일고 향긋한 냄새가 나는 액체로 변해있는 것을 발견했을 때 일어났을 것입니다.

고대 문명과 와인 (기원전 3000-500년)

메소포타미아와 이집트에서는 와인이 귀족의 특권이었고, 파라오의 무덤에서 발견된 와인병에는 최초의 '**와인 라벨**'이 있었어요. 그리스인들은 와인을 물과 섞어 마셨고, 로마인들은 다양한 와인 스타일과 기술을 발전시켰습니다.

고대 이집트에서 와인은 극도로 귀중한 음료였습니다. 나일강 삼각주 지역에서 포도를 재배했지만, 덥고 건조한 기후 때문에 생산량이 제한적이었죠. 투탕카멘의 무덤에서는 26개의 와인 항아리가 발견되었는데, 각 항아리에는 포도밭 이름, 수확 연도, 와인메이커의 이름까지 적혀 있었습니다. 이는 현대의 와인 라벨 시스템의 시초라고 볼 수 있습니다.

그리스 문명은 와인 문화를 한 단계 끌어올렸습니다. 그들은 와인의 신 디오니소스를 숭배했고, '**심포지움**(symposium)'이라는 와인을 마시며 철학을 논하는 모임을 열었습니다. 그리스인들은 와인을 그대로 마시는 것을 야만적이라고 여겨, 보통 1:3 또는 1:4의 비율로 물과 섞어 마셨습니다. 또한 그들은 '**암포라**(amphora)'라는 특별한 도자기를 개발하여 와인을 저장하고 운반했는데, 내부에 송진을 발라 와인의 산화를 막았습니다. 이것이 오늘날 그리스의 '**레치나**(Retsina)' 와인에 송진 향이 나는 이유입니다.

로마 제국은 와인 산업의 진정한 혁신가였습니다. 그들은 와인 생산을 체계화하고 대량 생산 시스템을 구축했습니다. 플리니우스는 그의 저서 '**박물지**(Naturalis historia)'에서 91종의 포도 품종과 49종의 고급 와인을 기록했습니다. 로마인들은 또한 나무통을 사용하기 시작했고, 유리병을 개발했으며, 빈티지 개념을 도입했습니다. 특히 '**팔레르눔**(Falernum)' 와인은 100년 이상 숙성이 가능한 최고급 와인으로 유명했습니다.

중세 시대 (500-1400년)

로마 제국 몰락 후 와인 제조 기술은 수도원에서 보존되었습니다.

1장 와인이란 무엇인가?

당시 물은 오염되어 있어 와인이 더 안전한 음료였죠. 샴페인, 부르고뉴, 보르도 같은 유명 와인 지역이 이 시기에 발전했습니다.

로마 제국의 붕괴는 유럽을 혼란에 빠뜨렸지만, 기독교 수도원이 와인 문화의 수호자가 되었습니다. 수도사들은 미사에 필요한 와인을 직접 생산했고, 이 과정에서 와인 양조 기술을 보존하고 발전시켰습니다. 베네딕트 수도회와 시토 수도회는 특히 와인 생산에 헌신적이었습니다.

부르고뉴의 시토 수도회 수도사들은 '**테루아(terroir)**' 개념을 최초로 체계화했습니다. 그들은 수백 년에 걸쳐 각 포도밭의 토양, 경사, 일조량을 관찰하고 기록했습니다. 심지어 흙을 맛보며 토양의 차이를 구분했다고 합니다. 이들의 노력으로 부르고뉴의 '**클리마(climat)**' 시스템이 탄생했고, 이는 2015년 유네스코 세계문화유산으로 지정되었습니다.

샴페인 지역에서는 돔 페리뇽(Dom Pérignon)이라는 베네딕트 수도사가 1668년부터 1715년까지 오빌레 수도원의 와인 담당자로 일했습니다. 그는 샴페인 제조법을 직접 발명하지는 않았지만, 블렌딩 기술을 완성하고 코르크 마개를 도입하는 등 샴페인 품질 향상에 크게 기여했습니다. "나는 별을 마시고 있다!"라는 그의 유명한 말은 샴페인의 매력을 잘 표현합니다.

보르도는 1152년 엘레아노르 다키텐 여공작이 헨리 2세와 결혼하면서 영국령이 되었고, 이후 300년간 영국의 주요 와인 공급지가 되

2. 와인의 역사

었습니다. '**클라레**(Claret)'라고 불린 보르도 와인은 영국 귀족들의 사랑을 받았고, 이는 보르도 와인 산업 발전의 토대가 되었습니다.

르네상스와 발견의 시대 (1400-1700년)

유럽인들은 신대륙으로 포도나무를 가져갔고, 스페인 선교사들이 캘리포니아와 남미에 포도를 심었습니다. 이때 칠레와 아르헨티나 와인의 씨앗이 뿌려졌습니다.

대항해시대가 열리면서 와인은 전 세계로 퍼져나갔습니다. 1493년 콜럼버스의 두 번째 항해 때 포도나무가 처음으로 아메리카 대륙에 도착했습니다. 하지만 카리브해의 열대 기후는 '**유럽종 포도**(Vitis vinifera)' 재배에 적합하지 않았습니다.

스페인 정복자 에르난 코르테스는 1521년 멕시코를 정복한 후, 모든 농장주들에게 1,000그루의 포도나무를 심도록 명령했습니다. 이것이 아메리카 대륙 와인 산업의 시작이었습니다. 스페인 선교사들은 미사용 와인이 필요했기 때문에, 선교소를 세울 때마다 포도밭을 조성했습니다. 이들이 심은 '**미션**(Mission)' 포도는 품질은 높지 않지만, 신대륙에서 살아남을 수 있는 강인한 품종이었습니다.

칠레는 1548년 스페인 선교사 프란시스코 데 카라반테스가 처음으로 포도나무를 들여왔고, 안데스 산맥이 천연 방벽 역할을 하여 병충해로부터 보호받을 수 있었습니다. 이 덕분에 칠레는 필록세라

1장 와인이란 무엇인가?

의 피해를 받지 않은 몇 안 되는 와인 생산국 중 하나가 되었습니다.

남아프리카에서는 1659년 얀 반 리베크가 케이프타운에서 첫 와인을 생산했습니다. 네덜란드 동인도회사는 긴 항해 중 괴혈병을 예방하기 위해 와인 생산을 장려했고, 콘스탄티아의 디저트 와인은 나폴레옹이 세인트헬레나 섬에 유배되었을 때도 주문할 정도로 유명해졌습니다.

이 시기에는 와인 보존 기술도 발전했습니다. 17세기 후반 영국에서 석탄 화로를 사용한 유리병 제조가 시작되어 더 두껍고 튼튼한 병을 만들 수 있게 되었고, 코르크 마개와 코르크스크류가 발명되어 와인을 더 오래 보관할 수 있게 되었습니다.

산업혁명과 과학화 (1700-1900년)

와인병과 코르크 표준화가 이루어졌고, 파스퇴르가 발효 과정을 과학적으로 설명했습니다. 19세기 중반, 필록세라 진딧물로 유럽 포도나무가 위기에 처했지만 미국산 뿌리에 접목하여 해결했습니다.

18세기는 와인 역사에서 **'품질의 시대'**로 불립니다. 보르도에서는

1855년 파리 만국박람회를 위해 메독 지역의 그랑 크뤼 클라세 등급 체계가 만들어졌습니다. 이 등급은 오늘날까지도 거의 변하지 않고 유지되고 있으며, 샤토 라피트 로칠드, 샤토 라투르, 샤토 마고, 샤토 오브리옹이 1등급으로 분류되었습니다.

2. 와인의 역사

루이 파스퇴르의 연구는 와인 양조를 과학의 영역으로 끌어올렸습니다. 1860년대에 그는 발효가 효모라는 미생물의 작용이라는 것을 밝혀냈고, 와인이 상하는 원인이 해로운 박테리아 때문임을 발견했습니다. 그의 저서 『와인 연구』는 현대 와인 양조학의 초석이 되었습니다.

하지만 19세기 중반, 유럽 와인 산업은 역사상 최대의 위기를 맞았습니다. 1863년 프랑스 남부에서 처음 발견된 필록세라는 포도나무 뿌리를 갉아먹는 진딧물로, 불과 20년 만에 유럽 포도밭의 거의 절반을 초토화시켰습니다. 프랑스에서만 250만 에이커의 포도밭이 파괴되었고, 많은 와인 생산자들이 파산했습니다.

해결책은 아이러니하게도 필록세라의 원산지인 미국에서 왔습니다. 미국산 포도나무는 필록세라에 대한 저항성을 진화시켜왔기 때문에, 유럽종 포도나무를 미국산 대목에 접목하는 방법이 개발되었습니다. 이 작업은 엄청난 노동력과 비용이 들었지만, 유럽 와인 산업을 구했습니다. 오늘날 전 세계 대부분의 포도나무는 여전히 미국산 대목에 접목되어 있습니다.

현대 와인 (1900년-현재)

20세기에 와인 생산이 전 세계로 확산되었고, 1976년 '**파리의 심판** (Judgment of Paris)'에서 캘리포니아 와인이 프랑스 와인을 이기며 유럽 중심의 고정관념을 깨뜨렸습니다. 한국에서는 1980-90년대부터 와인이 대중화되기 시작했고, 최근에는 국내 와이너리도 증가하고

1장 와인이란 무엇인가?

있습니다.

20세기 초반은 와인 산업에 또 다른 시련의 시기였습니다. 미국의 금주법(1920-1933)은 캘리포니아 와인 산업을 거의 붕괴시켰고, 두 차례의 세계대전은 유럽 와인 산업에 큰 타격을 입혔습니다. 하지만 이러한 위기는 오히려 와인 산업의 현대화와 국제화를 촉진했습니다.

1976년 5월 24일은 와인 역사에서 혁명적인 날로 기록됩니다. 파리에서 열린 블라인드 테이스팅에서 캘리포니아의 스택스 립 와인 셀러 카베르네 소비뇽 1973과 샤토 몬텔레나 샤르도네 1973이 프랑스 최고의 와인들을 제치고 1위를 차지했습니다. 이 **'파리의 심판'**은 신대륙 와인도 구대륙 와인과 대등하거나 더 뛰어날 수 있다는 것을 증명했습니다.

기술 혁신도 현대 와인 산업을 변화시켰습니다. 온도 조절 발효 탱크, 역삼투압 기술, 마이크로 산소 공급 장치 등이 도입되어 와인의 품질을 더욱 정밀하게 관리할 수 있게 되었습니다. 또한 인공위성을 이용한 정밀 농업, DNA 분석을 통한 포도 품종 연구 등 첨단 기술이 와인 산업에 적용되고 있습니다.

21세기에는 지속 가능한 와인 생산이 중요한 화두가 되었습니다. 유기농, 바이오다이나믹, 자연주의 와인이 인기를 얻고 있으며, 많은 와이너리들이 탄소 중립을 목표로 하고 있습니다.

3. 와인의 기본 4가지 종류

레드 와인: 풍부함의 세계

만드는 법

　검은색, 파란색, 붉은색 포도를 껍질, 씨앗, 과육 모두 함께 발효시킵니다. 레드 와인의 붉은 색은 포도 껍질에 있는 안토시아닌이라는 색소에서 나옵니다. 발효 과정에서 알코올이 이 색소를 추출하여 와인에 아름다운 루비색부터 진한 자주색까지 다양한 색상을 부여합니다. 껍질과의 접촉 시간이 길수록 색이 진해지고 타닌이 많이 추

1장 와인이란 무엇인가?

출되어 와인의 구조감이 강해집니다.

특징

타닌 성분으로 입 안에 건조한 느낌을 줄 수 있으며, 체리, 베리류, 초콜릿, 가죽 같은 다양한 풍미가 있습니다. 타닌은 포도 껍질, 씨앗, 줄기에서 추출되는 폴리페놀 화합물로, 와인에 떫은맛과 구조감을 제공합니다. 어린 와인의 타닌은 거칠고 떫을 수 있지만, 숙성을 거치면서 부드러워지고 벨벳처럼 매끄러운 질감으로 변화합니다. 타닌은 또한 천연 방부제 역할을 하여 레드 와인이 오랜 기간 숙성할 수 있게 해줍니다.

레드 와인의 향미는 1차 향(포도 자체의 과일 향), 2차 향(발효 과정에서 생성되는 향), 3차 향(숙성 과정에서 발달하는 향)으로 구분됩니다. 어린 레드 와인에서는 신선한 베리류의 향이 주를 이루지만, 숙성된 와인에서는 말린 과일, 담배, 가죽, 숲 바닥, 트러플 같은 복잡한 향이 발달합니다.

대표 품종

카베르네 소비뇽(Cabernet Sauvignon)

'와인의 왕'이라 불리는 이 품종은 보르도가 원산지입니다. 블랙커런트, 삼나무, 민트, 그린 페퍼의 향이 특징적이며, 높은 타닌과 산도로 장기 숙성에 적합합니다. 나파 밸리, 쿠나와라, 마이포 밸리 등 세계 각지에서 훌륭한 카베르네 소비뇽을 생산합니다.

메를로(Merlot)

카베르네 소비뇽보다 부드럽고 과일향이 풍부한 품종입니다. 자두, 체리, 초콜릿의 향미가 특징이며, 타닌이 부드러워 와인 입문자들이 즐기기 좋습니다. 보르도의 포므롤과 생테밀리옹이 최고급 메를로 산지로 유명합니다.

피노 누아(Pinot Noir)

'**하트브레이커 포도**'라는 별명을 가진 이 품종은 재배가 까다롭지만 최고의 우아함을 보여줍니다. 딸기, 체리, 버섯, 젖은 나뭇잎의 향이 특징이며, 실크처럼 부드러운 타닌을 가집니다. 부르고뉴, 오리건, 뉴질랜드의 센트럴 오타고가 주요 산지입니다.

시라/쉬라즈(Syrah/Shiraz)

프랑스에서는 시라, 호주에서는 쉬라즈로 불립니다. 검은 후추, 올리브, 훈제육, 다크 초콜릿의 향미가 특징입니다. 북부 론의 에르미타주와 호주의 바로사 밸리가 대표적인 산지입니다.

산지오베제(Sangiovese)

이탈리아 토스카나의 대표 품종으로, 체리, 토마토, 허브, 가죽의 향이 특징입니다. 키안티, 브루넬로 디 몬탈치노 같은 유명한 와인을 만듭니다.

1장 와인이란 무엇인가?

서빙 온도

16-18°C의 시원한 실내 온도. 레드 와인은 너무 차가우면 타닌이 더욱 떫게 느껴지고 향이 닫히며, 너무 따뜻하면 알코올이 강조되어 균형이 무너집니다. 가벼운 레드 와인(피노 누아, 보졸레)은 14-16°C, 미디엄 바디(메를로, 산지오베제)는 16-18°C, 풀바디(카베르네 소비뇽, 시라)는 18-20°C가 적당합니다.

화이트 와인: 상쾌함의 세계

만드는 법

주로 녹색이나 노란 포도로 만들며, 껍질을 제거하고 주스만 발효시킵니다. 화이트 와인은 포도를 압착한 후 맑은 주스만을 발효시켜 만듭니다. 껍질과의 접촉을 최소화하여 투명하거나 연한 노란색을 띱니다. 흥미롭게도 붉은 포도로도 화이트 와인을 만들 수 있는데, 이는 대부분의 포도 과육이 무색이기 때문입니다. 샴페인의 주요 품종인 피노 누아와 피노 뫼니에가 대표적인 예입니다.

특징

상큼한 산미가 특징이며 사과, 배, 감귤류, 꽃 향이 두드러집니다. 화이트 와인의 산도는 와인에 생기와 신선함을 부여하는 핵심 요소입니다. 산도가 높으면 입 안에 침이 고이게 하고 음식과의 조화를

3. 와인의 기본 4가지 종류

돕습니다. 화이트 와인의 향미 프로필은 매우 다양한데, 가벼운 감귤류 향부터 열대과일, 핵과류, 꽃, 허브, 미네랄까지 광범위합니다. 오크 숙성을 거친 화이트 와인은 바닐라, 버터, 토스트 같은 풍미가 더해집니다.

대표 품종

샤르도네(Chardonnay)

'화이트 와인의 여왕'으로 불리는 샤르도네는 놀라운 다재다능함을 보여줍니다. 시원한 기후에서는 사과, 배, 감귤류의 향을, 따뜻한 기후에서는 열대과일의 향을 냅니다. 오크 숙성 여부에 따라 스타일이 크게 달라지는데, 오크 숙성을 거친 샤르도네는 버터, 바닐라, 헤이즐넛의 풍미가 더해집니다. 부르고뉴의 샤블리와 코트 드 본, 캘리포니아의 나파와 소노마가 유명 산지입니다.

소비뇽 블랑(Sauvignon Blanc)

상쾌하고 생동감 넘치는 이 품종은 풀, 구스베리, 패션프루트, 자몽의 향이 특징입니다. 높은 산도와 뚜렷한 향으로 여름에 즐기기 완벽한 와인입니다. 프랑스의 루아르 밸리(상세르, 푸이 퓌메)와 뉴질랜드의 말보로가 대표 산지입니다.

리슬링(Riesling)

독일의 대표 품종으로, 꿀, 복숭아, 살구, 라임의 향과 함께 독특한 석유 향(페트롤)이 발달합니다. 극도로 드라이한 것부터 매우 달콤한 것까지 다양한 스타일로 만들어지며, 높은 산도 덕분에 장기 숙성이

1장 와인이란 무엇인가?

가능합니다. 독일의 모젤과 라인가우, 프랑스의 알자스, 호주의 클레어 밸리가 주요 산지입니다.

피노 그리지오/피노 그리(Pinot Grigio/Pinot Gris)

이탈리아에서는 피노 그리지오, 프랑스에서는 피노 그리로 불립니다. 이탈리아 스타일은 가볍고 상쾌하며 레몬, 라임, 청사과의 향이 나고, 알자스 스타일은 더 풍부하고 스파이시하며 복숭아, 꿀의 향이 납니다.

알바리뇨(Albariño)

스페인 갈리시아 지방의 대표 품종으로, 복숭아, 살구, 레몬 제스트, 바다 소금의 향이 특징입니다. 해산물과의 궁합이 탁월합니다.

서빙 온도

7-12°C로 차갑게. 화이트 와인은 차갑게 서빙해야 상쾌한 산미와 과일 향이 잘 표현됩니다. 가벼운 바디의 화이트 와인(피노 그리지오, 알바리뇨)은 6-8°C, 미디엄 바디(소비뇽 블랑, 리슬링)는 8-10°C, 풀바디나 오크 숙성 화이트 와인(샤르도네)은 10-12°C가 적당합니다.

로제 와인: 우아함의 세계

만드는 법

붉은 포도의 껍질과 주스를 짧은 시간만 접촉시켜 연분홍색을 얻습니다. 로제 와인을 만드는 방법은 크게 세 가지가 있습니다. 첫째, '**직접 압착법**(Direct Press)'은 붉은 포도를 가볍게 압착하여 연한 색의 주스를 얻는 방법입니다. 둘째, '**침용법**(Maceration)'은 붉은 포도를 짧은 시간(2-24시간) 동안 껍질과 접촉시켜 원하는 색을 얻는 방법입니다. 셋째, '**세니에법**(Saignée)'은 레드 와인을 만드는 과정에서 일부 주스를 빼내어 로제로 만드는 방법입니다.

특징

레드 와인의 과일 풍미와 화이트 와인의 상쾌함을 동시에 가지며, 딸기, 수박, 장미 향이 납니다. 로제 와인의 색상은 연한 살구색부터 진한 체리색까지 다양합니다. 색이 연할수록 섬세하고 우아한 스타일이며, 색이 진할수록 과일 풍미가 풍부하고 구조감이 있습니다. 로제 와인은 여름 와인이라는 이미지가 강하지만, 실제로는 사계절 내내 다양한 음식과 즐길 수 있는 확장성이 높은 와인입니다.

대표 품종

그르나슈(Grenache)

프로방스 로제의 주요 품종으로, 딸기, 라즈베리, 백도, 허브의 향이 특징입니다. 연한 분홍색과 우아한 스타일로 유명합니다.

생소(Cinsault)

섬세하고 향긋한 로제를 만드는 품종으로, 체리, 딸기, 장미꽃의 향이 납니다. 프로방스에서 그르나슈와 블렌딩하여 사용됩니다.

1장 와인이란 무엇인가?

시라(Syrah)

로제에 구조감과 스파이시한 특성을 더하는 품종으로, 라즈베리, 체리, 백후추의 향이 특징입니다.

템프라니요(Tempranillo)

스페인의 로사도(rosado)에 사용되는 품종으로, 딸기, 체리, 토마토, 허브의 향이 납니다.

피노 누아(Pinot Noir)

우아하고 섬세한 로제를 만들며, 딸기, 라즈베리, 크랜베리, 장미의 향이 특징입니다.

로제 와인의 스타일

프로방스 스타일

연한 색상, 섬세하고 우아한 과일 향, 높은 산도가 특징입니다.

스페인 로사도

중간 정도의 색상과 바디감, 풍부한 베리 풍미가 특징입니다.

타벨 로제(Tavel Rosé)

론 지방의 진한 로제로, 풀바디에 가까운 구조감을 가집니다.

미국식 블러시 와인

잔당감이 있는 달콤한 스타일로, 화이트 진판델이 대표적입니다.

서빙 온도

7-12°C로 차갑게. 로제 와인은 화이트 와인과 비슷한 온도에서 서

빙합니다. 가벼운 프로방스 스타일은 6-8°C, 중간 바디의 로제는 8-10°C, 풀바디에 가까운 타벨 로제는 10-12°C가 적당합니다.

스파클링 와인: 축제의 세계
만드는 법

두 번의 발효 과정을 통해 이산화탄소 기포를 생성합니다. 스파클링 와인의 제조 방법은 여러 가지가 있습니다. '**전통 방식**(Méthode Traditionnelle)'은 병 안에서 2차 발효를 시켜 기포를 만드는 가장 고급스러운 방법으로, 샴페인과 카바가 이 방식  으로 만들어집니다. '**샤르마 방식**(Charmat Method)'은 큰 탱크에서 2차 발효를 시키는 방법으로, 프로세코가 대표적입니다. '**탄산 주입법**(Carbonation)'은 와인에 직접 이산화탄소를 주입하는 가장 간단한 방법입니다.

특징

선명한 산미와 상쾌한 기포감이 특징이며, 사과, 배, 토스트 향을 가집니다. 스파클링 와인의 기포는 단순히 시각적 즐거움만 주는 것이 아닙니다. 기포가 터지면서 와인의 향을 더욱 풍부하게 전달하고, 입 안을 깨끗하게 씻어주어 음식과의 페어링을 돕습니다. 기포의 크기와 지속성은 와인의 품질을 가늠하는 중요한 지표로, 고급

1장 와인이란 무엇인가?

스파클링 와인일수록 기포가 작고 오래 지속됩니다.

대표적인 스파클링 와인

샴페인(Champagne)

프랑스 샹파뉴 지방에서만 생산되는 최고급 스파클링 와인입니다. 샤르도네, 피노 누아, 피노 뫼니에를 주로 사용하며, 최소 15개월 이상의 효모 접촉 숙성을 거칩니다. 브리오슈, 토스트, 헤이즐넛, 사과, 레몬의 복잡한 향미가 특징입니다. 논-빈티지(NV), 빈티지, 블랑 드 블랑, 블랑 드 누아, 로제 등 다양한 스타일이 있습니다.

프로세코(Prosecco)

이탈리아 베네토 지방에서 글레라 품종으로 만드는 스파클링 와인입니다. 샤르마 방식으로 제조하여 신선한 과일 향(청사과, 배, 백도)과 꽃 향이 특징입니다. 브뤼(Brut), 엑스트라 드라이(Extra Dry), 드라이(Dry) 등의 당도로 구분됩니다.

카바(Cava)

스페인에서 전통 방식으로 만드는 스파클링 와인입니다. 마카베오, 차렐로, 파레야다 같은 토착 품종을 사용하며, 최소 9개월의 효모 접촉 숙성을 거칩니다. 사과, 배, 아몬드, 토스트의 향이 특징이며, 샴페인보다 합리적인 가격으로 즐길 수 있습니다.

크레망(Crémant)

프랑스의 샹파뉴 이외 지역에서 전통 방식으로 만드는 스파클링 와인입니다. 크레망 달자스, 크레망 드 부르고뉴, 크레망 드 루아르

3. 와인의 기본 4가지 종류

등이 있으며, 각 지역의 품종과 테루아를 반영합니다.

젝트(Sekt)

독일의 스파클링 와인으로, 리슬링이나 피노 품종으로 만듭니다. 과일 향이 풍부하고 산도가 높은 것이 특징입니다.

스파클링 와인의 당도 표시

- Brut Nature/Zero Dosage 0-3g/L (가장 드라이)
- Extra Brut 0-6g/L
- Brut 0-12g/L (가장 보편적)
- Extra Dry/Extra Sec 12-17g/L
- Dry/Sec 17-32g/L, Demi-Sec: 32-50g/L
- Doux 50g/L 이상 (가장 달콤)

서빙 온도

6-10°C로 아주 차갑게. 스파클링 와인은 차갑게 서빙해야 기포가 섬세하게 유지되고 상쾌한 맛이 살아납니다. 일반 스파클링 와인은 6-8°C, 빈티지 샴페인이나 스파클링 와인은 8-10°C가 적당합니다. 플루트 글라스는 기포를 잘 보존하지만, 최근에는 향을 더 잘 느낄 수 있는 튤립형이나 화이트 와인 글라스도 많이 사용됩니다.

1장 와인이란 무엇인가?

그 외의 매력적인 와인들

주정강화 와인: 강렬함의 세계

주정강화 와인은 발효 중이거나 발효 후 브랜디나 중성 주정을 첨가하여 알코올 도수를 15-22%로 높인 와인입니다. 16세기 대항해시대에 와인의 보존성을 높이기 위해 개발되었으며, 주정 첨가 시점에 따라 달콤하거나 드라이한 스타일이 결정됩니다.

대표적인 주정강화 와인

- **포트 와인** 포르투갈 도우루 밸리 산. 루비 포트는 과일향이 풍부하고, 토니 포트는 견과류와 캐러멜 풍미가 특징입니다.
- **셰리** 스페인 헤레스 산. 피노는 드라이하고 신선하며, 올로로소는 풍부하고 견과류 풍미가 납니다.
- **마데이라** 포르투갈 마데이라 섬 산. 독특한 가열 숙성으로 극도의 장기 숙성이 가능합니다.

아이스 와인: 집중된 달콤함의 세계

영하 8°C 이하에서 자연적으로 얼린 포도를 수확하여 만드는 달콤한 와인입니다. 포도가 얼면서 물은 얼지만 당분과 산은 농축되어, 소량의 극도로 농축된 주스만 추출됩니다. 새벽에 수확하며, 375ml 한 병에 3-5kg의 포도가 필요합니다.

3. 와인의 기본 4가지 종류

주요 생산국

- **독일** 리슬링 아이스바인의 본고장. 순수한 과일 풍미와 날카로운 산도가 특징입니다.
- **캐나다** 세계 최대 생산국. 리슬링과 비달 품종을 사용하며, VQA 인증으로 품질을 보장합니다.
- **오스트리아** 그뤼너 벨트리너 등 토착 품종으로도 생산합니다.

스위트 와인: 다양한 달콤함의 세계

1. 귀부 와인 보트리티스 곰팡이가 포도의 수분을 증발시켜 당분을 농축시킵니다.

- **소테른** 프랑스 보르도 산. 세미용과 소비뇽 블랑으로 제조. 꿀과 살구 풍미가 특징입니다.
- **토카이 아수** 헝가리 산. 푸르민트 품종. "왕들의 와인"으로 불립니다.
- **트로켄베렌아우스레제(TBA)** 독일의 최고 등급 귀부와인. 리슬링 (Riesling) 품종. 극도로 강한 단맛과 산도, 복잡한 풍미가 특징입니다.

2. 건조 와인 수확 후 포도를 건조시켜 당분을 농축시킵니다.

- **아마로네** 이탈리아 베네토 산. 3-4개월 건조 후 드라이하게 발효. 고알코올 풀바디입니다.

1장 와인이란 무엇인가?

- **빈 산토** 이탈리아 토스카나 산. 건조 포도를 3-10년 숙성. 헤이즐넛과 꿀 풍미가 특징입니다.

3. **늦수확 와인** 정상 수확기보다 늦게 수확하여 당도를 높입니다.
- **독일 슈페트레제/아우슬레제** 당도별 등급으로 분류됩니다.
- **알자스 벙당주 타르디브** 리슬링, 게뷔르츠트라미너 등으로 제조합니다.

마무리

포도에서 와인까지의 양조 과정, 8,000년에 걸친 와인의 역사, 그리고 레드·화이트·로제·스파클링의 네 가지 기본 분류와 특별한 와인들까지 - 와인의 기초를 모두 살펴보았습니다. 이제 와인이 단순한 음료가 아닌, 자연과 인간이 함께 빚어낸 예술 작품임을 이해하셨을 것입니다. 다음 장에서는 이 지식을 바탕으로 와인을 고르고, 보관하고, 음식과 페어링하는 실용적인 방법들을 알아보겠습니다.

Part 1
와인의 시작
2장 와인 고르기

―――

"좋은 와인은 좋은 친구와 같다."

조지 허버트

2장 와인 고르기

2장
와인 고르기

와인 매장의 수많은 병들 앞에서 막막하셨나요? 이제 와인을 똑똑하게 고르는 방법을 알아볼 시간입니다. 먼저 와인 라벨의 암호를 해독하는 법부터 시작하겠습니다.

생산자, 빈티지, 지역, 품종 등 라벨에 숨겨진 정보들을 읽어내는 방법을 배워보죠. 와인병의 형태만 봐도 그 안의 와인 스타일을 짐작할 수 있다는 사실도 알려드릴 예정입니다. 보르도 병, 부르고뉴 병, 플루트 병 - 각각의 디자인에는 수백 년의 지혜가 담겨 있습니다.

무엇보다 중요한 가격대별 와인 선택법도 다룰 것입니다. 1만원 이하부터 5만원 이상까지, 각 가격대에서 최고의 가성비를 찾는 비법을 공개하겠습니다.

4. 와인 라벨 읽는 법

2장 와인 고르기

와인 매장에 들어서면 수백, 수천 개의 와인병이 진열대를 가득 메우고 있습니다. 각각의 병에는 크고 작은 글씨들, 그림들, 숫자들이 빼곡히 적혀 있죠. 처음 와인을 접하는 분들에게는 이 라벨들이 마치 암호문처럼 느껴질 수 있습니다. 하지만 걱정하지 마세요. 와인 라벨을 읽는 것은 생각보다 어렵지 않습니다. 몇 가지 기본 원칙만 알면, 누구나 와인 라벨의 비밀을 풀어낼 수 있습니다.

생산자 (Producer/Winery)

"누가 만들었나?"

와인 라벨에서 가장 먼저 눈에 띄는 것은 보통 생산자의 이름입니다. 대부분 라벨 상단이나 중앙에 크게 표시되어 있죠. '샤토 마고(Château Margaux)', '몬테스(Montes)', '펜폴즈(Penfolds)', '로버트 몬다비(Robert Mondavi)', '안티노리(Antinori)' 같은 이름들이 바로 와인을 만든 와이너리나 생산자의 이름입니다.

생산자 이름이 중요한 이유는 무엇일까요? 와인은 같은 포도 품종, 같은 지역에서 만들어도 누가 만드느냐에 따라 품질과 스타일이 천차만별이기 때문입니다.

유명 생산자의 와인은 일반적으로 더 비싸지만, 그만큼 품질이 보장됩니다. 특히 '**샤토**(Château)'는 프랑스어로 '성'을 뜻하는데, 보르도 지역에서는 포도밭과 양조 시설을 갖춘 와인 생산지를 지칭합니다. '**도멘**(Domaine)'은 부르고뉴 지역에서 주로 사용하는 용어로, 포도 재배부터 와인 양조까지 모두 직접 하는 생산자를 의미해요.

와인 이름 (Brand Name)

모든 와인이 딱딱한 생산자 이름만 가지고 있는 것은 아닙니다. 일부 와인은 기억하기 쉽고 친근한 특별한 이름을 가지고 있어요. '옐로우 테일(Yellow Tail)', '베어풋(Barefoot)', '19 크라임스(19 Crimes)', '클라우드 베이(Cloudy Bay)' 등이 대표적인 예입니다.

이런 브랜드 이름은 주로 대량 생산되는 와인이나 신세계 와인에서 많이 볼 수 있습니다. 마케팅 차원에서 만들어진 이름이지만, 소비자들이 쉽게 기억하고 찾을 수 있다는 장점이 있죠. 특히 와인을 처음 접하는 분들에게는 복잡한 프랑스어나 이탈리아어보다 이런 친근한 이름이 더 접근하기 쉬울 수 있습니다.

때로는 와인에 특별한 의미를 담은 이름을 붙이기도 합니다. 예를 들어 '오퍼스 원(Opus One)'은 음악 용어로 '작품 번호 1번'을 뜻하며, 캘리포니아의 로버트 몬다비와 프랑스 보르도의 무통 로칠드가 합작해 만든 최고급 와인입니다.

2장 와인 고르기

빈티지 (Vintage)

"언제 수확한 포도인가?"

라벨에 적힌 년도, 즉 빈티지는 포도를 수확한 해를 의미합니다. '2019'라고 적혀 있다면 2019년에 수확한 포도로 만든 와인이라는 뜻이죠. 이 숫자 하나가 와인의 맛과 품질, 그리고 가격에 큰 영향을 미칩니다.

왜 빈티지가 중요할까요? 포도는 농작물이기 때문에 그 해의 날씨에 크게 영향을 받습니다. 햇빛이 충분하고 비가 적당히 내린 해에는 포도가 완벽하게 익어 훌륭한 와인이 만들어집니다. 반면 비가 너무 많이 오거나 서리가 내린 해에는 포도 품질이 떨어질 수 있죠.

예를 들어, 보르도의 2000년, 2005년, 2009년, 2010년은 '세기의 빈티지'로 불리며, 이 해에 생산된 와인들은 매우 높은 가격에 거래됩니다. 반대로 2013년은 춥고 비가 많이 와서 상대적으로 품질이 떨어지는 해로 평가받죠.

빈티지가 표시되지 않은 와인도 있습니다. 이를 '**논빈티지**(Non-Vintage, NV)' 와인이라고 부르는데, 여러 해의 포도를 블렌딩해서 만듭니다. 샴페인이나 포트 와인에서 흔히 볼 수 있으며, 매년 일정한 맛을 유지하기 위한 방법입니다.

4. 와인 라벨 읽는 법

지역 (Region)

"어디서 만들었나?"

와인에서 '**떼루아**(Terroir)'라는 말을 들어 보셨나요? 토양, 기후, 지형 등 포도가 자라는 환경 전체를 아우르는 프랑스어입니다.

다. 같은 포도 품종이라도 어디서 자랐느냐에 따라 와인의 맛이 완전히 달라지기 때문에, 지역 표시는 매우 중요한 정보입니다.

유명한 와인 산지들은 프랑스의 '보르도(Bordeaux)', '부르고뉴(Bourgogne-영어로는 Burgundy)', '샴페인(Champagne)', 이탈리아의 '토스카나(Tuscany)', '피에몬테(Piedmont)', 스페인의 '리오하(Rioja)', 미국의 '나파 밸리(Napa Valley)', 호주의 '바로사 밸리(Barossa Valley)' 등이 대표적입니다.

지역명은 때로 매우 구체적일 수 있습니다. 예를 들어 부르고뉴 와인의 경우 '부르고뉴 > 코트 드 뉘(Côte de Nuits) > 쥬브레 샹베르탱(Gevrey-Chambertin) > 샹베르탱(Chambertin)'과 같이 점점 좁은 지역으로 들어갑니다. 일반적으로 지역이 구체적일수록 품질이 높고 가격도 비쌉니다.

신세계 와인 생산국들은 좀 더 단순한 지역 표시를 사용합니다. 'California', 'Central Valley', 'Barossa Valley' 같은 식으로 주나 지방 이름을 표기하죠. 최근에는 더 세분화된 지역 표시를 도입하는 추세입니다.

2장 와인 고르기

포도 품종 (Grape Variety)

"어떤 포도로 만들었나?"

와인의 맛을 결정하는 가장 중요한 요소 중 하나가 바로 포도 품종입니다. '카베르네 소비뇽(Cabernet Sauvignon)', '메를로(Merlot)', '피노 누아(Pinot Noir)', '샤르도네(Chardonnay)', '소비뇽 블랑(Sauvignon Blanc)' 등 수천 가지의 포도 품종이 와인 제조에 사용됩니다.

구세계(유럽)와 신세계(미국, 호주, 칠레 등) 와인의 가장 큰 차이점 중 하나가 바로 포도 품종 표시입니다. 신세계 와인은 대부분 포도 품종을 라벨에 명확히 표시합니다. 반면 전통적인 유럽 와인들은 지역명만 표시하고 포도 품종은 생략하는 경우가 많죠.

예를 들어, 프랑스 부르고뉴의 레드 와인은 거의 100% 피노 누아로 만들어지지만, 라벨에는 '피노 누아'라고 쓰지 않습니다. 대신 '부르고뉴'나 더 구체적인 마을 이름만 표시하죠. 이는 "이 지역에서는 당연히 이 포도를 쓴다"는 전통 때문입니다.

단일 품종으로 만든 와인도 있고, 여러 품종을 블렌딩한 와인도 있습니다. 보르도의 레드 와인은 주로 카베르네 소비뇽, 메를로, 카베르네 프랑을 섞어 만들며, 각 품종의 비율에 따라 와인의 스타일이 달라집니다.

4. 와인 라벨 읽는 법

알코올 도수 (Alcohol Content)

"알코올 도수는 어떻게 표시되나?"

와인 라벨 어딘가에는 반드시 알코올 도수가 표시되어 있습니다. 보통 '13.5% vol', '14% ABV(Alcohol by Volume)' 같은 형태로 표기되죠. 와인의 알코올 도수는 일반적으로 11~15% 사이이며, 이는 와인의 스타일과 바디감을 짐작할 수 있는 중요한 단서가 됩니다.

알코올 도수가 낮은 와인(11-12.5%)은 대체로 가볍고 상큼한 스타일입니다. 독일의 리슬링, 이탈리아의 모스카토, 포르투갈의 비뉴 베르데 등이 여기에 속합니다. 반면 알코올 도수가 높은 와인(14-15%)은 무게감이 있고 진한 맛을 냅니다. 호주의 쉬라즈, 미국의 진판델, 아르헨티나의 말벡 등이 대표적이죠.

알코올 도수는 포도의 당도와 직접적인 관련이 있습니다. 포도가 충분히 익으면 당도가 높아지고, 발효 과정에서 이 당분이 알코올로 변합니다. 따라서 따뜻한 지역의 와인일수록 알코올 도수가 높은 경향이 있습니다.

프랑스 와인 라벨은 초보자에게는 좀 복잡할 수 있습니다. 포도 품종 대신 지역명을 강조하고, 다양한 품질 등급 표시가 있기 때문이죠. 하지만 몇 가지 규칙만 알면 어렵지 않습니다.

먼저 품질 등급을 살펴보겠습니다. 'AOC(Appellation d'Origine Contrôlée)' 또는 'AOP(Appellation d'Origine Protégée)'는 프랑스의 원산지 명칭 보호 제도입니다. 특정 지역에서 전통적인 방식으로 만든

2장 와인 고르기

와인임을 보증하는 표시죠. 예를 들어 'AOC Bordeaux'는 보르도 지역의 규정에 따라 만든 와인이라는 의미입니다.

프랑스 지역별 주요 포도 품종
- 보르도(Bordeaux) 레드 카베르네 소비뇽, 메를로 위주
- 부르고뉴(Bourgogne-영어로는 Burgundy) 레드 피노 누아
- 부르고뉴 화이트 샤르도네
- 론(Rhône) 북부 시라
- 론 남부 그르나슈, 시라, 무르베드르 블렌드
- 알자스(Alsace) 리슬링, 게뷔르츠트라미너, 피노 그리

프랑스 와인 라벨에는 'Château', 'Domaine', 'Clos', 'Cru' 같은 용어들도 자주 등장합니다. 'Grand Cru'는 '특급 밭', 'Premier Cru'는 '1급 밭'을 의미하며, 이런 표시가 있으면 고급 와인일 가능성이 높습니다.

4. 와인 라벨 읽는 법

프랑스 와인 라벨 해독하기

샤토 마고(Château Margaux) 라벨

1. **제조업체** Château Margaux (샤토 마고), 와이너리 이름입니다.
2. **빈티지** 1973, 와인이 생산된 해입니다.
3. **등급** Premier Grand Cru Classé (프르미에 그랑 크뤼 클라세), 보르도 와인 등급 분류 중 최고 등급을 의미합니다.
4. **생산 국가** France (프랑스), 와인이 생산된 국가입니다.
5. **품질 관리 체계** Appellation Margaux Contrôlée (아펠라시옹 마고 콩트롤레), 마고 지역에서 생산된 와인임을 보증하는 품질 관리 명칭입니다.
6. **병입 주체** Mis en Bouteille au Château (미 엉 부테이유 오 샤토), 샤토(와이너리)에서 직접 병입했다는 의미입니다.
7. **용량** 73 cl (센티리터), 와인 병의 용량을 나타냅니다.
8. **알코올 함유량** 12.5% vol., 와인의 알코올 도수를 나타냅니다.

2장 와인 고르기

이탈리아 와인 라벨 해독하기

바롤로(Barolo) 라벨 분석

1. **상표명** CONTERNO, 생산자의 브랜드명
2. **지역 와인명** BAROLO, 이탈리아 피에몬테 지방의 유명한 와인 지역
3. **품질관리 체계** DENOMINAZIONE DI ORIGINE CONTROLLATA E GARANTITA, 이탈리아 최고 등급 DOCG
4. **등급** RISERVA, 일반 바롤로보다 더 숙성시킨 프리미엄 등급
5. **빈티지** 2015, 포도 수확 연도
6. **와인이름** Monfortino, 이 와이너리의 특별한 와인 이름
7. **와인당도** DRY RED WINE, 드라이 레드 와인
8. **병입주체** BOTTLED BY AZIENDA…, …농장에서 병입

4. 와인 라벨 읽는 법

9. **소지역명** MONFORTE D'ALBA - ITALIA, 구체적인 생산 지역과 국가
10. **용량** NET CONTENTS 750 ML, 와인병 용량
11. **생산국가** PRODUCT OF ITALY, 이탈리아산 제품
12. **알코올 함유량** ALCOHOL 14% BY VOL., 알코올 도수 14%

이 정보들은 와인의 품질, 원산지, 제조 과정 등에 대한 중요한 정보를 제공합니다.

이탈리아 와인 등급 체계

- **DOCG** (Denominazione di Origine Controllata e Garantita) 가장 엄격한 규정을 따르는 최고 등급
- **DOC** (Denominazione di Origine Controllata) 전통적인 방식으로 만든 고품질 와인
- **IGT** (Indicazione Geografica Tipica) 지역 특성을 살린 와인
- **Vino da Tavola** 가장 기본적인 테이블 와인

재미있는 것은 때로 최고급 와인이 IGT 등급을 받기도 한다는 점입니다. '수퍼 투스칸(Super Tuscan)'이라 불리는 와인들이 대표적인데, 전통적인 규정을 따르지 않고 국제 품종을 사용했기 때문입니다. 사시카이아(Sassicaia), 오르넬라이아(Ornellaia) 같은 와인들이 여기에 속합니다.

2장 와인 고르기

이탈리아 와인 라벨에서 자주 보는 용어들

- **Riserva** 일반 와인보다 오래 숙성시킨 와인
- **Classico** 전통적인 핵심 생산 지역에서 만든 와인
- **Superiore** 알코올 도수가 규정보다 높은 와인
- **Vendemmia** 빈티지(수확 연도)

이탈리아는 토착 품종이 매우 많은 나라입니다. 네비올로(Nebbiolo), 산지오베제(Sangiovese), 바르베라(Barbera), 돌체토(Dolcetto) 등 수백 가지의 고유 품종이 있어, 이탈리아 와인의 다양성을 만들어냅니다.

와인 라벨을 읽는 것은 와인을 고르는 첫걸음입니다. 처음에는 복잡해 보일 수 있지만, 하나씩 알아가다 보면 라벨만 보고도 와인의 스타일과 맛을 어느 정도 짐작할 수 있게 됩니다. 와인 매장에 가셨을 때 라벨을 천천히 읽어보세요. 와인의 세계는 배우면 배울수록 더 흥미로워집니다!

5. 와인병의 형태 이해하기

2장 와인 고르기

와인 매장에 처음 들어서면 누구나 압도되는 순간이 있습니다. 수백, 때로는 수천 개의 와인병들이 진열대를 가득 채우고 있는 광경을 마주할 때죠. 그런데 자세히 보면 이 병들이 모두 같은 모양이 아니라는 것을 알게 됩니다. 어떤 병은 어깨가 각지고 날렵한 반면, 어떤 병은 부드러운 곡선을 그리며, 또 어떤 병은 키가 유난히 크고 날씬합니다.

이러한 와인병의 형태는 단순한 디자인 선택이 아닙니다. 각각의 병 모양 뒤에는 수백 년에 걸친 역사와 전통, 그리고 과학적인 이유가 숨어 있습니다. 와인병의 형태를 이해하면, 병만 보고도 그 안에 담긴 와인의 스타일과 출신 지역을 어느 정도 예측할 수 있게 됩니다. 마치 와인이 입고 있는 옷을 보고 그 성격을 짐작하는 것과 같다고 할까요?

보르도 스타일 병 (Bordeaux Bottle)
특징과 역사

보르도 병을 처음 보면 그 당당한 자태에 눈길이 갑니다. 직선형 몸체에 뚜렷하게 각이 진 어깨는 마치 잘 재단된 신사복을 연상시킵니다. 이 병은 18세기 프랑스 보르도 지역에서 처음 만들어졌으며, 현재는 전 세계에서 가장 널리 사용되는 와인병 형태가 되었습니다.

보르도 병의 표준 용량은 750ml이며, 이는 과거 유리 불기 장인이 한 번의 숨으로 만들 수 있는 최대 크기였다고 합니다. 어깨부터 병목까지의 각도가 약 40도로 급격하게 좁아지는 이 디자인은 우연의 산물이 아니라 철저히 계산된 결과물입니다.

재미있는 것은 이 병의 형태가 보르도 와인의 성격과도 닮아 있다는 점입니다. 보르도의 카베르네 소비뇽처럼 구조가 탄탄하고 장기 숙성이 가능한 와인들은 이런 각진 병 속에서 수십 년의 세월을 견뎌냅니다.

디자인의 이유

보르도 병의 각진 어깨는 단순히 멋을 위한 것이 아닙니다. 이는 오래된 와인의 침전물(타닌과 색소가 결합해 생기는 것)을 잔에 따르지 않도록 가두는 중요한 역할을 합니다. 보르도의 레드 와인들은 타닌이 매우 풍부해 장기 숙성 과정에서 침전물이 많이 생기는데, 와인을 따를 때 이 침전물이 어깨 부분에 걸려 잔으로 들어가지 않도록 설계된 것입니다.

실제로 오래된 보르도 와인을 따라보면 이 디자인의 천재성을 실감할 수 있습니다. 병을 천천히 기울이면 침전물이 어깨 부분에 모이는 것을 볼 수 있고, 조심스럽게 따르면 맑은 와인만 잔에 담을 수 있습니다. 이는 디캔팅이 일반적이지 않았던 시대에 특히 유용한 기능이었습니다.

2장 와인 고르기

주로 사용되는 와인

레드 와인 카베르네 소비뇽, 메를로, 카베르네 프랑, 말벡, 프티 베르도 등이 주로 이 병에 담깁니다. 특히 타닌이 풍부하고 장기 숙성이 가능한 와인들이 선호합니다. 나파 밸리의 카베르네 소비뇽, 아르헨티나 말벡, 호주의 카베르네-쉬라즈 블렌드 등도 대부분 보르도 병을 사용합니다.

화이트 와인 소비뇽 블랑과 세미용이 대표적입니다. 보르도의 그라브 지역 화이트 와인이나 뉴질랜드의 소비뇽 블랑도 이 병을 사용합니다.

디저트 와인 소테른(Sauternes) 같은 귀부 와인도 보르도 병에 담기는데, 때로는 더 작은 375ml 하프 보틀을 사용하기도 합니다.

색상의 의미

진한 녹색 전통적인 보르도 레드 와인에 사용됩니다. 이 색은 자외선을 차단해 와인의 노화를 늦추고 품질을 보호합니다. 특히 장기 숙성용 와인에 중요합니다.

연한 녹색 드라이 화이트 와인에 주로 사용됩니다. 화이트 와인은 레드 와인보다 빛에 덜 민감하므로 연한 색을 사용할 수 있습니다.

투명 로제 와인이나 현대적인 스타일의 화이트 와인에 사용됩니다. 와인의 아름다운 색을 보여주고 싶을 때 선택합니다.

암갈색 빛에 특히 민감한 와인이나 빈티지 포트에 사용됩니다. 거의 불투명에 가까워 최고 수준의 빛 차단 효과를 제공합니다.

5. 와인병의 형태 이해하기

부르고뉴 스타일 병 (Burgundy Bottle)

특징과 역사

부르고뉴 병을 손에 들면 보르도 병과는 확연히 다른 느낌을 받습니다. 부드럽게 경사진 어깨와 좀 더 넓은 몸체는 우아한 곡선미를 자랑합니다. 19세기 프랑스 부르고뉴 지역에서 유래한 이 병은 보르도 병보다 약간 더 무거우며, 마치 여성스러운 드레스의 실루엣을 연상시킵니다.

부르고뉴 병의 어깨는 병목까지 완만한 곡선을 그리며 이어집니다. 이는 단순히 미적인 선택이 아니라 부르고뉴 와인의 특성과 밀접한 관련이 있습니다. 부르고뉴의 유리 제조 전통도 한몫했는데, 이 지역의 장인들은 좀 더 유기적인 형태를 선호했다고 합니다.

흥미롭게도 부르고뉴 병의 무게는 와인의 품질과 어느 정도 연관이 있었습니다. 고급 와인일수록 더 두꺼운 유리를 사용했는데, 이는 와인을 더 잘 보호하고 프리미엄 이미지를 전달하기 위함이었습니다.

디자인의 이유

부르고뉴의 대표 품종인 피노 누아는 보르도 와인에 비해 타닌이 적고 침전물이 덜 생깁니다. 따라서 침전물을 걸러내기 위한 각진 어깨가 필요하지 않았습니다. 대신 완만한 곡선은 와인을 부드럽게 따를 수 있게 해주며, 이는 섬세한 피노 누아의 성격과도 잘 어울립

2장 와인 고르기

니다.

넓은 몸체는 또 다른 이점을 제공합니다. 와인과 공기의 접촉 면적을 늘려 숙성에 도움을 주는 것입니다. 부르고뉴 와인은 보르도 와인보다 일반적으로 더 빨리 숙성되는데, 이런 병 디자인이 그 과정을 도와줍니다.

주로 사용되는 와인

레드 와인 피노 누아가 대표적이며, 보졸레의 가메도 이 병을 사용합니다. 전 세계 어디서든 피노 누아를 만들면 거의 예외 없이 부르고뉴 병을 선택합니다. 이는 일종의 암묵적인 약속 같은 것입니다.

화이트 와인 샤르도네와 알리고테가 주로 담깁니다. 부르고뉴의 위대한 화이트 와인들 - 몽라셰, 코르통-샤를마뉴, 샤블리 등이 모두 이 병을 사용합니다.

전 세계적 사용 오레곤의 피노 누아, 뉴질랜드의 센트럴 오타고 피노 누아, 호주의 모닝턴 페닌슐라 샤르도네, 칠레의 카사블랑카 밸리 샤르도네 등 품질 좋은 피노 누아와 샤르도네는 거의 예외 없이 부르고뉴 병을 사용합니다.

특별한 변형

론 스타일 부르고뉴 병과 비슷하지만 약간 더 길쭉하고 어깨가 더 뚜렷합니다. 프랑스 론 지역의 시라/쉬라즈, 그르나슈, 비오니에 등에 사용됩니다. 이는 부르고뉴와 론 지역의 지리적 근접성을 보여주

5. 와인병의 형태 이해하기

는 증거이기도 합니다.

샴페인 병 부르고뉴 병을 기본으로 하되, 탄산 압력을 견디기 위해 유리가 훨씬 더 두껍습니다. 병 바닥의 펀트(오목한 부분)도 더 깊은데, 이는 압력을 분산시키고 병의 강도를 높이는 역할을 합니다.

슬림한 긴 병 (플루트 병, 알자스/라인 병)
특징과 역사

플루트 병을 처음 보면 그 독특한 비율에 놀라게 됩니다. 길고 날씬한 이 디자인은 마치 우아한 백조의 목을 연상시킵니다. 독일 모젤 지역과 프랑스 알자스 지역에서 유래한 이 병은 표준 750ml 용량임에도 불구하고 높이가 보르도나 부르고뉴 병보다 5-8cm 정도 더 깁니다.

이 독특한 형태의 탄생에는 라인강과 모젤강 유역의 지리적 특성이 큰 영향을 미쳤습니다. 가파른 경사면에 위치한 포도밭, 강을 통한 와인 운송, 서늘한 기후 등이 모두 이 병 디자인에 반영되었습니다.

역사적으로 이 지역의 와인 생산자들은 다른 지역과 차별화하고 싶어 했고, 이 독특한 병 모양은 그들의 정체성을 표현하는 수단이 되었습니다. "우리 와인은 다르다"는 메시지를 병 모양으로 전달한 것입니다.

디자인의 이유

보관의 효율성 라인강과 모젤강 유역의 와인 저장고는 대부분 좁고 깊은 지하 셀러였습니다. 차가운 강가의 이런 셀러에서 공간을 효율적으로 사용하려면 좁은 병이 유리했습니다. 같은 공간에 더 많은 병을 보관할 수 있었으니까요.

운송의 안정성 강을 따라 배로 와인을 운송할 때 병이 굴러다니는 것은 큰 문제였습니다. 길고 좁은 병은 나란히 놓았을 때 서로를 지지해주며 안정적으로 운송할 수 있었습니다. 또한 나무 상자에 포장할 때도 공간 활용이 효율적이었습니다.

온도 유지 좁은 병목은 와인의 온도를 더 오래 유지할 수 있게 해줍니다. 독일과 알자스의 화이트 와인은 차갑게 마시는 것이 중요한데, 이런 병 디자인이 도움이 됩니다. 또한 좁은 병목은 와인을 따를 때 속도를 조절하기 쉽게 해줍니다.

색상의 의미

녹색(모젤) 전통적으로 모젤 지역에서 사용되는 색입니다. 밝은 녹색은 모젤 리슬링의 신선하고 가벼운 스타일을 시각적으로 표현합니다. "모젤러는 녹색병에 담긴다"는 것이 일종의 불문율이 되었습니다.

갈색/앰버(라인) 라인 지역(라인가우, 라인헤센, 팔츠)에서 주로 사용합니다. 갈색 병은 자외선의 약 90%를 차단하여 녹색병보다 훨씬 효과적으로 와인을 보호합니다. 이는 라인 지역 와인이 모젤보다 더 풀

5. 와인병의 형태 이해하기

바디하고 장기 숙성이 가능하다는 특성과도 연관됩니다.

투명 현대적인 스타일이나 로제 와인에 사용됩니다. 일부 생산자들은 와인의 아름다운 색을 보여주기 위해 투명병을 선택하지만, 이는 빛에 대한 보호를 포기하는 것이므로 빠른 소비를 전제로 합니다.

파란색 일부 독일 와인에서 마케팅 목적으로 사용됩니다. 특히 달콤한 스타일의 리슬링이나 젊은 층을 타겟으로 한 와인에서 볼 수 있습니다. 전통주의자들은 이를 그리 달가워하지 않지만, 시장에서는 나름의 자리를 찾았습니다.

주로 사용되는 와인

독일 리슬링이 대표적이며, 게뷔르츠트라미너, 뮐러-투르가우, 실바너, 케르너 등도 이 병을 사용합니다. 독일 와인법상 프레디카츠바인(Prädikatswein) 등급의 고급 와인들도 모두 이 병에 담깁니다.

알자스 알자스의 4대 귀품종인 리슬링, 게뷔르츠트라미너, 피노 그리, 뮈스카가 모두 플루트 병을 사용합니다. 알자스 그랑 크뤼도 예외 없이 이 병을 선택합니다.

오스트리아 그뤼너 벨트리너와 리슬링이 주로 이 병에 담깁니다. 오스트리아 와인의 르네상스와 함께 이 병의 사용도 늘어났습니다.

기타 캐나다와 독일의 아이스와인, 늦수확 와인(Spätlese, Auslese) 등도 이 병을 사용합니다. 뉴욕 핑거 레이크스의 리슬링도 대부분 플루트 병을 선택합니다.

2장 와인 고르기

기타 특별한 와인병들

와인의 세계에는 위의 세 가지 기본형 외에도 특별한 목적과 역사를 가진 다양한 병들이 있습니다.

샴페인 병을 들어보면 그 무게에 놀라게 됩니다. 일반 와인병의 거의 2배에 달하는 두께의 유리는 단순한 과시가 아닙니다.

특징

매우 두꺼운 유리는 6기압(자동차 타이어 압력의 3배)에 달하는 내부 압력을 견디기 위한 것입니다. 깊게 패인 펀트(바닥의 오목한 부분)는 압력을 고르게 분산시키고, 서빙할 때 엄지손가락을 넣어 안정적으로 잡을 수 있게 해줍니다.

코르크

버섯 모양의 특별한 코르크는 원래 원통형이었다가 병에 넣은 후 압력에 의해 변형된 것입니다. 철사 케이지(뮈즐레)는 정확히 6번 꼬아서 고정하는데, 이는 전통이자 안전을 위한 최적의 횟수입니다.

역사적 배경

초기 샴페인 제조 시절에는 병이 압력을 견디지 못해 지하 저장고에서 폭발하는 일이 빈번했습니다. 당시 샴페인 제조는 매우 위험한 일이어서 작업자들이 철제 마스크를 쓰고 일했다고 합니다.

5. 와인병의 형태 이해하기

포트와 셰리 병

이베리아 반도의 주정강화 와인들도 독특한 병을 사용합니다.

포트

보르도 병과 비슷하지만 병목이 더 짧고 어깨가 더 뚜렷합니다. 이는 포트 와인의 진한 색상과 높은 알코올 도수를 암시합니다. 빈티지 포트는 특히 어두운 색의 병을 사용해 장기 숙성 중 빛으로부터 보호합니다.

셰리

보르도 병 스타일이지만 병목 부분에 벌지(불룩한 부분)가 있습니다. 이는 전통적으로 코르크를 더 단단히 고정하기 위한 것이었습니다. 셰리는 일단 개봉하면 산화가 빠르게 진행되므로, 확실한 밀봉이 중요했습니다.

특수 사이즈들

와인병의 크기도 다양한데, 각각 특별한 이름과 용도가 있습니다.

피콜로(Piccolo)

187.5ml로 샴페인 1잔 분량입니다. 비행기 기내식이나 개인 축하용으로 인기가 있습니다.

하프 보틀

375ml로 2-3잔 분량입니다. 디저트 와인이나 혼자 마시기에 적당한 크기입니다. 와인이 더 빨리 숙성되는 특징이 있습니다.

2장 와인 고르기

매그넘

1.5L로 일반 병 2개 분량입니다. 파티용으로 인기가 있고, 와인이 더 천천히 우아하게 숙성됩니다. 많은 컬렉터들이 선호하는 크기입니다.

더블 매그넘(제로보암)

3L로 일반 병 4개 분량입니다. 샴페인의 경우 제로보암이라고 부릅니다.

임페리얼(므두살라)

6L로 일반 병 8개 분량입니다. 보르도에서는 임페리얼, 샴페인에서는 므두살라라고 부릅니다.

더 큰 사이즈

살마나자르는 9L, 발타자르는 12L, 네부캐드네자르는 15L 등 더 큰 크기들도 있습니다.

이런 거대한 병들은 주로 특별한 행사나 수집용으로 만들어집니다. 재미있게도 이런 대형 병들의 이름은 대부분 성경이나 고대 왕들의 이름에서 따왔습니다. 네부캐드네자르는 바빌론의 왕이었고, 발타자르는 동방박사 중 한 명이었죠.

와인병 형태로 와인 스타일 예측하기

와인 매장에서 수많은 병들 사이에서 원하는 스타일의 와인을 찾는 것은 쉽지 않습니다. 하지만 병의 형태만 잘 읽어도 많은 정보를

5. 와인병의 형태 이해하기

얻을 수 있습니다.

보르도 병 + 진한 색상

십중팔구 풀바디 레드 와인입니다. 카베르네 소비뇽이나 메를로 기반의 블렌드일 가능성이 높고, 타닌이 풍부하며 스테이크와 잘 어울릴 것입니다.

보르도 병 + 연한 색상

소비뇽 블랑 같은 상큼한 화이트 와인일 가능성이 큽니다. 해산물이나 샐러드와 좋은 매칭이 될 것입니다.

부르고뉴 병 + 연한 색상

샤르도네일 확률이 높습니다. 오크 숙성 여부는 라벨을 확인해야 하지만, 크림 소스 요리와 잘 어울릴 것입니다.

부르고뉴 병 + 루비색

피노 누아일 가능성이 큽니다. 우아하고 섬세한 스타일로, 오리고기나 버섯 요리와 환상적인 조합을 만들 것입니다.

긴 플루트 병 + 녹색/갈색

아로마틱한 화이트 와인입니다. 리슬링이나 게뷔르츠트라미너일 가능성이 높고, 아시안 요리나 매콤한 음식과 잘 어울립니다.

두꺼운 유리 + 철사 케이지

스파클링 와인입니다. 축하할 일이 있거나 식전주로 완벽합니다.

2장 와인 고르기

병 선택 시 주의사항

무게 확인

최근에는 프리미엄 와인일수록 더 무거운 병을 사용하는 경향이 있습니다. 이는 품질에 대한 자신감의 표현이자 마케팅 전략의 일환입니다. 하지만 무거운 병이 반드시 좋은 와인을 의미하는 것은 아닙니다.

오히려 일부 최고급 생산자들은 환경을 고려해 가벼운 병을 선택하기도 합니다. 예를 들어, 부르고뉴의 일부 그랑 크뤼 생산자들은 탄소 발자국을 줄이기 위해 더 가벼운 병을 사용하기 시작했습니다. 내용물의 품질에 자신이 있으니 포장에 의존하지 않는다는 자신감의 표현이기도 합니다.

펀트의 깊이

병 바닥의 오목한 부분(펀트)이 깊다고 해서 반드시 고급 와인은 아닙니다. 펀트는 여러 실용적인 목적이 있습니다.

첫째, 병의 구조적 강도를 높입니다.

둘째, 와인을 따를 때 엄지손가락을 넣어 안정적으로 잡을 수 있게 해줍니다.

셋째, 전통적으로는 유리 불기 과정에서 자연스럽게 생기는 것이었습니다.

일부 저가 와인들이 고급스러워 보이기 위해 일부러 깊은 펀트를

5. 와인병의 형태 이해하기

만들기도 하므로, 이것만으로 품질을 판단하는 것은 위험합니다.

현대적 변화

최근에는 전통적인 병 형태에서 벗어난 독창적인 디자인도 많이 등장하고 있습니다. 일부 생산자들은 브랜드 아이덴티티를 강조하기 위해 독특한 병을 디자인합니다. 사각형 병, 납작한 병, 심지어 비대칭 병까지 등장했습니다.

하지만 여전히 대부분의 고품질 와인은 전통적인 병 형태를 고수하고 있습니다. 이는 단순히 보수적이어서가 아니라, 수백 년의 경험이 만들어낸 최적의 디자인이기 때문입니다. 보관, 운송, 서빙, 숙성 등 모든 면에서 검증된 형태인 것입니다.

실전 활용 팁

와인 매장에서

와인 매장에 들어서면 먼저 병 형태별로 진열대를 스캔해보세요. 대부분의 매장은 지역별이나 품종별로 와인을 진열하지만, 병 형태를 알면 더 빨리 원하는 스타일을 찾을 수 있습니다.

부르고뉴 병이 많이 보이는 섹션은 아마 피노 누아와 샤르도네가 모여 있는 곳일 것입니다. 플루트 병이 집중된 곳은 독일이나 알자스 와인 코너일 가능성이 높습니다.

2장 와인 고르기

레스토랑에서

와인 리스트만 있고 실물을 볼 수 없는 레스토랑에서도 병 형태 지식은 유용합니다. 소믈리에에게 "부르고뉴 스타일의 가벼운 레드 와인"이나 "알자스 스타일의 아로마틱한 화이트"라고 요청하면, 당신이 어느 정도 와인을 아는 사람임을 알아차릴 것입니다.

선물 선택 시

와인을 선물할 때도 병 형태는 중요한 고려사항입니다. 격식 있는 자리라면 묵직한 보르도 병의 와인이 적절할 것이고, 가벼운 모임이라면 우아한 부르고뉴 병이나 산뜻한 플루트 병이 좋을 것입니다.

특히 매그넘 사이즈는 특별한 날을 위한 완벽한 선물입니다. 같은 와인이라도 매그넘에 담기면 더 특별해 보이고, 더 좋은 컨디션으로 숙성됩니다.

6. 가격대별 와인 찾기

와인을 선택할 때 가장 먼저 고려하게 되는 것이 바로 가격입니다. 하지만 가격이 높다고 해서 반드시 좋은 와인은 아니며, 저렴하다고 해서 맛없는 와인도 아닙니다. 중요한 것은 자신의 예산에 맞춰 최고의 가성비를 찾는 것이죠. 각 가격대별로 어떤 와인을 선택하면 좋을지, 그리고 그 이유는 무엇인지 차근차근 알아보겠습니다.

2장 와인 고르기

1만원 이하: 가성비 챔피언의 세계

칠레 와인의 매력

칠레는 1만원 이하 가격대의 절대 강자입니다! 남미 대륙의 서쪽 끝에 위치한 칠레는 동쪽으로는 안데스 산맥, 서쪽으로는 태평양에 둘러싸여 있어 자연스럽게 병충해로부터 보호받는 환경을 갖추고 있습니다. 이러한 지리적 이점 덕분에 농약 사용을 최소화하면서도 건강한 포도를 재배할 수 있어, 저렴한 가격에 품질 좋은 와인을 생산할 수 있습니다.

특히 센트럴 밸리(Central Valley) 지역의 마이포 밸리(Maipo Valley)와 라펠 밸리(Rapel Valley)에서 생산되는 카베르네 소비뇽과 메를로는 세계적으로 인정받는 품질을 자랑합니다. '콘차이 토로 선라이즈'는 한국에서 가장 사랑받는 칠레 와인 중 하나로, 편의점에서도 쉽게 구할 수 있으며 부드러운 탄닌과 풍부한 과일 향이 특징입니다. '가토 네그로' 역시 검은 고양이 라벨로 유명한 브랜드로, 카베르네 소비뇽과 메를로 블렌드가 인기가 높습니다.

칠레 와인의 또 다른 장점은 일관된 품질입니다. 연중 강수량이 적고 일조량이 풍부한 지중해성 기후 덕분에 매년 비슷한 품질의 포도를 수확할 수 있어, 빈티지에 상관없이 안정적인 맛을 기대할 수 있습니다. 초보자에게는 특히 카베르네 소비뇽을 추천하는데, 검은 베리류의 풍미와 적당한 바디감으로 한국인의 입맛에 잘 맞습니다.

6. 가격대별 와인 찾기

스페인의 숨은 보석

스페인은 세계에서 가장 많은 포도밭을 보유한 국가로, 다양한 토착 품종들이 저렴한 가격에 훌륭한 와인을 만들어냅니다. 특히 가르나차(Garnacha) 품종은 프랑스에서는 그르나슈(Grenache)로 불리며, 스페인 북동부 아라곤(Aragón) 지역과 나바라(Navarra) 지역에서 뛰어난 품질의 와인을 생산합니다.

가르나차로 만든 와인은 알코올 도수가 높고 풍부한 과일 맛이 특징입니다. 딸기, 라즈베리 같은 붉은 과일의 향과 함께 은은한 허브 향이 느껴지며, 탄닌이 부드러워 마시기 편합니다. 1만원 이하 가격대에서 만날 수 있는 스페인 가르나차 와인들은 대부분 젊은 와인(Joven)으로, 오크 숙성을 거치지 않아 포도 본연의 맛을 그대로 느낄 수 있습니다.

또한 스페인의 템프라니요(Tempranillo) 품종도 이 가격대에서 좋은 선택입니다. 리오하(Rioja) 지역의 고급 와인에 주로 사용되는 품종이지만, 라 만차(La Mancha)나 발데페냐스(Valdepeñas) 같은 지역에서는 훨씬 저렴한 가격에 만날 수 있습니다. 체리와 자두의 풍미에 바닐라 향이 은은하게 느껴지는 것이 특징입니다.

포르투갈의 저렴한 보물

포르투갈 역시 1만원 이하 가격대에서 놀라운 가성비를 보여주는 국가입니다. 포르투갈은 250여 종의 토착 포도 품종을 보유하고 있어 독특하고 개성 있는 와인들을 만날 수 있습니다. 특히 도우로

2장 와인 고르기

(Douro) 지역의 레드 블렌드나 알렌테주(Alentejo) 지역의 와인들은 1만원 이하에서도 충분히 만족스러운 품질을 제공합니다.

포르투갈 와인의 특징은 깊고 진한 색상과 풍부한 미네랄 감입니다. 화강암과 편암 토양에서 자란 포도들은 독특한 흙내음과 함께 집중도 높은 과일 풍미를 만들어냅니다. 또한 대서양의 영향을 받아 산도가 높아 음식과의 궁합이 뛰어납니다.

1-2만원: 주말 저녁의 동반자
아르헨티나의 자부심, 말벡

아르헨티나는 세계 5위의 와인 생산국이자, 말벡(Malbec) 품종의 본고장입니다. 원래 프랑스 보르도 지역에서 재배되던 말벡이 19세기 중반 아르헨티나로 건너가면서 새로운 전성기를 맞게 되었습니다. 안데스 산맥의 높은 고도와 건조한 기후, 그리고 충분한 일조량이 말벡에게 완벽한 환경을 제공한 것입니다.

멘도사(Mendoza) 지역은 아르헨티나 와인 생산량의 70%를 차지하는 최대 산지로, 해발 800m에서 1,200m의 고지대에 위치합니다. 이러한 고도 차이는 낮과 밤의 온도 차이를 크게 만들어 포도가 천천히 익을 수 있게 하며, 그 결과 당도와 산도의 균형이 뛰어난 포도를 얻을 수 있습니다.

말벡 와인의 특징은 진한 보라빛 색상과 검은 과일의 풍미입니다.

6. 가격대별 와인 찾기

블랙베리, 자두, 블랙체리의 맛과 함께 바이올렛, 초콜릿, 커피 향이 복합적으로 나타납니다. 탄닌은 강하지만 부드러워 입 안에서 벨벳 같은 질감을 느낄 수 있습니다. '알라모스(Alamos)'는 카테나 가문이 운영하는 브랜드로, 1-2만원 가격대에서 말벡의 진수를 보여줍니다. '카테나 말벡'은 좀 더 프리미엄한 선택으로, 복합적인 풍미와 긴 여운을 자랑합니다.

말벡은 아르헨티나 전통 바비큐인 아사도(Asado)와 완벽한 조화를 이룹니다. 한국에서는 갈비구이나 불고기 같은 고기 요리와 함께 마시면 환상적인 궁합을 느낄 수 있습니다. 또한 말벡의 높은 알코올 도수(보통 13.5-15%)는 추운 겨울 저녁에 몸을 따뜻하게 해주는 효과도 있습니다.

호주의 풍미, 쉬라즈의 세계

호주는 신세계 와인의 대표주자로, 혁신적인 양조 기술과 과학적인 포도 재배 방법으로 일관된 품질의 와인을 생산합니다. 특히 쉬라즈(Shiraz) 품종은 호주를 대표하는 포도 품종으로, 프랑스에서는 씨라(Syrah)로 불리는 같은 품종입니다. 바로사 밸리(Barossa Valley)는 호주 쉬라즈의 성지로 불립니다. 1840년대 독일 이민자들이 정착하면서 포도 재배를 시작한 이 지역은 현재 세계에서 가장 오래된 쉬라즈 포도나무들을 보유하고 있습니다. 일부 포도나무는 150년이 넘는 수령을 자랑하며, 이들이 생

2장 와인 고르기

산하는 포도로 만든 와인은 깊이와 복합성이 뛰어납니다.

호주 쉬라즈의 특징은 풍부한 과일 향과 스파이시한 풍미입니다. 블랙베리, 블루베리 같은 진한 과일 맛과 함께 후추, 정향, 육계피 같은 향신료 향이 느껴집니다. 따뜻한 기후에서 자란 포도로 만들어져 알코올 도수가 높고 바디감이 풍부합니다.

'제이콥스 크릭(Jacob's Creek)'은 1976년 호주에서 처음으로 쉬라즈 품종명을 라벨에 표기한 역사적인 브랜드입니다. 현재는 전 세계 60여 개국에 수출되는 호주 대표 와인 브랜드로, 1-2만원 가격대에서 호주 와인의 전형적인 맛을 경험할 수 있습니다. '옐로우 테일(Yellow Tail)'은 더욱 친근한 브랜드로, 캥거루 라벨로 유명하며 과일 향이 풍부하고 마시기 쉬운 스타일입니다.

호주 와인의 또 다른 특징은 카베르네-쉬라즈 블렌드입니다. 카베르네 소비뇽의 구조감과 쉬라즈의 풍부한 과일 향이 조화를 이루어 복합적이면서도 균형 잡힌 맛을 만들어냅니다. 이러한 블렌드 와인들은 다양한 음식과 잘 어울리며, 특히 한국의 매운 음식과도 좋은 궁합을 보입니다.

남아프리카공화국의 부상

최근 1-2만원 가격대에서 주목받고 있는 지역이 바로 남아프리카공화국입니다. 17세기부터 와인을 생산해온 오랜 역사를 가지고 있지만, 아파르트헤이트 정책으로 인해 국제 시장에서 오

6. 가격대별 와인 찾기

랫동안 고립되었다가 1990년대 이후 다시 주목받기 시작했습니다.

남아공 와인의 대표 품종은 피노타주(Pinotage)입니다. 이는 피노 누아와 생소(Cinsaut)를 교배하여 만든 남아공 고유의 품종으로, 딸기와 바나나 향이 독특하게 조화를 이룹니다. 또한 케이프 타운 주변의 스텔렌보스(Stellenbosch) 지역에서 생산되는 카베르네 소비뇽과 쉬라즈도 뛰어난 품질을 자랑합니다.

남아공 와인의 장점은 뛰어난 가성비와 독특한 개성입니다. 유럽과 비슷한 지중해성 기후를 가지고 있어 우아한 스타일의 와인을 만들면서도, 신세계 와인의 과일 향도 함께 가지고 있습니다. 특히 '부켄하츠클루프(Boekenhoutskloof)'나 '스프링필드(Springfield)' 같은 생산자들의 와인은 1-2만원 가격대에서 놀라운 품질을 보여줍니다.

2-3만원: 특별한 날의 선택
오래된 세계의 맛, 프랑스의 전통

2-3만원 가격대에 들어서면 드디어 프랑스 와인을 본격적으로 경험할 수 있습니다. 프랑스는 와인의 본고장으로, 각 지역마다 독특한 테루아(Terroir)를 바탕으로 한 개성 있는 와인들을 생산합니다.
테루아란 토양, 기후, 지형 등 포도가 자라는 환경의 총체를 의미하는 프랑스 용어로, 와인에 그 지역만의 독특한 특성을 부여합니다.

보르도(Bordeaux) 지역의 '쁘띠 샤또(Petit Château)'들은 이 가격대의 훌륭한 선택입니다. 쁘띠 샤또란 '작은 성'이라는 뜻으로, 유명한

2장 와인 고르기

그랑 크뤼(Grand Cru)급은 아니지만 보르도의 전통적인 양조법을 따르는 중소 규모의 샤또들을 의미합니다. 이들은 보통 카베르네 소비뇽, 메를로, 카베르네 프랑을 블렌드하여 만들며, 오크 숙성을 통해 복합적인 풍미와 구조감을 만들어냅니다.

메독(Médoc) 지역의 크뤼 부르주아(Cru Bourgeois) 등급 와인들도 이 가격대에서 만날 수 있는 보물 같은 존재입니다. 1932년에 제정된 이 등급은 그랑 크뤼 클라세 바로 아래 단계로, 엄격한 품질 기준을 통과한 와인들에게만 부여됩니다. 검은 건포도, 삼나무, 연필심 향으로 유명한 보르도 좌안 와인의 특징을 이 가격대에서도 충분히 느낄 수 있습니다.

론 밸리(Rhône Valley) 지역의 코트 뒤 론(Côtes du Rhône) 와인들도 빼놓을 수 없습니다. 그르나슈, 씨라, 무르베드르 품종을 블렌드한 이 와인들은 지중해성 기후의 따뜻함과 미스트랄 바람의 시원함이 만들어낸 독특한 풍미를 자랑합니다. 말린 허브, 올리브, 라벤더 향이 특징적이며, 프랑스 남부의 햇살을 담은 듯한 따뜻한 느낌을 줍니다.

이탈리아 키안티의 매력

이탈리아의 키안티(Chianti)는 2-3만원 가격대에서 만날 수 있는 최고의 선택 중 하나입니다. 토스카나(Toscana) 지역의 중심부에 위치한 키안티는 14세기부터 와인을 생산해온 유서 깊은 지역으로, 1967

6. 가격대별 와인 찾기

년 이탈리아 최초로 DOC(Denominazione di Origine Controllata) 등급을 받았습니다.

키안티 와인의 주요 품종은 산지오베제(Sangiovese)입니다. '주피터의 피'라는 뜻을 가진 이 품종은 이탈리아를 대표하는 토착 품종으로, 체리와 자두의 풍미에 높은 산도와 적당한 탄닌이 특징입니다. 키안티 클라시코(Chianti Classico) 지역에서 생산되는 와인들은 검은 수탉(Gallo Nero) 마크로 유명하며, 더욱 엄격한 품질 기준을 적용받습니다.

키안티 와인의 특징은 음식과의 뛰어난 궁합입니다. 높은 산도는 기름진 음식을 깔끔하게 정리해주며, 적당한 탄닌은 단백질과 조화를 이룹니다. 이탈리아 전통 요리인 파스타, 피자, 리조또

는 물론이고, 한국의 파스타 요리나 토마토 베이스 음식과도 훌륭한 조화를 이룹니다.

또한 이 가격대에서는 피에몬테(Piemonte) 지역의 바르베라 달바(Barbera d'Alba)나 돌체토 달바(Dolcetto d'Alba)도 좋은 선택입니다. 바르베라는 높은 산도와 낮은 탄닌이 특징으로 신선하고 활기찬 맛을 보여주며, 돌체토는 '작은 달콤함'이라는 뜻처럼 부드럽고 마시기 편한 와인입니다.

2장 와인 고르기

캘리포니아의 햇살

미국 캘리포니아는 현대적인 와인 양조 기술의 선구자로, 과학적인 접근과 혁신적인 아이디어로 고품질 와인을 생산합니다. 2-3만원 가격대에서는 캘리포니아 와인의 매력을 충분히 경험할 수 있습니다.

나파 밸리(Napa Valley)는 세계적으로 유명한 프리미엄 와인 산지이지만, 인근의 소노마 카운티(Sonoma County)나 센트럴 코스트(Central Coast) 지역에서는 더 합리적인 가격에 훌륭한 와인들을 만날 수 있습니다. 특히 파소 로블스(Paso Robles) 지역의 진판델이나 산타 바바라(Santa Barbara) 지역의 피노 누아는 뛰어난 품질 대비 가격을 자랑합니다.

캘리포니아 진판델은 이탈리아의 프리미티보와 같은 품종이지만, 캘리포니아의 따뜻한 기후에서 독특한 개성을 발휘합니다. 잘 익은 블랙베리와 라즈베리 풍미에 후추와 정향의 스파이시함이 더해져 풍부하고 집중적인 맛을 만들어냅니다. 알코올 도수가 높은 편이지만(14-16%) 균형 잡힌 산도와 부드러운 탄닌으로 마시기 편합니다.

캘리포니아 카베르네 소비뇽은 나파 밸리의 고급 와인들과 같은 품종이지만 더 접근하기 쉬운 가격에 제공됩니다. 블랙커런트, 블랙베리의 진한 과일 향과 함께 바닐라, 토스트, 초콜릿 향이 조화롭게 어우러집니다. 오크 숙성을 통해 복합적인 풍미를 얻으면서도 신세계 와인 특유의 직접적이고 친근한 맛을 유지합니다.

6. 가격대별 와인 찾기

3-5만원: 와인의 깊이 탐험하기
스파클링 와인의 세계

3-5만원 가격대에서는 진정한 샴페인은 아니지만, 세계 각국의 훌륭한 스파클링 와인들을 경험할 수 있습니다. 샴페인은 프랑스 샴페인 지역에서 전통 방식(메토드 샹프누아즈)으로 만든 스파클링 와인만을 의미하며, 다른 지역에서 만든 것은 스파클링 와인으로 분류됩니다.

스페인의 카바(Cava)는 이 가격대의 최고 선택 중 하나입니다. 카탈루냐 지역의 페네데스(Penedès)를 중심으로 생산되는 카바는 샴페인과 동일한 전통 방식으로 만들어지지만 훨씬 합리적인 가격을 자랑합니다. 주요 품종은 마카베오(Macabeo), 차렐로(Xarel-lo), 파레야다(Parellada)로, 이들은 모두 스페인 토착 품종입니다.

카바의 특징은 깔끔하고 신선한 산도와 섬세한 기포입니다. 사과, 배, 시트러스의 상큼한 향과 함께 이스트와 브리오슈의 고소한 향이 느껴집니다. 최소 9개월 이상 숙성시켜 만들어지며, 더 오래 숙성시킨 레세르바(Reserva)나 그란 레세르바(Gran Reserva) 등급은 더욱 복합적인 풍미를 보여줍니다.

이탈리아의 프로세코(Prosecco) 중에서도 고급 라인인 프로세코 디 발도비아데네 DOCG(Prosecco di Valdobbiadene DOCG)나 프로세코 디 코넬리아노 DOCG는 이 가격대에서 만날 수 있는 훌륭한 선택입니다. 베네토 지역의 특별한 언덕 지대에서 재배된 글레라(Glera) 품종으로 만들어지며, 일반 프로세코보다 더 복합적이고 우아한 맛을 자랑합니다.

클래식 레드의 깊이

이 가격대에서는 부르고뉴(Bourgogne-영어로는 Burgundy)의 피노 누아를 만날 수 있습니다. 부르고뉴는 피노 누아의 고향으로, 석회암 토양과 대륙성 기후가 만들어내는 독특한 테루아로 유명합니다. 부르고뉴 루주(Bourgogne Rouge)나 코트 드 본 빌라주(Côte de Beaune-Villages) 같은 지역 등급 와인들이 이 가격대의 대표적인 선택입니다.

부르고뉴 피노 누아의 특징은 우아함과 복합성입니다. 체리, 딸기, 라즈베리의 붉은 과일 향과 함께 장미, 바이올렛의 꽃 향이 느껴집니다. 숙성이 진행되면서 흙, 버섯, 가죽의 향이 더해져 더욱 복합적인 풍미를 만들어냅니다. 탄닌은 부드럽고 실크 같은 질감을 가지며, 산도는 높지만 균형이 잘 잡혀 있습니다.

론 밸리의 북부 지역인 크로즈-에르미타주(Crozes-Hermitage)나 생 조제프(Saint-Joseph)의 씨라도 이 가격대에서 경험할 수 있는 훌륭한 와인들입니다. 화강암 토양에서 자란 씨라는 검은 과일의 풍미와 함께 올리브, 후추, 스모키한 향이 특징적입니다. 에르미타주(Hermitage)나 코트 로티(Côte-Rôtie) 같은 최고급 와인들과 같은 품종이지만 더 접근하기 쉬운 가격에 제공됩니다.

독일 리슬링의 정교함

독일의 리슬링은 3-5만원 가격대에서 만날 수 있는 최고의 화이트 와인 중 하나입니다. 라인가우(Rheingau), 모젤(Mosel), 팔츠(Pfalz) 지역에서 생산되는 리슬링들은 각각 독특한 개성을 가지고 있습니다.

독일 리슬링의 특징은 높은 산도와 미네랄 감입니다. 라임, 레몬의 시트러스 향과 함께 꿀, 꽃, 페트롤의 복합적인 향이 느껴집니다. 독일의 QbA(Qualitätswein bestimmter Anbaugebiete)나 QmP(Qualitätswein mit Prädikat) 등급의 와인들은 엄격한 품질 기준을 통과한 것으로, 뛰어난 품질을 보장합니다.

특히 카비네트(Kabinett)나 슈패트레제(Spätlese) 등급의 리슬링은 이 가격대에서 독일 와인의 정수를 경험할 수 있게 해줍니다. 약간의 잔당이 있어 매운 아시아 음식과 훌륭한 궁합을 보여주며, 한국의 매운탕이나 김치찌개 같은 음식과도 놀라운 조화를 이룹니다.

5만원 이상: 프리미엄 와인의 세계

그랑 크뤼의 입문

5만원 이상의 가격대에 들어서면 드디어 세계적으로 인정받는 그랑 크뤼(Grand Cru) 등급의 와인들을 경험할 수 있습니다. 부르고뉴의 그랑 크뤼나 보르도의 그랑 크뤼 클라세 와인들은 수십 년, 때로는 수백 년에 걸쳐 인정받아온 최고 품질의 와인들입니다.

2장 와인 고르기

부르고뉴의 그랑 크뤼는 전체 부르고뉴 생산량의 1%에 불과한 극소량만 생산됩니다. 제브레-샹베르탱(Gevrey-Chambertin), 샹볼-뮈지니(Chambolle-Musigny), 본-로마네(Vosne-Romanée) 같은 마을의 그랑 크뤼 밭에서 나오는 피노 누아는 테루아의 극치를 보여줍니다. 각 포도밭마다 독특한 개성을 가지고 있어, 같은 품종이라도 전혀 다른 맛과 향을 선사합니다.

보르도의 메독 지역 1855년 등급 분류에 따른 그랑 크뤼 클라세 와인들도 이 가격대에서 만날 수 있습니다. 5등급 샤또들은 상대적으로 접근하기 쉬운 가격에 보르도 최고급 와인의 품격을 경험할 수 있게 해줍니다. 샤또 퐁테-카네(Château Pontet-Canet)나 샤또 린치-바주(Château Lynch-Bages) 같은 와인들은 수십 년의 숙성 잠재력을 가지고 있습니다.

바롤로와 브루넬로의 위엄

이탈리아의 왕과 왕의 와인이라 불리는 바롤로(Barolo)는 피에몬테 지역의 네비올로(Nebbiolo) 품종으로 만들어집니다. 바롤로는 DOCG 등급으로 최소 38개월, 리제르바는 62개월 이상 숙성시켜야 하는 엄격한 규정을 가지고 있습니다.

네비올로는 '안개'를 뜻하는 이탈리아어 '네비아(Nebbia)'에서 유래된 이름으로, 가을철 피에몬테 지역에 자주 발생하는 안개

6. 가격대별 와인 찾기

와 관련이 있습니다. 바롤로의 특징은 강한 탄닌과 높은 산도, 그리고 복합적인 향입니다. 장미, 바이올렛의 꽃 향과 함께 타르, 가죽, 트러플의 독특한 향이 조화를 이룹니다.

토스카나의 브루넬로 디 몬탈치노(Brunello di Montalcino)는 산지오베제 그로소 품종 100%로 만들어지는 이탈리아 최고급 와인 중 하나입니다. 최소 5년 이상 숙성시켜야 하며, 그 중 2년은 반드시 오크통에서 숙성시켜야 합니다. 체리, 자두의 과일 향과 함께 가죽, 담배, 허브의 복합적인 향이 특징입니다.

진정한 샴페인의 경험

진정한 샴페인 지역의 와인들도 이 가격대에서 만날 수 있습니다. 샴페인 하우스들의 기본 라인인 브뤼 NV(Non-Vintage)나 블랑 드 블랑(Blanc de Blancs)은 샴페인만의 독특한 풍미를 경험할 수 있게 해줍니다.

샴페인은 샤르도네, 피노 누아, 피노 뫼니에 세 품종을 주로 사용하며, 메토드 샹프누아즈라는 전통 방식으로 만들어집니다. 1차 발효 후 병에서 2차 발효를 진행하고, 최소 15개월 이상 숙성시켜 만듭니다. 이 과정에서 생기는 섬세한 기포와 복합적인 풍미가 샴페인만의 특징입니다.

모에 샹동(Moët & Chandon), 뵈브 클리코(Veuve Clicquot), 페리에 주에(Perrier-Jouët) 같은 유명 샴페인 하우스들의 기본 라인은 이 가격대에서 샴페인의 진수를 경험할 수 있게 해줍니다.

현명한 와인 쇼핑 팁

할인 시즌을 노려라

와인 쇼핑에서 가장 중요한 것은 타이밍입니다. 대형마트나 와인 전문점에서는 정기적으로 와인 할인 행사를 진행하는데, 이때를 노리면 평소보다 20-30% 저렴한 가격에 좋은 와인을 구입할 수 있습니다.

특히 연말연시, 발렌타인데이, 화이트데이 시즌에는 대대적인 와인 할인 행사가 열립니다. 또한 새로운 빈티지가 출시되는 시기에는 이전 빈티지 제품들이 할인되는 경우가 많습니다. 여름철에는 레드 와인보다는 화이트 와인과 스파클링 와인의 할인폭이 큰 편입니다.

온라인 와인 쇼핑몰에서는 정기적으로 플래시 세일이나 특가 이벤트를 진행합니다. 이메일 뉴스레터를 구독하거나 소셜미디어를 팔로우하면 이런 정보를 빠르게 받을 수 있습니다. 또한 쿠폰이나 적립금 제도를 적극 활용하면 추가적인 할인 혜택을 받을 수 있습니다.

덜 유명한 지역의 숨은 보석

와인의 세계에서는 유명하지 않다고 해서 품질이 떨어지는 것은 아닙니다. 오히려 아직 세계적으로 잘 알려지지 않은 지역의 와인들

6. 가격대별 와인 찾기

이 뛰어난 가성비를 보여주는 경우가 많습니다.

프랑스에서는 보르도나 부르고뉴 대신 남프랑스의 랑그독-루시용(Languedoc-Roussillon) 지역이나 루아르 밸리(Loire Valley)의 와인들을 시도해보세요. 특히 코르비에르(Corbières)나 미네르부아(Minervois) 같은 AOC 지역의 와인들은 프랑스 전통 양조법을 따르면서도 합리적인 가격을 자랑합니다.

이탈리아에서는 토스카나의 키안티 클라시코 대신 시칠리아나 풀리아(Puglia) 지역의 와인들을 주목해보세요. 특히 시칠리아의 에트나(Etna) 지역은 화산토양에서 자란 독특한 와인들로 최근 큰 주목을 받고 있습니다. 네로 다볼라(Nero d'Avola)나 에트나 로소(Etna Rosso) 같은 와인들은 합리적인 가격에 이탈리아 남부의 역동적인 풍미를 선사합니다.

스페인에서는 리오하 대신 리베라 델 두에로(Ribera del Duero)나 루에다(Rueda), 프리오라토(Priorat) 지역을 탐험해보세요. 포르투갈의 알렌테주(Alentejo)나 도우로(Douro) 지역도 뛰어난 가성비를 자랑합니다.

와인 앱과 온라인 리뷰 활용하기

현대의 와인 소비자들은 다양한 디지털 도구를 활용할 수 있습니다. 비베리노(Viverino), 셀라트래커(CellarTracker), 와인21닷컴 같은 와인 전문 앱들은 실제 소비자들의 리뷰와 평점을 제공합

니다.

이런 앱들의 장점은 전문가의 평가뿐만 아니라 일반 소비자들의 솔직한 후기를 볼 수 있다는 것입니다. 특히 가격 대비 만족도나 음식과의 궁합에 대한 정보는 실제 구매에 큰 도움이 됩니다. 또한 와인의 적정 음용 시기나 보관 방법에 대한 정보도 얻을 수 있습니다.

사진으로 와인 라벨을 찍으면 자동으로 와인 정보를 검색해주는 기능도 매우 유용합니다. 매장에서 와인을 고를 때 즉석에서 리뷰와 가격 정보를 확인할 수 있어 더 현명한 선택이 가능합니다.

개인 취향 파악하기

와인 선택에서 가장 중요한 것은 자신의 취향을 파악하는 것입니다. 처음에는 다양한 스타일의 와인을 시도해보면서 선호도를 찾아가는 것이 좋습니다.

바디감(가벼움-무거움), 당도(드라이-스위트), 탄닌(부드러움-강함), 산도(낮음-높음) 등의 요소들을 기준으로 자신의 취향을 분석해보세요. 예를 들어 커피를 블랙으로 마시는 사람은 탄닌이 강한 와인을, 단맛을 좋아하는 사람은 과일 향이 풍부한 신세계 와인을 선호할 가능성이 높습니다.

또한 평소 즐겨 먹는 음식과의 조화도 고려해야 합니다. 매운 음식을 자주 먹는다면 산도가 높고 알코올 도수가 낮은 와인이 좋고, 고기를 즐겨 먹는다면 탄닌이 풍부한 레드 와인이 적합합니다.

가격대별 와인 선택 시 참고할 점

빈티지의 이해

같은 와인이라도 빈티지(생산연도)에 따라 가격과 품질이 달라질 수 있습니다. 일반적으로 좋은 날씨 조건에서 생산된 빈티지는 가격이 높고, 어려운 기후 조건의 빈티지는 상대적으로 저렴합니다.

하지만 저렴한 빈티지가 항상 품질이 떨어지는 것은 아닙니다. 숙련된 와인메이커들은 어려운 조건에서도 좋은 와인을 만들어내며, 때로는 이런 빈티지가 독특한 개성을 가지기도 합니다. 특히 초보자에게는 비싼 빈티지보다는 마시기 편한 빈티지가 더 적합할 수 있습니다.

구매처별 특징

와인을 구매할 수 있는 곳은 다양합니다. 각각의 특징을 이해하고 상황에 맞게 선택하는 것이 중요합니다.

대형마트는 접근성이 좋고 할인 행사가 자주 있어 일상적인 와인 구매에 적합합니다. 하지만 선택의 폭이 제한적이고 전문적인 조언을 받기 어렵습니다.

와인 전문점은 다양한 선택지와 전문적인 조언을 제공하지만 가격이 상대적으로 높을 수 있습니다. 특별한 와인을 찾거나 선물용 와인을 구매할 때 적합합니다.

온라인 쇼핑몰은 가격 비교가 쉽고 리뷰 정보가 풍부하며, 종종 오프라인보다 저렴한 가격을 제공합니다. 하지만 배송 중 파손 위험이

2장 와인 고르기

있고 즉시 구매가 불가능합니다.

편의점은 24시간 접근 가능하고 간편하지만 선택지가 매우 제한적입니다. 급하게 와인이 필요할 때나 간단한 일상 음용용으로 적합합니다.

보관과 숙성의 고려

와인을 구매할 때는 언제 마실지도 고려해야 합니다. 즉시 마실 예정이라면 지금 마시기 좋은 상태의 와인을, 나중에 마실 계획이라면 숙성 잠재력이 있는 와인을 선택하는 것이 좋습니다.

일반적으로 1-2만원 가격대의 와인들은 즉시 마시기 위해 만들어진 것들이 대부분입니다. 3만원 이상의 와인들은 어느 정도 숙성 잠재력을 가지고 있어 적절한 보관 조건에서 몇 년간 보관할 수 있습니다.

와인 보관 시에는 온도(12-15°C), 습도(70-80%), 빛차단, 진동 방지 등을 고려해야 합니다. 가정에서는 와인 냉장고를 사용하거나, 서늘하고 어두운 곳에 눕혀서 보관하는 것이 좋습니다.

결론적으로, 가격대별 와인 선택은 단순히 비싼 것이 좋다는 고정관념에서 벗어나 자신의 취향과 상황에 맞는 최적의 선택을 하는 것이 중요합니다. 각 가격대마다 고유한 매력과 특징이 있으므로, 다양한 시도를 통해 와인의 넓은 세계를 탐험해보시기 바랍니다.

마무리

와인 라벨의 비밀부터 병 모양의 의미, 그리고 가격대별 현명한 선택법까지 - 이제 여러분은 와인을 고르는 기본 도구들을 갖추게 되었습니다.

라벨을 읽으며 생산자와 빈티지, 지역의 이야기를 발견하고, 병의 형태만으로도 와인의 성격을 짐작할 수 있게 되었죠. 무엇보다 자신의 예산에 맞는 최고의 와인을 찾는 안목을 기르셨을 것입니다.

Part 2

와인 즐기기
3장 와인 마시는 법

"신은 물을 만들었지만, 인간은 와인을 만들었다."

볼테르

3장
와인 마시는 법

앞으로 와인 마시는 법에 대해 이야기할 것입니다. 이번 3장에서는 와인잔의 구조와 특징을 살펴보고, 레드와인·화이트와인·스파클링 와인에 맞는 잔 선택법을 알아봅니다.

또 스템을 잡는 올바른 방법과 스월링 같은 기본 동작을 통해 와인의 향을 더욱 풍부하게 즐기는 법을 배워봅니다. 이어서 테이스팅의 세 단계인 눈으로 색과 투명도를 관찰하고, 코로 아로마를 맡으며, 입으로 산미·당도·탄닌·바디감·여운을 평가하는 과정을 통해 와인을 과학적이고 예술적으로 즐기는 법을 익힙니다.

마지막으로 와인의 적정 온도와 가정에서의 보관법을 다루며, 와인의 맛과 향을 최적의 상태로 유지하는 방법까지 함께 알아보겠습니다.

7. 와인잔과 바르게 잡는 법

 와인을 처음 접하는 분들이 가장 놀라워하는 것 중 하나가 바로 와인잔의 다양함입니다. "그냥 잔에 따라 마시면 되는 거 아니야?"라고 생각하실 수도 있지만, 와인잔은 와인을 즐기는 데 있어 오케스트라의 지휘자 같은 역할을 합니다. 같은 와인이라도 어떤 잔에 따르느냐에 따라 전혀 다른 맛과 향을 경험할 수 있거든요.
 처음 와인을 배울 때 선생님들은 이런 실험을 보여주시곤 합니다.

3장 와인 마시는 법

같은 와인을 커피잔, 물컵, 그리고 제대로 된 와인잔에 따라서 비교 시음을 하는데, 정말 놀랍게도 맛이 모두 다르게 느껴지는 거죠. 커피잔에서는 알코올 냄새가 강하게 올라오고, 물컵에서는 와인의 섬세한 향을 느낄 수 없게 되기도 해요. 오직 와인잔에서만 와인이 가진 본연의 아름다움을 만날 수 있는 경우가 많거든요.

모든 와인잔의 기본 구조

림(Rim) - 와인과 입술이 만나는 첫 순간

림은 잔의 가장 윗부분으로, 우리 입술이 직접 닿는 곳입니다. 얇은 림일수록 와인이 입안으로 부드럽게 흘러들어가 더 섬세한 맛을 느낄 수 있어요. 두꺼운 림은 와인의 흐름을 방해해서 맛의 균형을 깨뜨릴 수 있습니다. 고급 와인잔일수록 림이 얇은 이유가 바로 여기에 있죠.

볼(Bowl) - 와인의 무대

볼은 와인이 담기는 공간으로, 와인잔의 가장 중요한 부분입니다. 볼의 크기와 모양은 와인이 공기와 만나는 표면적을 결정하고, 이는 곧 와인의 향과 맛이 얼마나 잘 표현되는지를 좌우합니다. 넓은 볼은 와인이 충분히 '숨을 쉴' 수 있게 해주고, 좁은 볼은 섬세한 향을 보존해줍니다.

7. 와인잔과 바르게 잡는 법

스템(Stem) - 우아함의 상징이자 실용성의 극치

길고 가느다란 스템은 단순히 멋을 위한 것이 아닙니다. 손의 온도가 와인에 전달되는 것을 막아주는 중요한 역할을 하죠. 특히 차갑게 마셔야 하는 화이트와인이나 스파클링 와인에서는 스템의 역할이 더욱 중요합니다.

베이스(Base) - 든든한 지지대

평평하고 넓은 베이스는 와인잔 전체를 안정적으로 지탱해줍니다. 베이스가 너무 작으면 잔이 쉽게 넘어질 수 있고, 너무 크면 보관이나 사용이 불편하겠죠. 적절한 크기의 베이스는 기능성과 미학의 완벽한 조화를 보여줍니다.

와인 종류별 잔의 특징과 선택법

와인잔을 고르는 것은 마치 신발을 고르는 것과 같아요. 운동할 때는 운동화를, 등산할 때는 등산화를 신듯이, 와인도 그 특성에 맞는 잔을 사용하면 훨씬 더 맛있게 즐길 수 있습니다.

레드와인 잔 - 풍부한 향과 맛의 극대화

레드와인은 일반적으로 복잡한 향과 깊은 맛을 가지고 있어서, 이를 충분히 표현할 수 있는 큰 볼의 잔이 필요합니다. 마치 큰 무대에서 공연하는 오페라처럼, 레드와인도 넓은 공간에서 그 진가를 발휘하죠.

보르도 잔(Bordeaux Glass)

- 레드와인 잔 중 가장 큰 볼을 자랑
- 높이가 27cm 정도로 당당한 존재감
- 카베르네 소비뇽, 메를로, 카베르네 프랑 같은 보르도 품종에 최적
- 넓은 표면적이 탄닌을 부드럽게 만들어줌
- 복잡한 향을 천천히, 충분히 발산시킴

보르도 잔의 특징은 볼이 위로 갈수록 좁아지는 모양인데, 이는 와인의 향을 볼 안에 모았다가 코로 집중적으로 전달하는 역할을 합니다. 진한 다크 초콜릿, 검은 체리, 시가 박스 같은 보르도 와인 특유의 복잡한 향들이 이 잔에서는 마치 교향곡처럼 조화롭게 펼쳐집니다.

부르고뉴 잔(Burgundy Glass)

부르고뉴 잔은 보르도 잔과는 확연히 다른 모습을 하고 있습니다. 마치 큰 풍선을 연상시키는 둥근 볼이 특징이죠. 이런 디자인은 부르고뉴의 대표 품종인 피노 누아의 섬세하고 우아한 특성을 살리기 위한 것입니다.

볼이 넓어서 와인이 충분히 공기와 접촉할 수 있지만, 동시에 입구가 안쪽으로 모이는 형태라 향이 밖으로 빠져나가지 않고 잔안에 머물게 됩니다. 딸기, 체리, 장미꽃 같은 피노 누아의 섬

7. 와인잔과 바르게 잡는 법

세한 향들이 이 잔 안에서는 마치 향수병을 열었을 때처럼 은은하게 피어오릅니다.

화이트와인 잔 - 신선함과 우아함의 조화

화이트와인은 레드와인과는 전혀 다른 매력을 가지고 있습니다. 신선한 과일향, 꽃향기, 미네랄의 느낌... 이런 섬세한 특징들을 살리기 위해 화이트와인 잔은 레드와인 잔보다 작고 날씬하게 디자인됩니다.

스파클링 와인 잔의 진화 - 전통과 혁신 사이

스파클링 와인 잔만큼 시대에 따라 유행이 바뀐 잔도 없을 것입니다. 각 시대마다 샴페인을 즐기는 방식이 달랐고, 그에 따라 잔의 모양도 진화해왔습니다.

플루트(Flute) - 클래식의 정석

플루트는 여전히 가장 인기 있는 샴페인 잔입니다. 파티나 축하 자리에서 플루트에 담긴 샴페인만큼 축제 분위기를 내는 것도 없죠. 황금빛 액체 속에서 끊임없이 올라오는 기포들을 바라보는 것만으로도 기분이 좋아집니다.

3장 와인 마시는 법

쿠프(Coupe) - 낭만의 시대

1920년대 개츠비 시대를 떠올리게 하는 쿠프는 넓고 얕은 접시 모양의 잔입니다. 전설에 따르면 마리 앙투아네트의 가슴을 본떠 만들었다고 하는데, 사실 여부를 떠나 로맨틱한 이야기죠.

쿠프는 기포가 빨리 날아가는 단점이 있지만, 칵테일 파티나 웨딩에서는 여전히 사랑받고 있습니다. 특히 샴페인 타워를 만들 때는 쿠프만한 잔이 없죠!

와인잔 잡는 법의 정석과 변주

와인잔을 어떻게 잡느냐는 단순한 에티켓의 문제가 아닙니다. 올바른 방법으로 잔을 잡으면 와인을 더 맛있게 즐길 수 있고, 우아한 모습까지 연출할 수 있죠. 하지만 무엇보다 중요한 것은 편안함입니다. 규칙에 너무 얽매이다 보면 와인을 즐기는 본질을 잊을 수 있으니까요.

스템을 잡는 기본기

와인잔을 잡는 가장 기본적인 방법은 스템을 잡는 것입니다. 하지만 "스템을 잡으세요"라는 단순한 조언보다는, 구체적으로 어떻게 잡는지 알아볼게요.

7. 와인잔과 바르게 잡는 법

클래식 3-핑거 그립

엄지, 검지, 중지 세 손가락으로 스템의 중간 부분을 잡는 방법입니다. 엄지와 검지가 마주보며 스템을 잡고, 중지가 아래에서 받쳐주는 형태죠. 이 방법이 가장 안정적이면서도 우아해 보입니다.

처음에는 어색할 수 있지만, 몇 번 연습하다 보면 자연스러워집니다. 마치 연필을 잡듯이, 하지만 좀 더 부드럽게 잡는다고 생각하면 쉬워요. 힘을 너무 주면 오히려 불안정해지니, 살짝 잡는 느낌으로 충분합니다.

베이스 홀드 - 프로페셔널의 선택

와인 전문가들이 시음할 때 종종 사용하는 방법으로, 베이스 부분을 손바닥으로 받치고 엄지와 검지로 스템 하단을 잡는 방식입니다. 이 방법의 장점은 와인잔이 매우 안정적이고, 스월링을 할 때도 쉽게 컨트롤할 수 있다는 것입니다.

하지만 일상적인 자리에서는 다소 과해 보일 수 있으니, TPO에 맞춰 사용하는 것이 좋겠죠?

와인 종류별 잡는 법의 차이

모든 와인을 같은 방법으로 잡을 필요는 없습니다. 와인의 종류와 상황에 따라 조금씩 다르게 잡는 것이 더 합리적이에요.

3장 와인 마시는 법

화이트와인 & 스파클링 와인 - 차가움을 지키는 방법

화이트와인과 스파클링 와인은 차갑게 마셔야 제맛입니다. 따라서 절대 볼 부분을 잡아서는 안 됩니다. 손의 온도가 37도 정도인데, 이 온도가 와인에 전달되면 섬세한 맛과 향이 순식간에 망가져버려요.

스템의 중간이나 하단부를 잡되, 되도록 짧은 시간 동안만 들고 있는 것이 좋습니다. 테이블에 놓을 때는 코스터를 사용해서 테이블의 온도가 전달되는 것도 막아주면 더욱 좋겠죠.

레드와인 - 온도와의 적절한 타협

레드와인은 화이트와인보다는 온도에 덜 민감합니다. 오히려 너무 차가운 레드와인은 향이 닫혀있어서 제대로 된 맛을 느끼기 어렵죠. 그래서 레드와인은 볼 부분을 잡아도 큰 문제가 없습니다.

특히 겨울철이나 와인이 너무 차가울 때는 오히려 볼을 감싸 잡아서 체온으로 살짝 데워주는 것도 좋은 방법입니다. 프랑스의 어떤 와인 생산자는 "차가운 레드와인은 마치 꽁꽁 언 사람과 대화하는 것과 같다"고 표현하기도 했어요.

스월링을 위한 특별한 잡는 법

스월링(Swirling)은 와인을 잔 안에서 돌려주는 동작으로, 와인이 공기와 더 많이 접촉하게 해서 향을 풍부하게 만드는 기술입니다. 스월링을 제대로 하려면 잔을 잡는 방법도 중요해요.

7. 와인잔과 바르게 잡는 법

초보자를 위한 테이블 스월링

(처음 스월링을 배울 때는 잔을 테이블에 놓고 연습하는 것이 좋습니다.)

1. 와인잔의 베이스를 테이블에 놓습니다.
2. 스템 하단부를 엄지와 검지로 잡습니다.
3. 오른손잡이는 왼쪽 방향으로 작은 원을 그리듯이 천천히 돌려줍니다. 이것은 실수하였을 때 옆 사람에게 와인이 튀는 것을 막기위한 방법입니다.
4. 와인이 잔 벽을 타고 올라갔다가 내려오는 것을 관찰합니다.

공중 스월링의 기술

(어느 정도 익숙해지면 잔을 들고 스월링을 할 수 있습니다.)

1. 스템의 중간 부분을 3-핑거 그립으로 잡습니다.
2. 손목의 힘을 빼고 부드럽게 원을 그립니다.
3. 처음에는 작은 원부터 시작해서 점점 크게 합니다.
4. 와인이 잔의 1/3 이상 차있으면 스월링이 어려우니 적당량만 따릅니다.

스월링을 할 때 흔한 실수가 너무 세게, 너무 빨리 돌리는 것입니다. 우아하고 부드럽게, 리듬을 타는 것이 중요해요.

3장 와인 마시는 법

피해야 할 잡는 방법들

림(Rim) 근처를 잡는 것
- 지문과 립스틱 자국이 남음
- 잔을 부딪칠 때 위생적이지 않음
- 와인의 향을 맡을 때 손이 코를 가림
- 스월링이 거의 불가능함

볼 전체를 움켜잡는 것

볼 전체를 감싸는 것도 피해야 합니다.
- 와인의 온도가 급격히 상승
- 와인의 색을 제대로 감상할 수 없음
- 매우 투박해 보임
- 고급 레스토랑에서는 실례가 될 수 있음

두 손으로 잡는 것

불안정하다고 해서 두 손으로 와인잔을 잡는 것은 좋지 않습니다. 한 손으로 충분히 안정적으로 잡을 수 있도록 연습하는 것이 중요해요.

8. 맛보기의 기본 단계

👁 첫번째: 눈으로 즐기기

👃 두번째: 코로 즐기기

👄 세번째: 입으로 즐기기

3장 와인 마시는 법

와인을 제대로 즐기는 것은 단순히 마시는 행위를 넘어서는 하나의 예술입니다. 소믈리에들이 와인을 평가할 때 사용하는 체계적인 접근법은 우리 같은 초보자들도 충분히 익힐 수 있습니다. 와인 테이스팅은 크게 세 단계로 나뉩니다. 시각적 평가, 후각적 평가, 그리고 미각적 평가. 각 단계는 와인의 품질과 특성을 파악하는 중요한 정보를 제공합니다.

첫 번째: 눈으로 즐기기

와인 테이스팅의 첫 단계는 시각적 평가입니다. 많은 사람들이 이 단계를 가볍게 넘기지만, 숙련된 테이스터는 와인의 색상만으로도 포도 품종, 숙성 정도, 심지어 대략적인 빈티지까지 추측할 수 있습니다.

색상 관찰하기

와인의 색상을 제대로 관찰하려면 적절한 환경이 필요합니다. 자연광이 가장 이상적이지만, 실내에서는 백색 LED 조명 아래에서 관찰하는 것이 좋습니다. 와인잔을 45도 각도로 기울여 흰색 종이나 흰색 테이블클로스 위에 놓고 관찰하면 색상의 미묘한 차이를 더 잘 파악할 수 있습니다.

레드와인의 색상 스펙트럼은 매우 다양합니다. 젊은 피노 누아는 투명한 루비색을 띠며, 숙성된 네비올로는 오렌지빛이 도는 가넷색을 보입니다. 카베르네 소비뇽이나 시라 같은 품종은 거의 불투명할

8. 맛보기의 기본 단계

정도로 진한 자주색을 띱니다. 와인이 숙성되면서 레드와인은 점차 밝아지고 벽돌색이나 갈색톤을 띠게 됩니다. 반면 화이트와인은 숙성과 함께 색이 진해집니다. 젊은 소비뇽 블랑은 거의 물처럼 맑은 연두빛을 띠지만, 오크 숙성을 거친 샤르도네는 황금빛을 띱니다.

투명도와 광택 확인하기

와인의 투명도는 와인 제조 방식에 대한 중요한 단서를 제공합니다. 대부분의 현대적인 와인은 필터링과 청징(clarification) 과정을 거쳐 크리스털처럼 맑고 투명합니다. 하지만 최근 인기를 얻고 있는 내츄럴 와인(natural wine)이나 언필터드 와인은 의도적으로 이런 과정을 거치지 않아 약간 탁하거나 흐릿할 수 있습니다. 이는 결함이 아니라 와인메이커의 철학을 반영하는 것입니다.

와인의 광택 또한 중요한 지표입니다. 건강한 와인은 생동감 있는 광택을 띠며, 빛을 받으면 반짝입니다. 만약 와인이 둔탁하거나 생기가 없어 보인다면 산화되었거나 보관 상태가 좋지 않았을 가능성이 있습니다.

점성(Viscosity) 확인하기 - 와인의 다리 읽기

와인잔을 천천히 돌린 후 멈추면, 와인이 잔 벽을 따라 흘러내리면서 형성하는 무늬를 관찰할 수 있습니다. 이를 '**와인의 다리**(wine legs)' 또는 '**와인의 눈물**(tears of wine)'이라고 부릅니다. 프랑스에서는 이를

121

3장 와인 마시는 법

'샤토 드 라르메(Château des larmes)'라고 시적으로 표현하기도 합니다.

이 현상은 '마랑고니 효과(Marangoni effect)'라는 물리적 현상 때문에 발생합니다. 알코올이 물보다 빠르게 증발하면서 표면장력의 차이가 생기고, 이로 인해 와인이 잔 벽을 타고 올라갔다가 다시 흘러내리는 것입니다. 다리가 두껍고 천천히 흐를수록 알코올 도수가 높거나 글리세롤 함량이 높은 와인일 가능성이 큽니다. 일반적으로 13.5% 이상의 알코올을 함유한 와인에서 뚜렷한 다리를 관찰할 수 있습니다.

두 번째: 코로 즐기기

와인의 향은 와인 테이스팅에서 가장 중요한 부분입니다. 우리가 '맛'이라고 느끼는 것의 대부분은 사실 후각을 통해 인지되는 것입니다. 전문가들은 와인의 70-80%가 향으로 결정된다고 말합니다.

첫 번째 향 맡기 - 정적인 향(Static Nose)

와인잔을 테이블에 놓은 상태에서 코를 잔 입구에 가져가 살짝 향을 맡아보세요. 이때 느껴지는 향을 '정적인 향'이라고 합니다. 너무 깊게 들이마시지 말고, 일반적인 호흡을 하듯 자연스럽게 향을 맡아보세요. 이 단계에서는 와인의 가장 휘발성이 강한 향들, 주

8. 맛보기의 기본 단계

로 알코올이나 아세트알데히드 같은 성분들을 감지할 수 있습니다. 만약 이 단계에서 식초 냄새, 젖은 골판지 냄새, 또는 썩은 계란 냄새 같은 불쾌한 향이 난다면 와인에 결함이 있을 가능성이 높습니다. 코르크 테인트(cork taint), 과도한 산화, 환원취 등이 그 원인일 수 있습니다.

스월링(Swirling) 후 향 맡기 - 동적인 향(Dynamic Nose)

이제 와인잔을 부드럽게 돌려보세요. 스월링은 와인 테이스팅의 상징적인 동작이지만, 올바른 방법을 아는 사람은 많지 않습니다. 초보자라면 잔을 테이블에 놓은 상태에서 잔의 다리 부분을 잡고 작은 원을 그리듯 돌리는 것부터 시작하세요. 숙련되면 잔을 들고도 할 수 있지만, 와인이 튀지 않도록  주의해야 합니다. 스월링의 목적은 와인을 공기와 접촉시켜 향을 발산시키는 것입니다. 와인의 표면적이 넓어지면서 더 많은 향 분자들이 방출됩니다. 스월링 후에는 코를 잔 안쪽 깊이 넣고 천천히 깊게 들이마셔보세요. 이때 눈을 감으면 향에 더 집중할 수 있습니다.

향의 복잡성 탐구하기

와인의 향을 표현하는 것은 처음에는 어려울 수 있습니다. "와인 냄새가 난다"고 말하는 것은 너무 막연합니다. 다음과 같은 질문들

3장 와인 마시는 법

을 스스로에게 해보세요.

- 이 향이 나를 어디로 데려가는가? (과수원? 꽃밭? 숲속?)
- 어린 시절의 어떤 기억이 떠오르는가?
- 이 향이 신선한가, 아니면 조리되거나 가공된 느낌인가?

아로마의 세계로! - 향의 카테고리 심화 학습

와인의 향은 그 기원에 따라 세 가지 주요 카테고리로 분류됩니다. 각 카테고리를 자세히 살펴보면 와인의 복잡성을 더 잘 이해할 수 있습니다.

1. 1차 아로마(Primary Aromas) 포도와 테루아의 표현 1차 아로마는 포도 품종 자체와 그것이 자란 환경(테루아)에서 비롯됩니다. 이는 와인의 DNA와 같은 것으로, 품종의 특성을 가장 직접적으로 보여줍니다. 각 포도 품종은 고유한 향 프로필을 가집니다.

카베르네 소비뇽 블랙커런트, 삼나무, 피망, 민트

피노 누아 체리, 라즈베리, 버섯, 젖은 흙

시라/쉬라즈 검은 후추, 블랙베리, 감초, 훈제육

소비뇽 블랑 구스베리, 자몽, 신선한 풀, 고양이 오줌(!)

리슬링 라임, 청사과, 석유(페트롤), 꿀

샤르도네 사과, 배, 열대과일(따뜻한 기후), 미네랄(차가운 기후)

테루아의 영향도 1차 아로마에 반영됩니다. 같은 품종이라도 재배 지역의 기후, 토양, 고도에 따라 다른 향을 발산합니다. 예를 들어,

차가운 기후의 시라는 후추와 올리브 향이 강하지만, 따뜻한 기후의 시라즈는 잼처럼 진한 과일 향과 초콜릿 향을 보입니다.

2. 2차 아로마(Secondary Aromas) 양조의 예술 2차 아로마는 발효와 양조 과정에서 생성됩니다. 와인메이커의 선택과 기술이 직접적으로 반영되는 부분입니다.

주요 2차 아로마 생성 과정

알코올 발효 효모가 당분을 알코올로 변환하면서 다양한 에스테르와 알데히드를 생성합니다. 바나나, 배, 사과 사탕 같은 향이 이 과정에서 만들어집니다.

말로락틱 발효(MLF) 날카로운 사과산이 부드러운 젖산으로 변환되면서 버터, 크림, 요구르트 같은 유제품 향이 생성됩니다. 특히 샤르도네에서 이런 특성이 두드러집니다.

효모 접촉(Lees Contact) 죽은 효모와 함께 숙성시키면 빵, 비스킷, 브리오슈 같은 고소한 향이 발달합니다. 샴페인의 토스티한 향이 대표적인 예입니다.

탄산 침용(Carbonic Maceration) 보졸레 누보에 사용되는 이 기법은 바나나, 풍선껌 같은 독특한 향을 만들어냅니다.

3. 3차 아로마(Tertiary Aromas) 시간의 선물 3차 아로마는 숙성 과정에서 발달하는 복잡한 향들입니다. 이는 와인이 단순한 음료를 넘어 예술품이 되는 이유입니다.

3장 와인 마시는 법

오크 숙성이 주는 향

아메리칸 오크 바닐라, 코코넛, 딜

프렌치 오크 정향, 시나몬, 연기, 시가박스

헝가리안 오크 바닐라와 스파이스의 중간

토스팅 레벨 오크통 내부를 태우는 정도에 따라 토피, 캐러멜, 모카, 훈제 향이 달라집니다

병 숙성이 주는 향

레드와인 가죽, 담배, 말린 과일, 숲 바닥, 트러플

화이트와인 꿀, 밀랍, 견과류, 등유(고급 리슬링)

강화 와인 토피, 캐러멜, 산화된 견과류, 건포도

세 번째: 입으로 즐기기

이제 드디어 와인을 맛볼 차례입니다. 미각은 단순히 혀로만 느끼는 것이 아니라 입 전체, 심지어 후각과 촉각까지 동원되는 복합적인 감각 경험입니다.

첫 모금 - 진입(Entry)

와인을 마실 때는 작은 모금(약 10-15ml)을 입에 머금는 것부터 시작합니다. 이는 티스푼 2-3개 정도의 양입니다. 너무 많이 마시면 와인을 제대로 평가하기 어렵고, 너무 적으면 충분한 감각을 얻을 수 없습니다. 와인이 입에 들어오는 순간 가장 먼저 느껴지는 것은 온도

8. 맛보기의 기본 단계

와 질감입니다. 적절한 온도의 와인은 상쾌하고 생동감 있게 느껴집니다. 레드와인은 16-18°C, 화이트와인은 8-12°C가 이상적입니다.

와인 굴리기(Swishing) - 전문가의 기술

와인을 혀 위에서 굴려보세요. 씹듯이 와인을 움직여 입안의 모든 부분에 닿도록 합니다. 이때 살짝 입술을 오므리고 공기를 들이마시는 **'슬러핑(slurping)'** 기법을 사용할 수 있습니다. 처음에는 어색하고 소리가 날 수 있지만, 이는 와인의 향을 후각으로 전달하는 매우 효과적인 방법입니다. 공기와 함께 와인을 순환시키면 휘발성 향 성분들이 비강으로 올라가 후각 수용체를 자극합니다. 이를 **'레트로네이절 올팩션(retronasal olfaction)'** 이라고 하며, 우리가 '맛'이라고 느끼는 것의 핵심입니다.

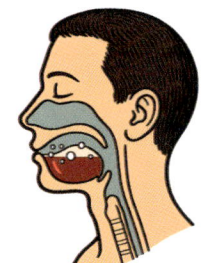

산미(Acidity) 평가하기

산미는 와인의 척추와 같습니다. 적절한 산미는 와인에 신선함과 생동감을 주고, 음식과의 조화를 가능하게 합니다. 산미를 느끼는 주요 부위는 혀의 측면과 뺨 안쪽입니다. 높은 산도의 와인을 마시면 침이 고이는 것을 느낄 수 있습니다.

- **낮음** 플랫하고 생기가 없음 (pH 3.6 이상)
- **중간** 균형 잡힌 신선함 (pH 3.3-3.6)
- **높음** 날카롭고 찌르는 듯함 (pH 3.3 이하)

3장 와인 마시는 법

차가운 기후의 와인이 일반적으로 높은 산도를 가지며, 리슬링, 알바리뇨, 소비뇽 블랑이 대표적인 고산도 품종입니다.

당도(Sweetness) 감지하기

당도는 혀 앞부분에서 가장 먼저 감지됩니다. 와인의 당도는 발효 후 남은 잔당(residual sugar)의 양에 따라 결정됩니다.

- **본 드라이(Bone Dry) 0-1 g/L** 전혀 단맛이 느껴지지 않음
- **드라이(Dry) 1-4 g/L** 거의 느껴지지 않는 단맛
- **오프 드라이(Off-Dry) 4-12 g/L** 살짝 단맛이 감지됨
- **미디엄 스위트(Medium Sweet) 12-45 g/L** 분명한 단맛
- **스위트(Sweet) 45 g/L 이상** 디저트 와인 수준

흥미롭게도, 와인의 다른 요소들이 우리의 당도 인식에 영향을 미칩니다. 높은 산도는 당도를 가리고, 높은 알코올은 단맛처럼 느껴질 수 있습니다.

탄닌(Tannin) 이해하기

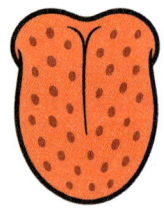

탄닌은 주로 레드와인에서 느껴지는 떫은맛과 수렴성(astringency)을 만드는 페놀 화합물입니다. 탄닌은 미각이 아닌 촉각으로 느껴집니다. 진한 홍차를 마실 때 느껴지는 입안이 마르고 조이는 듯한 감각이 바로 탄닌입니다.

- **포도 껍질** 가장 주요한 탄닌 원천

8. 맛보기의 기본 단계

- **포도씨** 더 거칠고 쓴 탄닌
- **줄기** 녹색의 허브 같은 탄닌
- **오크통** 부드럽고 바닐라 같은 탄닌

탄닌의 질을 평가할 때는 양뿐만 아니라 질감도 중요합니다.

- **실키**(Silky) 비단처럼 부드러운 최고급 탄닌
- **벨벳**(Velvety) 부드럽고 우아한 탄닌
- **그립피**(Grippy) 잡아당기는 듯한 중간 정도의 탄닌
- **거친**(Coarse) 사포 같은 거친 탄닌

바디감(Body) 느끼기

와인의 바디는 입안에서 느껴지는 무게감과 질감을 말합니다. 이는 주로 알코올 도수, 당도, 탄닌, 추출물의 농도에 의해 결정됩니다. 바디감을 이해하는 쉬운 방법은 우유에 비유하는 것입니다.

- **라이트 바디** 무지방 우유처럼 가볍고 상쾌함 (알코올 12.5% 이하) 피노 그리지오, 알바리뇨, 보졸레
- **미디엄 바디** 일반 우유처럼 적당한 무게감 (알코올 12.5-13.5%) 피노 누아, 메를로, 키안티
- **풀 바디** 전지우유나 크림처럼 진하고 묵직함 (알코올 13.5% 이상) 카베르네 소비뇽, 시라즈, 말벡

바디감은 와인잔 선택에도 영향을 미칩니다. 풀바디 와인은 보르도 잔(Bordeaux Glass)처럼 큰 볼을 가진 잔이 적합합니다. 이 잔은 높

3장 와인 마시는 법

이가 27cm 정도로 상당히 크며, 카베르네 소비뇽이나 메를로 같은 풀바디 와인에 이상적입니다. 넓은 볼이 탄닌을 부드럽게 만들어주고 복잡한 향을 잘 표현해줍니다.

여운(Finish) 음미하기

와인을 삼킨 후(또는 전문 테이스팅에서는 뱉은 후) 남는 맛과 감각을 여운 또는 피니시라고 합니다. 좋은 와인의 가장 중요한 지표 중 하나가 바로 이 여운의 길이와 복잡성입니다.

- **짧은 여운** 5초 이하
- **중간 여운** 5-10초
- **긴 여운** 10-20초
- **매우 긴 여운** 20초 이상

프랑스에서는 긴 여운을 '**코달리**(caudalie)'라는 단위로 측정하기도 합니다. 1 코달리는 1초에 해당합니다. 그랑크뤼 와인들은 종종 20 코달리 이상의 여운을 가집니다.

- 어떤 맛이 남아있는가? (과일, 스파이스, 미네랄)
- 맛이 어떻게 변화하는가?
- 새로운 맛이 나타나는가?
- 전체적인 인상은 즐거운가?

8. 맛보기의 기본 단계

와인 테이스팅 실전 팁
적절한 환경 만들기
- **중성적인 환경** 강한 향이 없는 곳
- **좋은 조명** 자연광이나 백색 LED
- **적절한 온도** 18-20°C의 실내
- **깨끗한 글라스** 세제 냄새가 없도록 주의

테이스팅 순서
- 스파클링 → 화이트 → 로제 → 레드
- 드라이 → 스위트
- 라이트 바디 → 풀 바디
- 영 와인 → 숙성 와인

피해야 할 것들
- 향수나 향이 강한 화장품
- 매운 음식이나 커피 (테이스팅 1시간 전)
- 흡연 (최소 30분 전)
- 치약 (강한 민트 향)

와인 노트 작성하기
전문가처럼 와인을 기록하는 습관을 들이면 와인 실력이 빠르게 향상됩니다.

3장 와인 마시는 법

- 날짜와 장소
- 와인 정보 (생산자, 빈티지, 지역)
- 시각적 특성
- 향의 특성
- 맛의 특성
- 전체적인 평가와 점수

와인 테이스팅의 마스터가 되는 길

와인 테이스팅은 과학이자 예술입니다. 기본적인 방법론을 익힌 후에는 꾸준한 연습과 경험이 필요합니다. 매주 새로운 와인을 시도하고, 다른 사람들과 의견을 나누며, 와인 관련 서적을 읽는 것이 도움이 됩니다.

무엇보다 중요한 것은 즐기는 마음입니다. 와인은 단순한 알코올 음료가 아니라 문화이고 예술이며 삶의 즐거움입니다. 완벽한 테이스팅 노트를 작성하는 것보다 와인이 주는 즐거움을 온전히 느끼는 것이 더 중요합니다.

다음에 와인잔을 들 때는 이 단계들을 하나씩 실천해보세요. 처음에는 어색하겠지만, 곧 자연스러워질 것입니다. 그리고 어느 순간, 와인 한 잔에서 이전에는 느끼지 못했던 새로운 세계를 발견하게 될 것입니다. 그것이 바로 와인 테이스팅의 마법입니다.

9. 적정 온도와 간단한 보관법

　와인의 온도는 그 와인이 가진 잠재력을 최대한 끌어내는 열쇠입니다. 너무 차가우면 향이 닫혀버리고, 너무 따뜻하면 알코올이 강

3장 와인 마시는 법

하게 느껴져 와인의 균형이 무너집니다. 마치 사람이 적정한 온도에서 가장 편안함을 느끼듯, 와인도 자신만의 최적 온도가 있습니다.

와인 종류별 권장 온도

스파클링 와인

샴페인과 스파클링 와인은 얼음처럼 차가울 때 가장 매력적입니다. 낮은 온도는 기포를 더욱 섬세하고 지속적으로 만들어주며, 산도를 강조해 상쾌한 느낌을 극대화합니다.

냉장고에서 약 3시간, 또는 얼음물에 30분 정도 담가두면 이상적인 온도에 도달합니다. 프랑스 샴페인 지역에서는 "샴페인은 눈이 내리는 날의 온도로 마셔야 한다"는 말이 있을 정도로, 차가운 온도를 중요시합니다. 특히 브뤼(Brut) 스타일의 드라이한 스파클링 와인일수록 더 차갑게 서빙하는 것이 좋습니다.

화이트와인

화이트와인의 온도는 그 스타일에 따라 달라집니다. 소비뇽 블랑이나 알바리뇨같은 가볍고 상큼한 화이트와인은 8-10°C에서 시트러스 향과 미네랄 풍미가 가장 잘 드러납니다. 반면 오크통에서 숙성한 샤르도네나 비오니에 같은 풍

9. 적정 온도와 간단한 보관법

부한 스타일의 화이트와인은 10-12°C가 적당합니다. 이 온도에서는 바닐라, 버터, 열대과일의 복잡한 향이 조화롭게 펼쳐집니다.

냉장고에서 꺼낸 화이트와인이 너무 차갑다고 느껴진다면, 와인잔에 따른 후 손으로 볼 부분을 살짝 감싸 온도를 올려주세요. 반대로 너무 따뜻하다면 얼음 양동이를 활용하되, 와인에 직접 얼음을 넣는 것은 피하는 것이 좋습니다.

로제와인

로제와인은 레드와 화이트의 중간 지점에 있는 만큼, 온도도 그 중간을 택합니다. 프로방스 스타일의 연한 로제는 더 차갑게, 색이 진한 로제는 조금 더 높은 온도에서 서빙합니다.

여름날 테라스에서 즐기는 로제 한 잔을 상상해보세요. 너무 차가우면 딸기와 수박 같은 과일 향이 숨어버리고, 너무 따뜻하면 알코올이 도드라져 상쾌함을 잃게 됩니다. 냉장고에서 2시간 정도 보관한 후, 테이블에 놓고 10분 정도 기다렸다가 마시면 완벽한 온도를 즐길 수 있습니다.

레드와인

"레드와인은 실온에서"라는 말을 들어보셨나요? 이는 18세기 유럽의 실온(약 16°C)을 기준으로 한 것으로, 현대의 난방이 잘 된 실내 온도(22-24°C)와는 차이가 있습니다.

3장 와인 마시는 법

　가벼운 바디의 레드와인들은 약간 시원하게 서빙하는 것이 좋습니다. 피노 누아의 섬세한 체리와 버섯 향은 14-16°C에서 가장 우아하게 표현되며, 보졸레 누보의 경쾌한 과일 향도 이 온도에서 빛을 발합니다. 이탈리아의 돌체토나 바르베라 같은 와인들도 살짝 차갑게 해서 마시면 산도가 살아나 음식과의 조화가 더욱 좋아집니다.

　반면 카베르네 소비뇽, 시라, 말벡 같은 풀바디 와인은 16-18°C가 적당합니다. 이 온도에서는 블랙커런트, 초콜릿, 스파이스의 복잡한 향이 천천히 열리며, 탄닌이 부드럽게 느껴집니다. 너무 차가우면 탄닌이 거칠게 느껴지고, 너무 따뜻하면 알코올이 타는 듯한 느낌을 줄 수 있습니다. 온도 조절의 팁을 하나 더 드리자면, 와인은 잔에 따른 후에도 온도가 계속 올라간다는 점을 기억하세요. 따라서 권장 온도보다 1-2도 낮게 서빙하는 것이 좋습니다.

와인 보관의 기본

　와인 보관은 단순히 병을 어딘가에 두는 것이 아닙니다. 와인은 살아있는 음료로, 보관 환경에 따라 숙성의 속도와 품질이 달라집니다. 전문 와인 셀러가 없더라도 몇 가지 원칙만 지키면 가정에서도 충분히 와인을 잘 보관할 수 있습니다.

9. 적정 온도와 간단한 보관법

일반 가정에서 보관법

이상적인 와인 보관 온도는 12-14°C이지만, 일반 가정에서 이를 유지하기는 쉽지 않습니다. 중요한 것은 온도의 절대값보다 일정함입니다. 15°C에서 20°C 사이라도 변화가 적다면, 25°C와 15°C를 오가는 것보다 훨씬 낫습니다.

습도는 60-70%가 이상적입니다. 너무 건조하면 코르크가 수축해 공기가 들어갈 수 있고, 너무 습하면 라벨이 손상되거나 곰팡이가 생길 수 있습니다. 한국의 여름철 습도는 와인에게 부담스러울 수 있으니, 제습제를 활용하는 것도 좋은 방법입니다.

와인을 옆으로 눕혀 보관하는 이유는 코르크가 와인과 접촉해 축축한 상태를 유지하기 위함입니다. 마른 코르크는 수축하고 부서지기 쉬워, 와인의 산화를 초래할 수 있습니다. 다만 스크류캡이나 합성 코르크를 사용한 와인은 세워서 보관해도 무방합니다.

빛, 특히 자외선은 와인의 적입니다. 와인병이 대부분 어두운 색인 이유도 빛을 차단하기 위함입니다. 직사광선은 물론이고, 형광등 빛도 장기간 노출되면 와인의 풍미를 손상시킬 수 있습니다. 어두운 옷장이나 수납장이 의외로 좋은 보관 장소가 되는 이유입니다.

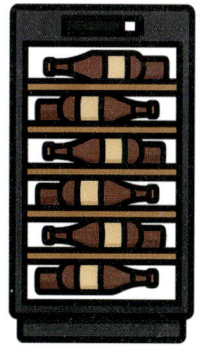

진동 역시 피해야 할 요소입니다. 와인 안의 침전물이 계속 흔들리면 와인의 숙성 과정에 영향을 줄 수 있습니다. 냉장고는 온도는 일정하지만 컴프레서의 진동이 있어 장기 보관에는

3장 와인 마시는 법

적합하지 않습니다. 며칠 내에 마실 와인만 냉장고에 보관하는 것이 좋습니다.

가장 피해야 할 보관 장소

주방은 와인 보관에 최악의 장소 중 하나입니다. 요리로 인한 온도 변화가 심하고, 각종 냄새가 코르크를 통해 와인에 스며들 수 있습니다. 특히 가스레인지나 오븐 근처는 절대 피해야 합니다.

창가 역시 위험합니다. 낮과 밤의 온도 차이, 직사광선 노출, 여름과 겨울의 극심한 온도 변화는 와인을 빠르게 노화시킵니다. 인테리어 소품으로 창가에 전시하고 싶은 마음은 이해하지만, 피하는 것이 좋습니다.

보일러실이나 세탁실처럼 온도가 높고 진동이 있는 곳도 피해야 합니다. 또한 향수, 세제, 페인트 등 강한 냄새가 나는 물건 근처도 좋지 않습니다. 와인은 냄새를 흡수하는 예민한 음료입니다.

마무리

와인은 단순한 술이 아니라 오감을 깨우고 사람과 문화를 잇는 특별한 경험입니다. 잡는 법 하나에도 와인의 향과 맛이 달라질 수 있다는 사실은 참 흥미롭습니다. 와인이 단순한 음료가 아닌 하나의 예술임을 느낄 수 있었지요. 와인이 단순히 멋을 내기 위한 음료가 아니라, 준비와 배려 속에서 즐거움을 주는 존재라는 것을 깨닫게 됩니다. 결국 중요한 것은 규칙보다, 좋은 사람들과 편안히 나누는 한 잔의 순간이라는 점을 잊지 마세요.

Part 2
와인 즐기기
4장 와인과 음식

"와인은 사랑과 같다. 처음엔 달콤하고,
나중엔 쌉쌀하며, 끝엔 영혼을 태운다."

바이런

4장
와인과 음식

와인은 그 자체로도 매혹적이지만, 음식과 만나면 전혀 다른 차원의 즐거움을 선사합니다. 기름진 고기를 부드럽게 정리해주는 레드 와인, 짭짤한 치즈를 감싸 안는 달콤한 와인, 튀김의 느끼함을 씻어내는 스파클링 와인처럼, 올바른 조합은 식사를 하나의 예술로 바꿔줍니다. 많은 이들이 와인과 음식의 궁합을 어렵게 생각하지만, 몇 가지 기본 원칙만 이해하면 누구나 특별한 페어링을 즐길 수 있습니다.

이 장에서는 음식과 와인을 조화롭게 맞추는 법칙과 한식과의 매칭, 그리고 홈파티에서 빛나는 간단한 안주까지 살펴보며 일상의 식탁을 더욱 풍성하게 만드는 방법을 소개합니다.

10. 음식 궁합의 법칙

4장 와인과 음식

와인과 음식의 조화는 마치 오케스트라의 협연과 같습니다. 각자의 개성을 살리면서도 함께 어우러져 더 큰 감동을 만들어내죠. 많은 분들이 와인과 음식의 매칭을 어려워하시는데, 사실 몇 가지 기본 원칙만 이해하면 누구나 쉽게 멋진 페어링을 즐길 수 있습니다.

초보자를 위한 3가지 황금 법칙

와인과 음식의 궁합을 맞추는 것이 처음엔 복잡해 보일 수 있지만, 이 세 가지 법칙만 기억하면 절반은 성공한 것입니다.

법칙 1: 무게 균형 맞추기

음식과 와인의 '무게감'을 맞추는 것은 가장 기본적이면서도 중요한 원칙입니다. 여기서 무게감이란 음식의 진한 정도, 기름기, 양념의 강도를 의미하고, 와인에서는 바디감, 알코올 도수, 탄닌의 정도를 뜻합니다.

가벼운 음식에는 가벼운 와인이 어울립니다. 신선한 그린 샐러드나 회, 찐 생선 요리처럼 담백하고 섬세한 음식에는 소비뇽 블랑이나 피노 그리지오 같은 가벼운 화이트 와인이 완벽한 짝이 됩니다. 이런 와인들은 음식의 섬세한 맛을 가리지 않으면서도 상큼한 산미로 입안을 깔끔하게 정리해줍니다.

중간 무게의 음식들, 예를 들어 구운 치킨이나 돼지고기 요리, 크림 파스타 같은 경우에는 좀 더 바디감이 있는 와인이 필요합니다.

10. 음식 궁합의 법칙

로제 와인이나 피노 누아 같은 미디엄 바디의 레드 와인, 또는 샤르도네 같은 풀바디 화이트 와인이 좋은 선택이 될 수 있습니다. 특히 버터나 크림을 사용한 요리라면 오크 숙성을 거친 샤르도네가 그 풍부한 질감과 잘 어울립니다.

무거운 음식에는 당연히 무거운 와인이 필요합니다. 진한 소스의 스테이크, 바비큐 립, 라구 소스 파스타처럼 진하고 기름진 요리에는 카베르네 소비뇽이나 쉬라즈 같은 풀바디 레드 와인이 제격입니다. 이런 와인들의 강한 탄닌은 고기의 기름기를 씻어내주고, 진한 과실 풍미는 음식의 풍부한 맛과 어깨를 나란히 합니다.

법칙 2: 비슷한 풍미끼리 매칭하기

와인과 음식에서 비슷한 맛의 요소를 찾아 매칭하는 것도 훌륭한 방법입니다. 이는 마치 같은 색조의 옷을 코디하는 것처럼 자연스럽고 조화로운 결과를 만들어냅니다.

레몬이나 라임을 곁들인 해산물 요리에는 역시 시트러스 향이 나는 소비뇽 블랑이나 알바리뇨가 잘 어울립니다. 버섯을 주재료로 한 요리라면, 흙내음과 버섯 향이 나는 피노 누아나 네비올로가 완벽한 파트너가 됩니다. 이런 매칭은 음식과 와인이 서로의 맛을 강화시켜주는 시너지 효과를 만들어냅니다.

허브를 많이 사용한 지중해 요리에는 허브 향이 강한 소비뇽 블랑이나 베르멘티노가 좋고, 스모키한 바비큐 요리에는 역시 스모키한 뉘앙스가 있는 말벡이나 시라가 제격입니다. 디저트의 경우도 마찬가지인데, 베리류 과일을 사용한 디저트에는 베리 향이 나는 진판델이나 그르나슈가 아름다운 조화를 이룹니다.

법칙 3: 대조의 미학 활용하기

때로는 정반대의 특성이 만나 놀라운 하모니를 만들어내기도 합니다. 이는 음식과 와인이 서로를 보완하면서 새로운 맛의 경험을 선사하는 방식입니다.

가장 대표적인 예가 짭짤한 음식과 달콤한 와인의 조합입니다. 블루치즈나 고르곤졸라 같은 짭짤하고 진한 치즈에 달콤한 소테른이나 포트 와인을 매칭하면, 짠맛과 단맛이 서로를 중화시키면서 환상적인 균형을 만들어냅니다. 이는 마치 카라멜에 바다 소금을 뿌린 것 같은 절묘한 조화를 이룹니다.

매운 아시아 요리에는 약간의 잔당이 있는 리슬링이나 게뷔르츠트라미너가 좋습니다. 와인의 단맛이 매운맛을 누그러뜨리고, 낮은 알코올 도수가 매운맛을 증폭시키지 않아 편안하게 즐길 수 있습니다. 기름진 튀김 요리나 프라이드 치킨에는 샴페인이나 카바 같은 스파클링 와인이 최고의 선택입니다. 톡톡 터지는 거품과 높은 산도가 기름기를 깔끔하게 씻어내주거든요.

10. 음식 궁합의 법칙

피해야 할 최악의 조합

와인과 잘 어울리지 않는 음식들도 있습니다. 이런 '와인 킬러' 음식들을 알아두면 실패를 피할 수 있습니다.

와인 킬러 음식 조심하기

매우 매운 음식은 와인과의 궁합에서 가장 조심해야 할 대상입니다. 캡사이신이 많이 들어간 매운 음식은 와인의 알코올과 만나면 입안이 불타는 듯한 느낌을 더욱 강하게 만듭니다. 특히 알코올 도수가 높은 풀바디 레드 와인은 최악의 선택이 될 수 있습니다. 정말 매운 음식을 먹을 때는 차라리 맥주나 막걸리가 더 나은 선택일 수 있습니다.

아티초크는 와인 애호가들 사이에서 악명 높은 식재료입니다. 아티초크에 들어있는 시나린이라는 성분이 미각을 변화시켜 모든 것을 달게 느끼게 만들기 때문입니다. 이로 인해 드라이한 와인도 이상하게 달콤하게 느껴지고, 와인 본연의 맛을 제대로 즐길 수 없게 됩니다.

강한 식초 드레싱도 와인의 적입니다. 발사믹 비네거를 듬뿍 뿌린 샐러드나 피클이 많이 들어간 음식은 와인의 섬세한 산미를 압도해버립니다. 와인도 산미가 있지만, 식초의 강한 산은 와인을 밋밋하고 평평하게 만들어버립니다. 샐러드를 먹을 때는 레몬즙이나 와인 비네거를

4장 와인과 음식

소량만 사용하는 것이 좋습니다.

민트나 치약 맛이 나는 것들도 조심해야 합니다. 민트 초콜릿이나 페퍼민트가 들어간 디저트는 와인과 최악의 궁합을 보입니다. 멘톨 성분이 미각을 마비시켜 와인의 맛을 제대로 느낄 수 없게 만들기 때문입니다.

상황별 페어링 가이드

이론을 알았다면 이제 실전입니다. 다양한 상황에서 활용할 수 있는 구체적인 페어링 팁을 소개합니다.

아침 브런치에는 미모사(샴페인+오렌지주스)나 가벼운 프로세코가 좋습니다. 에그 베네딕트 같은 진한 브런치 메뉴에는 약간의 바디감이 있는 로제 스파클링도 훌륭한 선택입니다.

비즈니스 런치에서는 너무 무거운 와인은 피하는 것이 좋습니다. 가벼운 화이트 와인이나 미디엄 바디의 레드 와인을 선택하면, 오후 업무에 지장을 주지 않으면서도 품격 있는 식사를 즐길 수 있습니다.

로맨틱 디너라면 조금 특별한 와인을 선택해보세요. 샴페인으로 시작해서 메인 요리에 맞는 와인으로 이어가는 것도 좋고, 처음부터 끝까지 로제 샴페인 한 병으로 통일하는 것도 로맨틱한 분위기를 만들어줍니다.

야외 바비큐 파티에서는 과일향이 풍부하고 탄닌이 부드러운 와인이 좋습니다. 진판델, 말벡, 호주산 쉬라즈 같은 와인들이 그을린 고

10. 음식 궁합의 법칙

기의 스모키한 맛과 잘 어울립니다.

와인과 음식, 그 이상의 경험 와인과 음식의 페어링은 단순히 맛의 조합을 넘어서는 경험입니다. 좋은 페어링은 음식과 와인 모두를 더욱 빛나게 만들고, 식사 자체를 하나의 예술작품으로 승화시킵니다.

처음에는 이 모든 규칙들이 복잡하게 느껴질 수 있지만, 가장 중요한 것은 자신의 입맛입니다. 전문가들이 추천하는 조합도 좋지만, 직접 다양한 시도를 해보면서 자신만의 페어링을 발견하는 즐거움도 와인 생활의 큰 매력 중 하나입니다.

11. 한식과 어울리는 와인 추천

11. 한식과 어울리는 와인 추천

와인이 서양의 술이라고 해서 한식과 어울리지 않는다고 생각하신다면, 큰 오산입니다. 한식의 다채로운 맛과 향은 와인과 만났을 때 놀라운 하모니를 만들어냅니다. 김치의 시원한 발효향, 고추장의 깊은 매운맛, 간장과 된장의 감칠맛은 적절한 와인과 만나면 서로의 매력을 더욱 돋보이게 합니다.

한식과 와인의 페어링에서 가장 중요한 것은 균형입니다. 강한 양념에는 그에 맞설 수 있는 개성 있는 와인을, 담백한 요리에는 섬세한 와인을 매칭하는 것이 기본 원칙입니다. 이제 한식의 대표적인 요리들과 그에 어울리는 와인을 자세히 알아보겠습니다.

매운 한식 요리와 와인

한국인의 식탁에서 빠질 수 없는 매운맛. 그 화끈한 매력은 적절한 와인을 만나면 더욱 빛을 발합니다.

김치찌개, 순두부찌개와의 만남

뜨겁고 매운 찌개류는 한국인의 소울푸드입니다. 특히 김치찌개와 순두부찌개의 칼칼한 매운맛은 입안을 자극하면서도 깊은 만족감을 줍니다. 이런 요리에는 약간의 당도가 있는 오프-드라이 리슬링(Off-dry Riesling)이 완벽한 파트너가 됩니다.

독일이나 알자스 지방의 리슬링은 꽃향기와 복숭아, 살구 같은 핵

151

과류의 향이 특징입니다. 잔당감이 2-3% 정도 남아있는 오프-드라이 스타일은 매운맛을 부드럽게 감싸주면서도, 높은 산도로 입안을 개운하게 정리해줍니다. 특히 리슬링의 페트롤(석유) 향은 숙성될수록 강해지는데, 이 독특한 향이 김치의 발효향과 의외로 잘 어울립니다.

게뷔르츠트라미너(Gewürztraminer)도 훌륭한 선택입니다. '게뷔르츠'는 독일어로 '향신료'를 뜻하는데, 이름처럼 라이치, 장미, 생강 등의 강렬한 향을 가지고 있습니다. 이 와인의 풍부한 과일향과 약간의 단맛은 고춧가루의 매운맛을 중화시키고, 와인 자체의 스파이시한 특성이 찌개의 복잡한 맛과 조화를 이룹니다.

낙지볶음, 쭈꾸미와의 페어링

철판 위에서 지글지글 익어가는 낙지볶음이나 쭈꾸미의 매콤달콤한 맛은 한국인이라면 누구나 좋아하는 맛입니다. 이런 요리에는 스파클링 로제 와인을 추천합니다.

프랑스 프로방스 지방의 크레망 드 로제(Crémant de Rosé)나 스페인의 카바 로사도(Cava Rosado)는 딸기, 라즈베리의 상큼한 과일향과 함께 적당한 바디감을 가지고 있습니다. 거품이 주는 청량감은 매운맛으로 달아오른 입안을 시원하게 식혀주고, 로제 특유의 약간의 탄닌감이 해산물의 쫄깃한 식감과 잘 어울립니다.

이탈리아의 모스카토 다스티(Moscato d'Asti)도 좋은 선택입니다. 알코올 도수가 5-6도로 낮고 달콤한 이 와인은 디저트 와인으로 분류되지만, 매운 음식과도 환상적인 조합을 만듭니다. 모스카토의 꽃향기와 복숭아, 살구의 달콤한 향은 매운맛을 부드럽게 감싸주고, 미세한 탄산이 입안을 깔끔하게 정리해줍니다.

구이 요리와 와인

한국의 구이 문화는 세계적으로도 독특합니다. 숯불에 구워낸 고기의 고소한 맛과 각종 양념의 조화는 와인과 만났을 때 새로운 차원의 맛을 선사합니다.

불고기, 갈비의 달콤한 유혹

간장 베이스의 달콤한 양념에 재운 불고기와 갈비는 한국을 대표하는 구이 요리입니다. 설탕, 배, 양파의 단맛과 간장의 감칠맛, 참기름의 고소함이 어우러진 이 요리들은 부드러운 탄닌을 가진 레드 와인과 찰떡궁합입니다.

메를로(Merlot)는 불고기와 갈비에 가장 추천하는 와인입니다. 특히 프랑스 보르도 우안의 생테밀리옹이나 포므롤 지역의 메를로는 블랙베리, 자두 같은 검은 과일의 풍미와 함께 초콜릿, 바닐라의 부드러운 뉘앙스를 보여줍니다. 메를로의 벨벳같은 질감은 양념의 단맛과 조화를 이루고, 적당한 산도가 고기의 기름기를 깔끔하게 정리해줍니다.

4장 와인과 음식

호주나 남아프리카의 시라즈(Syrah/Shiraz)도 훌륭한 매칭입니다. 특히 바로사 밸리의 시라즈는 진한 과일잼 같은 농축된 과일향과 함께 후추, 정향 같은 스파이스 향을 가지고 있습니다. 이런 복잡한 향미는 숯불에 구운 고기의 스모키한 풍미와 만나 시너지를 만들어냅니다. 시라즈의 풀바디한 구조감은 갈비의 진한 양념과도 균형을 이룹니다.

닭갈비, 양념치킨의 매콤달콤함

고추장 베이스의 매콤달콤한 닭갈비와 양념치킨은 가볍고 과일향이 풍부한 레드 와인과 잘 어울립니다.

피노 누아(Pinot Noir)는 이런 요리들과 환상적인 조합을 만듭니다. 특히 뉴질랜드 말보로나 오레곤의 피노 누아는 체리, 라즈베리의 신선한 과일향과 함께 은은한 흙내음과 버섯향을 보여줍니다. 피노 누아의 섬세한 탄닌과 높은 산도는 닭고기의 부드러운 육질과 잘 어울리고, 과일의 단맛이 고추장의 매운맛을 부드럽게 중화시킵니다.

프랑스 남부 론 지방의 그르나슈(Grenache) 기반 로제 와인도 추천합니다. 특히 타벨(Tavel) 지역의 로제는 다른 로제보다 바디감이 있어서 양념이 진한 요리와도 잘 어울립니다. 딸기, 수박 같은 붉은 과일의 상큼함과 함께 약간의 허브향이 느껴지는 이 와인은 매콤한 양념과 만나 상쾌한 조화를 만들어냅니다.

11. 한식과 어울리는 와인 추천

생선구이의 담백한 매력

조기구이, 고등어구이 같은 생선구이는 한국인의 밥상에서 빠질 수 없는 요리입니다. 소금간만 해서 구운 생선의 담백하면서도 고소한 맛은 미네랄감이 풍부한 화이트 와인과 최고의 조합을 만듭니다.

스페인 갈리시아 지방의 알바리뇨(Albariño)는 생선구이와 천생연분입니다. 대서양의 차가운 바닷바람을 맞고 자란 이 포도는 레몬, 라임 같은 시트러스 향과 함께 복숭아, 살구의 향을 보여줍니다. 특히 알바리뇨의 특징인 짭짤한 미네랄감은 생선의 간간한 맛과 완벽하게 어울립니다.

이탈리아 리구리아 지방의 베르멘티노(Vermentino)도 좋은 선택입니다. 지중해의 따뜻한 햇살을 받고 자란 이 포도는 허브, 아몬드, 백도의 향을 가지고 있습니다. 베르멘티노의 크리스피한 산도와 약간의 쓴맛은 고등어 같은 등푸른 생선의 기름진 맛을 깔끔하게 정리해줍니다.

프랑스 부르고뉴의 샤블리(Chablis)는 생선구이의 품격을 한층 높여줍니다. 킴리지안 토양에서 자란 샤르도네로 만든 샤블리는 강한 미네랄감과 함께 청사과, 레몬의 상큼한 산도를 보여줍니다. 특히 프르미에 크뤼급 샤블리의 복잡한 미네랄감은 조기구이의 담백한 맛과 만나 우아한 하모니를 만들어냅니다.

4장 와인과 음식

국물 요리와 와인

한국인에게 국물 요리는 단순한 음식이 아닌 위로와 치유의 의미를 담고 있습니다. 뜨끈한 국물과 와인의 만남은 의외로 훌륭한 조합을 만들어냅니다.

된장찌개, 청국장의 구수함

발효된 콩의 깊은 맛을 보여주는 된장찌개와 청국장은 한국 전통 발효음식의 정수입니다. 이런 구수하고 감칠맛 나는 요리에는 오크 숙성을 거친 풍부한 바디감의 화이트 와인이 잘 어울립니다.

캘리포니아나 호주의 오크 숙성 샤르도네(Oaked Chardonnay)는 된장의 복잡한 맛과 훌륭한 조화를 이룹니다. 오크통에서 숙성되면서 생기는 바닐라, 버터, 토스트향은 된장의 구수한 맛과 만나 새로운 차원의 풍미를 만들어냅니다.

특히 말로락틱 발효를 거친 샤르도네의 크리미한 질감은 된장찌개의 진한 국물과 잘 어울립니다. 프랑스 론 지방의 비오니에(Viognier)도 추천할 만합니다. 살구, 복숭아의 진한 과일향과 함께 꽃향기를 가진 이 와인은 의외로 된장의 발효향과 잘 어울립니다. 비오니에의 풍부한 바디감과 낮은 산도는 청국장의 강한 맛도 부드럽게 감싸줍니다.

11. 한식과 어울리는 와인 추천

갈비탕, 설렁탕의 깊은 맛

오랜 시간 고아낸 갈비탕과 설렁탕의 뽀얀 국물은 한국인의 영혼을 달래주는 음식입니다. 이런 담백하면서도 깊은 맛의 국물 요리에는 중간 정도의 바디감을 가진 레드 와인이 잘 어울립니다.

스페인 리오하 지방의 템프라니요(Tempranillo)는 갈비탕과 환상적인 조합을 만듭니다. 특히 크리안자나 레세르바급의 템프라니요는 체리, 가죽, 담배잎의 복잡한 향을 보여주면서도 부드러운 탄닌을 가지고 있습니다. 이런 특성은 갈비탕의 담백한 국물과 만나 서로의 맛을 돋보이게 합니다.

프랑스 남부 론 지방의 그르나슈(Grenache) 기반 블렌드 와인도 좋은 선택입니다. 특히 코트 뒤 론 빌라주의 와인들은 딸기잼, 감초, 프로방스 허브의 향을 보여주면서도 적당한 스파이시함을 가지고 있습니다. 이런 복잡한 향미는 설렁탕에 넣은 파, 후추의 향신료와 잘 어울립니다.

발효 음식과 와인

한국은 발효 음식의 천국입니다. 김치를 비롯한 각종 젓갈, 장아찌는 시간이 만들어낸 깊은 맛을 보여줍니다. 이런 발효 음식들은 산도가 높고 상쾌한 와인과 최고의 궁합을 자랑합니다.

4장 와인과 음식

김치와 각종 장아찌의 새콤한 맛

한국인의 밥상에 빠질 수 없는 김치는 그 자체로도 훌륭하지만, 와인과 함께하면 더욱 특별해집니다. 김치의 시원한 발효향과 아삭한 식감, 매콤한 맛은 크리스피한 화이트 와인과 완벽한 조화를 이룹니다.

뉴질랜드 말보로의 소비뇽 블랑(Sauvignon Blanc)은 김치와 환상적인 페어링을 보여줍니다. 풋풋한 풀향기와 함께 자몽, 라임의 상큼한 시트러스향, 그리고 특유의 구스베리향은 김치의 발효향과 만나 상쾌한 하모니를 만들어냅니다. 특히 소비뇽 블랑의 날카로운 산도는 김치의 신맛과 균형을 이루면서도 입안을 깔끔하게 정리해줍니다.

프랑스 샴페인이나 스페인 카바 같은 전통방식 스파클링 와인도 김치와 훌륭한 매칭을 보여줍니다. 특히 브뤼(Brut) 스타일의 드라이한 스파클링 와인은 효모향과 브리오슈 같은 고소한 향을 가지고 있어 김치의 복잡한 발효향과 잘 어울립니다. 또한 탄산의 청량감이 김치의 매운맛을 중화시켜주고, 거품이 입안을 깨끗하게 씻어줍니다.

김치찜, 김치볶음밥의 진한 맛

묵은지로 만든 김치찜이나 김치볶음밥은 발효가 깊어진 김치의 진한 맛을 즐길 수 있는 요리입니다. 이런 요리들은 과일향이 풍부한

11. 한식과 어울리는 와인 추천

레드 와인과 의외의 조합을 만들어냅니다.

캘리포니아의 진판델(Zinfandel)은 김치찜과 환상적인 페어링을 보여줍니다. 블랙베리잼, 후추, 감초의 진한 향을 가진 진판델은 15도가 넘는 높은 알코올과 풍부한 과일향으로 묵은지의 강한 발효향과 맞설 수 있습니다. 특히 진판델의 단맛이 김치의 신맛과 균형을 이루면서 조화로운 맛을 만들어냅니다.

프랑스 보졸레 지방의 가메(Gamay) 포도로 만든 크뤼 보졸레는 김치볶음밥과 잘 어울립니다. 특히 모르공이나 플뢰리 같은 크뤼 보졸레는 일반 보졸레 누보와 달리 복잡한 구조감을 가지고 있습니다. 딸기, 체리의 신선한 과일향과 함께 제비꽃, 후추의 향신료향을 보여주는 이 와인은 김치볶음밥의 고소한 맛과 잘 어울립니다. 가메 특유의 높은 산도와 낮은 탄닌은 기름진 볶음밥도 부담 없이 즐길 수 있게 해줍니다.

한식과 와인의 페어링은 정답이 없습니다. 개인의 취향과 그날의 기분, 함께하는 사람에 따라 최고의 조합은 달라질 수 있습니다. 중요한 것은 열린 마음으로 다양한 시도를 해보는 것입니다. 전통적인 페어링 규칙에 얽매이지 말고, 자신만의 특별한 조합을 찾아가는 과정 자체를 즐기시기 바랍니다.

와인은 음식의 맛을 더욱 풍부하게 만들어주는 마법 같은 존재입니다. 특히 우리의 한식과 만났을 때, 그 마법은 더욱 특별해집니다.

12. 홈파티를 위한 와인 안주

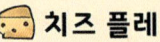 치즈 플레이트

- ✓ 브리 / 까망베르
- ✓ 체다 / 고다
- ✓ 포도 / 견과류 / 크래커

• Tip: 치즈는 실온에 30분

 타파스 스타일 간편 안주

- ✓ 올리브, 절인채소
- ✓ 살라미, 생햄
- ✓ 미니 토마토

• Tip: 다양한 색감으로 예쁘게

 초콜릿 & 과일

- ✓ 다크 초콜릿
- ✓ 딸기, 라즈베리, 블루베리

• Tip: 초콜릿 퐁듀는 전자레인지 30분

견과류 & 말린과일

- ✓ 구운아몬드, 호두, 피스타치오
- ✓ 말린 살구, 건포도

• Tip: 오븐에 5~10분 더 구우면 고소

견과류 & 말린과일

- ✓ 훈제연어
- ✓ 삶은 새우
- ✓ 레몬, 케이퍼

• Tip: 마트에서 손질된 제품 구매

12. 홈파티를 위한 와인 안주

와인을 즐기는 가장 행복한 순간 중 하나는 사랑하는 사람들과 함께 나누는 시간입니다. 특별한 레스토랑이 아니어도, 집에서 준비한 소박한 안주와 함께라면 충분히 근사한 와인 파티를 즐길 수 있죠. 이번 장에서는 누구나 쉽게 준비할 수 있으면서도 와인과 환상적인 조화를 이루는 홈파티 안주들을 소개합니다.

치즈 플레이트: 와인의 영원한 친구

와인과 치즈의 만남은 수천 년의 역사를 자랑하는 클래식한 조합입니다. 프랑스에서는 "와인 없는 치즈는 한쪽 눈이 없는 미녀와 같다"라는 속담이 있을 정도로, 이 둘의 궁합은 완벽합니다.

치즈 플레이트 구성의 기본 원칙

성공적인 치즈 플레이트를 위해서는 다양한 질감과 풍미의 치즈를 균형 있게 배치하는 것이 중요합니다. 부드러운 크림 치즈부터 단단한 하드 치즈까지, 그리고 순한 맛부터 강한 맛까지 단계적으로 구성하면 좋습니다.

준비물

- 브리(Brie) 또는 까망베르(Camembert)
- 체다(Cheddar) 또는 고다(Gouda)
- 블루치즈(Blue Cheese)
- 신선한 포도(청포도, 적포도)
- 구운 견과류(호두, 아몬드, 피스타치오)

4장 와인과 음식

- 다양한 크래커와 바게트 슬라이스
- 꿀이나 무화과 잼(선택사항)

와인 페어링 가이드

브리나 까망베르 같은 부드러운 치즈는 산도가 있는 스파클링 와인이나 풍부한 바디감의 샤르도네와 잘 어울립니다. 스파클링 와인의 기포가 크리미한 치즈의 질감을 깔끔하게 정리해주고, 샤르도네의 버터리한 풍미는 치즈의 크림 같은 질감과 조화를 이룹니다.

체다나 고다 같은 세미하드 치즈는 메를로나 피노 누아 같은 미디엄 바디의 레드와인과 좋은 궁합을 보입니다. 치즈의 고소한 맛이 와인의 과일 풍미를 더욱 돋보이게 하죠.

블루치즈의 경우, 그 강렬하고 짭짤한 맛을 중화시켜줄 수 있는 달콤한 디저트 와인이 최고의 파트너입니다. 소테른(Sauternes)이나 포트 와인(Port Wine)과 함께하면 놀라운 맛의 조화를 경험할 수 있습니다.

전문가의 팁

치즈는 반드시 서빙 30분 전에 냉장고에서 꺼내 실온에 둬야 합니다. 차가운 치즈는 본연의 향과 맛을 제대로 발휘하지 못하기 때문입니다. 또한 각 치즈마다 별도의 나이프를 준비하여 맛이 섞이지 않도록 하는 것도 중요합니다.

12. 홈파티를 위한 와인 안주

타파스 스타일 간편 안주

스페인의 대표적인 안주 문화인 타파스는 다양한 재료를 작은 접시에 담아 나누어 먹는 방식으로, 홈파티에 매우 적합합니다. 준비도 간편하고 보기에도 화려해 손님들에게 좋은 인상을 남길 수 있습니다.

타파스 플레이트의 구성

타파스의 매력은 다양성에 있습니다. 짭짤한 올리브부터 새콤달콤한 절인 채소, 그리고 감칠맛 나는 육류까지 여러 맛을 한 번에 즐길 수 있죠.

준비물

- 다양한 올리브(그린, 블랙, 속을 채운 올리브)
- 절인 채소(피클, 페페론치니, 절인 양파)
- 살라미, 프로슈토(생햄), 하몽 등의 큐어드 미트
- 방울토마토와 모차렐라 치즈
- 엑스트라 버진 올리브 오일과 발사믹 식초
- 신선한 바질이나 로즈마리

와인 페어링의 묘미

올리브와 절인 채소처럼 짭짤하고 산미가 있는 안주는 크리스피한 소비뇽 블랑이나 알바리뇨(Albariño) 같은 화이트 와인과 잘 어울립니

4장 와인과 음식

다. 와인의 상큼한 산도가 짭짤한 맛을 중화시켜주고, 입안을 개운하게 만들어줍니다. 살라미나 하몽 같은 큐어드 미트는 피노 누아나 템프라니요(Tempranillo) 같은 미디엄 바디의 레드와인과 환상의 조합을 이룹니다. 특히 스페인산 하몽과 리오하(Rioja) 와인의 조합은 그 지역의 전통적인 페어링으로 유명합니다.

플레이팅 팁

올타파스는 시각적인 즐거움도 중요합니다. 다양한 색감의 식재료를 활용해 컬러풀하게 플레이팅하세요. 붉은 토마토, 초록색 올리브, 흰색 모차렐라, 분홍빛 생햄을 조화롭게 배치하면 보기만 해도 식욕을 자극하는 아름다운 플레이트가 완성됩니다.

초콜릿 & 과일: 달콤한 유혹

와인과 초콜릿의 조합은 많은 이들이 사랑하는 페어링입니다. 특히 레드와인과 다크 초콜릿의 만남은 서로의 복잡한 풍미를 더욱 돋보이게 합니다.

초콜릿 선택의 기준

와인과 함께 즐길 초콜릿을 선택할 때는 카카오 함량을 고려해야 합니다. 일반적으로 카카오 60-70% 정도의 다크 초콜릿이 와인과 가장 잘 어울립니다. 너무 달거나 너무 쓴 초콜릿은 와인의 맛을 방해할 수 있습니다.

12. 홈파티를 위한 와인 안주

준비물
- 다크 초콜릿(카카오 60-70%)
- 밀크 초콜릿(선택사항)
- 신선한 딸기와 라즈베리
- 블루베리와 블랙베리
- 초콜릿 퐁듀용 크림(선택사항)

완벽한 페어링을 위한 가이드

다크 초콜릿과 카베르네 소비뇽의 조합은 클래식 중의 클래식입니다. 와인의 탄닌과 초콜릿의 쓴맛이 서로를 부드럽게 만들어주며, 각각의 과일 향과 스파이시한 노트가 조화를 이룹니다.

베리류 과일은 피노 누아나 메를로 같은 과일 향이 풍부한 와인과 잘 어울립니다. 특히 딸기와 피노 누아의 조합은 서로의 베리 향을 증폭시켜 놀라운 시너지를 만들어냅니다.

달콤한 디저트 와인이나 포트 와인은 모든 종류의 초콜릿과 과일에 잘 어울립니다. 와인의 단맛이 초콜릿의 쓴맛을 중화시키고, 과일의 산미와 균형을 맞춰줍니다.

간편 초콜릿 퐁듀 만들기

특별한 날에는 초콜릿 퐁듀를 준비해보세요. 다크 초콜릿 200g에 생크림 100ml를 넣고 전자레인지에 30초씩 돌리며 저어주면 간단

4장 와인과 음식

하게 완성됩니다. 여기에 브랜디나 럼을 조금 넣으면 더욱 고급스러운 맛을 낼 수 있습니다.

견과류와 올리브: 간편한 준비

견과류와 말린 과일은 준비가 간편하면서도 와인과 훌륭한 조화를 이루는 안주입니다. 특히 와인의 복잡한 풍미를 방해하지 않으면서도 적절한 짭짤함과 단맛을 제공합니다.

견과류 선택과 준비

각 견과류는 고유한 맛과 질감을 가지고 있어 다양한 와인과 페어링이 가능합니다. 아몬드의 부드러운 고소함, 호두의 쌉싸래한 맛, 피스타치오의 독특한 풍미는 각각 다른 와인과 어울립니다.

준비물

- 구운 아몬드(살짝 소금을 뿌린 것)
- 호두(생것 또는 살짝 구운 것)
- 피스타치오(껍질째 또는 까서)
- 캐슈넛과 마카다미아(선택사항)
- 말린 살구와 무화과
- 건포도와 크랜베리
- 대추야자(데이츠)

12. 홈파티를 위한 와인 안주

와인별 최적의 조합

짭짤하게 구운 아몬드나 캐슈넛은 풍부한 바디감의 샤르도네나 비오니에(Viognier) 같은 화이트 와인과 잘 어울립니다. 견과류의 고소함이 와인의 크리미한 질감과 조화를 이룹니다.

호두나 피칸은 탄닌이 부드러운 메를로나 말벡(Malbec) 같은 레드 와인과 좋은 궁합을 보입니다. 특히 호두의 쌉싸래한 맛은 와인의 과일 풍미를 더욱 돋보이게 합니다.

꿀이나 설탕으로 코팅한 견과류는 디저트 와인이나 스파클링 와인과 환상적인 조합을 만들어냅니다. 단맛과 짠맛의 조화가 와인의 복잡성을 더욱 끌어올립니다.

홈메이드 허니 로스티드 너트

오븐을 180도로 예열한 후, 혼합 견과류 2컵에 꿀 2큰술, 올리브오일 1큰술, 소금 약간을 섞어 10-15분간 구워주세요. 중간에 한 번 뒤적여주면 고르게 구워집니다. 식힌 후 밀폐용기에 보관하면 일주일 정도 신선하게 즐길 수 있습니다.

간편 해산물 안주

해산물은 특히 화이트 와인이나 스파클링 와인과 훌륭한 조화를 이루는 안주입니다. 신선한 해산물의 감칠맛과 와인의 산미가 만나면 서로의 맛을 더욱 돋보이게 합니다.

4장 와인과 음식

해산물 안주의 매력

해산물은 준비가 간편하면서도 고급스러운 느낌을 줄 수 있는 안주입니다. 특히 훈제 연어나 새우 같은 경우 별도의 조리 없이도 바로 서빙할 수 있어 파티 준비에 부담이 없습니다.

준비물

- 훈제 연어(얇게 슬라이스된 것)
- 삶은 새우(껍질을 벗긴 것)
- 신선한 레몬과 라임
- 케이퍼와 적양파
- 크림치즈나 사워크림
- 딜이나 쪽파 같은 허브

와인 페어링의 정석

훈제 연어와 소비뇽 블랑의 조합은 해산물 페어링의 교과서적인 예입니다. 와인의 시트러스 향과 허브 향이 연어의 훈제 향과 완벽하게 어울리며, 상쾌한 산미가 기름진 맛을 깔끔하게 정리해줍니다.

새우와 스파클링 와인은 축제 분위기를 만들어주는 완벽한 조합입니다. 특히 프로세코나 까바 같은 가벼운 스파클링 와인은 새우의 담백한 맛을 해치지 않으면서도 상쾌함을 더해줍니다.

12. 홈파티를 위한 와인 안주

간편 훈제 연어 카나페

바게트를 얇게 썰어 살짝 구운 후, 크림치즈를 바르고 훈제 연어를 올립니다. 그 위에 케이퍼 몇 알과 적양파 슬라이스, 딜을 올리고 레몬즙을 살짝 뿌려주면 레스토랑 수준의 카나페가 완성됩니다.

홈파티를 위한 와인 안주는 복잡하거나 어려울 필요가 없습니다. 중요한 것은 좋은 재료를 선택하고, 와인과의 조화를 고려하며, 무엇보다 함께 즐기는 사람들과의 시간을 소중히 여기는 마음입니다.

제시한 가이드라인을 참고하되, 자신만의 취향과 경험을 더해가며 나만의 완벽한 조합을 찾아가는 것이 와인을 즐기는 진정한 즐거움입니다.

다음에 와인을 마실 때는 오늘 배운 내용을 떠올리며, 좋은 사람들과 함께 특별한 순간을 만들어보세요. 건배!

4장 와인과 음식

마무리

와인과 음식의 세계는 정해진 답이 없는 무한한 조합의 놀이터입니다. 이번 장에서 살펴본 기본 법칙과 다양한 예시는 출발점일 뿐, 진짜 즐거움은 직접 시도하고 자신만의 조합을 발견하는 과정에서 생겨납니다. 때로는 예상치 못한 만남이 최고의 순간을 만들어주기도 하죠. 중요한 것은 규칙에 얽매이지 않고 열린 마음으로 와인과 음식을 즐기는 태도입니다. 오늘 저녁, 익숙한 요리에 와인 한 잔을 곁들여보세요. 생각지 못한 기쁨이 찾아올지도 모릅니다.

마무리

Part 3
와인의 매너
5장 와인과 함께하는 소셜 라이프

"좋은 와인과 좋은 음식, 좋은 친구들
이것이 인생의 선물이다."

어니스트 헤밍웨이

5장
와인과 함께하는 소셜 라이프

'와인과 함께하는 소셜 라이프'에서는 와인을 즐기며 겪는 다양한 상황들을 다룹니다. 먼저 초보자들이 자주 하는 실수들을 살펴봅니다. 실수와 각각의 현명한 대처법을 제시합니다.

이어서 와인에서 꼭 알아야 할 100가지 핵심 용어를 체계적으로 정리했습니다. 초보자가 와인을 이해하는 데 필요한 모든 용어를 망라합니다.

마지막으로 일상적인 취향을 통해 자신에게 맞는 와인 스타일을 발견하는 테스트를 소개합니다. 개인의 취향을 파악하고, 이를 와인의 특성과 연결시켜 가장 적합한 와인 스타일을 찾아줍니다. 자신만의 와인 여정을 시작할 수 있도록 안내합니다.

13. 와인 한 잔의 기본 예절

　와인은 단순한 음료가 아닙니다. 수천 년의 역사 속에서 문화와 예절을 만들어온 소셜 드링크입니다. 와인 한 잔에 담긴 예절을 알면, 비즈니스 미팅에서든 친구들과의 저녁 모임에서든 자연스럽고 우아하게 와인을 즐길 수 있습니다. 딱딱한 규칙처럼 느껴질 수 있지만, 사실 이 모든 예절은 와인을 더 맛있게, 더 즐겁게 마시기 위해 생겨난 것입니다.

5장 와인과 함께하는 소셜 라이프

레스토랑에서 와인 주문하기

레스토랑에 들어서서 와인 리스트를 받는 순간, 많은 사람들이 긴장합니다. 수십, 수백 개의 와인 이름이 빽빽하게 적힌 메뉴판은 마치 외국어 시험지처럼 느껴지기도 합니다. 하지만 걱정하지 마세요. 몇 가지 간단한 팁만 알면 누구나 자신있게 와인을 주문할 수 있습니다.

소믈리에와의 대화법

좋은 레스토랑의 소믈리에는 당신의 와인 선택을 돕기 위해 존재합니다. 그들은 와인 전문가일 뿐만 아니라 당신의 취향과 예산을 고려해 최선의 선택을 도와주는 컨설턴트입니다.

"오늘 저희가 주문한 음식에 어울리는 와인을 추천해 주시겠어요?"라고 자연스럽게 물어보세요. 이때 중요한 것은 예산을 슬쩍 언급하는 것입니다. "3만원에서 5만원 사이에서 찾고 있는데요"라고 말하면, 소믈리에는 그 범위 안에서 최고의 선택을 제안할 것입니다.

메뉴판에서 직접 고를 때는 이런 방법을 사용해보세요. 먼저 함께 먹을 음식을 생각합니다. 해산물이라면 화이트와인 섹션을, 스테이크라면 레드와인 섹션을 펼치세요. 그 다음 예산에 맞는 가격대를 훑어보고, 낯익은 지역이나 포도 품종이 있는지 찾아봅니다.

13. 와인 한 잔의 기본 예절

와인 리스트 읽는 요령

대부분의 와인 리스트는 나라별, 지역별로 구성되어 있습니다. 프랑스 섹션은 보르도, 부르고뉴, 론 등으로 세분화되고, 이탈리아는 토스카나, 피에몬테 등으로 나뉩니다. 각 와인 옆에는 빈티지(수확 연도), 생산자, 가격이 표시되어 있죠.

처음이라면 '하우스 와인'이나 '글라스 와인'부터 시작하는 것도 좋은 방법입니다. 레스토랑이 자신있게 추천하는 와인이며, 병을 다 마시지 않아도 되니 부담이 적습니다. 특히 여러 종류의 음식을 주문했다면, 각 코스에 맞춰 다른 와인을 한 잔씩 즐기는 것도 멋진 경험이 됩니다.

시음 의식의 이해

와인을 주문하면 시작되는 시음 의식. 많은 사람들이 이 순간을 부담스러워하지만, 사실 이것은 와인이 상하지 않았는지 확인하는 간단한 절차일 뿐입니다.

라벨 확인하기

서버가 와인을 가져오면 먼저 라벨을 보여줍니다. 이때는 자신이 주문한 와인이 맞는지, 빈티지가 맞는지만 확인하면 됩니다. "네, 맞습니다"라고 간단히 대답하면 충분합니다.

5장 와인과 함께하는 소셜 라이프

코르크와 첫 시음

예전에는 코르크 냄새를 맡는 것이 중요한 의식이었습니다. 코르크가 상했는지, 곰팡이 냄새가 나는지 확인하는 절차였죠. 하지만 요즘은 코르크 품질이 좋아져서 이 과정을 생략하는 경우가 많습니다. 서버가 코르크를 보여주면 가볍게 눈으로만 확인하고 넘어가도 됩니다.

서버가 소량의 와인을 따라주면, 이제 맛을 볼 차례입니다. 이때 와인 전문가처럼 복잡한 표정을 지을 필요는 없습니다. 한 모금 마셔보고 상하지 않았다면 "좋습니다" 또는 간단히 고개를 끄덕이면 됩니다. 만약 정말로 이상한 냄새가 나거나 맛이 이상하다면, 솔직하게 "뭔가 이상한 것 같은데 확인해 주시겠어요?"라고 말하세요.

우아한 와인잔 다루기

와인잔을 잡는 방법은 와인 예절의 기본 중 기본입니다. 올바른 방법을 알면 더 우아해 보일 뿐만 아니라, 와인을 더 맛있게 즐길 수 있습니다.

잔의 구조와 올바른 잡는 법

와인잔은 크게 세 부분으로 나뉩니다. 와인이 담기는 볼(bowl), 가느다란 기둥인 스템(stem), 그리고 바닥의 베이스(base)입니다. 와인잔은 반드시 스템을 잡아야 합니다. 엄지와 검지, 중지로 스템을 가

13. 와인 한 잔의 기본 예절

볍게 잡고, 나머지 손가락은 자연스럽게 구부립니다.

볼을 손으로 감싸 잡으면 안 되는 이유는 명확합니다. 첫째, 손의 온도가 와인에 전달되어 온도가 변합니다. 특히 차갑게 마셔야 하는 화이트와인이나 스파클링 와인의 경우 치명적입니다. 둘째, 손자국이 잔에 남아 보기에도 좋지 않고, 와인의 색을 관찰하기도 어렵습니다.

특수한 상황에서의 예외

물론 예외는 있습니다. 브랜디 잔(스니프터)처럼 일부러 볼을 감싸 잡도록 디자인된 잔도 있고, 매우 추운 곳에서 레드와인이 너무 차가울 때는 잠시 볼을 감싸 온도를 올리기도 합니다. 하지만 일반적인 상황에서는 스템을 잡는 것이 원칙입니다.

건배의 미학

건배는 와인을 함께 마시는 즐거움을 나누는 순간입니다. 각 문화마다 조금씩 다른 건배 예절이 있지만, 공통된 원칙들이 있습니다.

시선과 미소의 중요성

서양에서는 건배할 때 반드시 상대방의 눈을 바라봅니다. 이는 신뢰와 우정의 표시입니다. 중세 시대에는 독살을 막기 위해 서로의 잔에

5장 와인과 함께하는 소셜 라이프

와인을 섞는 의미로 잔을 부딪쳤다고 하는데, 지금은 그 의미가 사라지고 친목의 의식으로 남았습니다.

잔 부딪치기의 기술

크리스탈 잔은 매우 섬세하므로 너무 세게 부딪치면 깨질 수 있습니다. 특히 얇은 립(잔의 가장자리)을 가진 고급 와인잔일수록 조심해야 합니다. 잔의 볼 중간 부분을 가볍게 터치하는 정도로 충분합니다.

스파클링 와인으로 건배할 때는 더욱 조심해야 합니다. 거품이 넘칠 수 있으므로 잔을 똑바로 세우고, 너무 빠르게 움직이지 않습니다.

테이스팅의 품격

와인을 맛보는 것은 단순히 마시는 것과 다릅니다. 와인의 색, 향, 맛을 차례로 음미하는 과정은 와인이 주는 즐거움을 극대화합니다.

관찰하기 - 와인의 첫인상

먼저 와인의 색을 관찰합니다. 잔을 약간 기울여 흰 배경(테이블보나 냅킨)에 대고 보면 색이 잘 보입니다. 레드와인이라면 가장자리의 색이 중요합니다. 보라색이면 젊은 와인, 오렌지빛이나 벽돌색이면 숙성된 와인입니다. 화이트와인은 연한 노란색에서 진한 금색까지 다양합니다.

13. 와인 한 잔의 기본 예절

향 맡기 - 와인의 영혼

와인잔을 코 가까이 가져가 먼저 그대로 향을 맡아봅니다. 그 다음 잔을 살짝 돌려(스월링) 와인을 공기와 접촉시킨 후 다시 향을 맡습니다. 스월링을 하면 와인의 향이 더 풍부하게 올라옵니다. 처음에는 과일향, 꽃향 같은 1차 향이 느껴지고, 시간이 지나면서 오크, 바닐라 같은 2차 향, 흙, 가죽 같은 3차 향이 나타납니다.

맛보기 - 진짜 즐거움

드디어 맛볼 차례입니다. 한 모금 머금고 혀 전체에 와인이 닿도록 굴려봅니다. 와인 전문가들은 이때 공기를 살짝 빨아들여 향을 더 느끼기도 하는데, 이것을 '**슬러핑**(slurping)'이라고 합니다. 하지만 일반적인 식사 자리에서는 조용히 음미하는 것이 좋습니다.

와인을 삼킨 후에도 입 안에 남는 여운(피니시)을 느껴보세요. 좋은 와인일수록 여운이 길고 복잡합니다.

5장 와인과 함께하는 소셜 라이프

14. 와인 관련 흔한 실수와 대처법

14. 와인 관련 흔한 실수와 대처법

와인의 세계에 입문하면서 우리는 모두 크고 작은 실수를 경험합니다. 사실 이런 실수들은 와인을 배워가는 자연스러운 과정의 일부이며, 오히려 더 깊이 있는 와인 애호가로 성장하는 디딤돌이 되기도 합니다. 이 장에서는 초보자들이 가장 흔히 저지르는 실수들과 그에 대한 현명한 대처법을 살펴보겠습니다.

와인 선택 시 흔한 실수

가격만 보고 선택하기

와인 매장에 들어서면 가격표가 가장 먼저 눈에 들어옵니다. "비싼 와인이 무조건 맛있겠지!"라는 생각은 누구나 한 번쯤 해본 적이 있을 겁니다. 하지만 와인의 가격은 품질뿐만 아니라 희소성, 브랜드 가치, 수입 비용  등 다양한 요소가 복합적으로 작용한 결과입니다.

실제로 블라인드 테이스팅에서 5만원대 와인이 20만원대 와인보다 높은 점수를 받는 경우가 종종 있습니다. 특히 신세계 와인들은 구세계 와인에 비해 상대적으로 가격 대비 품질이 우수한 경우가 많습니다. 칠레의 카르메네르나 아르헨티나의 말벡은 2-3만원대에서도 훌륭한 선택이 될 수 있습니다.

대처법

와인샵을 방문했다면 주저하지 말고 직원에게 도움을 요청하세요.

"2만원대에서 과일향이 풍부한 레드와인을 찾고 있어요"처럼 구체적인 예산과 선호하는 스타일을 말하면 더 정확한 추천을 받을 수 있습니다. 많은 와인샵들이 가격대별 추천 와인 코너를 운영하고 있으니 이를 활용하는 것도 좋은 방법입니다.

라벨/병 디자인만 보고 고르기

와인 라벨은 그 자체로 하나의 예술작품입니다. 샤토 무통 로칠드는 매년 유명 예술가들의 작품을 라벨에 담아 컬렉터들의 사랑을 받고 있죠. 하지만 아름다운 라벨이 항상 훌륭한 와인을 의미하는 것은 아닙니다.

오히려 전통적인 와이너리일수록 수십 년간 변하지 않는 클래식한 디자인을 고수하는 경우가 많습니다. 부르고뉴의 도멘 드 라 로마네 콩티(DRC)나 보르도의 샤토 르 팽 같은 최고급 와인들의 라벨은 놀라울 정도로 단순합니다.

대처법

라벨을 볼 때는 디자인보다 정보에 집중하세요. 앞면에서는 생산지역(AOC, DOC 등), 빈티지, 알코올 도수를 확인하고, 뒷면에서는 포도 품종, 양조 방법, 테이스팅 노트를 읽어보세요. 최근에는 QR 코드를 통해 더 자세한 정보를 제공하는 와이너리도 늘어나고 있습니다.

스마트폰 와인 앱(이 책 4bookAI - p206~209, Vivino, Wine Searcher 등)을

14. 와인 관련 흔한 실수와 대처법

활용하면 라벨 사진만으로도 평점, 가격대, 음식 페어링 정보를 얻을 수 있습니다. 다만 평점에만 의존하지 말고 리뷰 내용을 읽어보며 자신의 취향과 맞는지 확인하는 것이 중요합니다.

와인 온도 관련 실수

레드와인은 실온, 화이트는 차갑게?

"레드와인은 실온에서"라는 말은 유럽의 서늘한 지하 셀러 온도(15-18°C)를 기준으로 한 것입니다. 한국의 여름철 실내 온도인 25-30°C는 레드와인에게는 너무 높은 온도입니다. 높은 온도에서는 알코올이 휘발되어 코를 자극하고, 와인의 균형이 무너져 거칠게 느껴집니다.

반대로 너무 차가운 온도는 와인의 향과 맛을 가둬버립니다. 특히 오크 숙성을 거친 샤르도네나 비오니에 같은 풍부한 스타일의 화이트와인은 너무 차갑게 서빙하면 그 복잡한 풍미를 제대로 즐길 수 없습니다.

대처법

- 가벼운 레드와인(피노 누아, 가메이) 12-15°C
- 미디엄 바디 레드와인(메를로, 산지오베제) 15-17°C
- 풀바디 레드와인(카베르네 소비뇽, 시라) 17-19°C
- 스파클링 와인 6-8°C
- 가벼운 화이트와인(알바리뇨, 그뤼너 벨트리너) 8-10°C

5장 와인과 함께하는 소셜 라이프

- 풍부한 화이트와인(샤르도네, 비오니에) 10-12°C

온도계 없이 감으로만 판단하기

와인 온도를 정확히 맞추려면 와인 온도계를 사용하는 것이 가장 확실합니다. 하지만 일상에서는 간단한 방법으로도 적정 온도를 가늠할 수 있습니다.

병을 손으로 잡았을 때 시원하게 느껴지면 12-15°C, 약간 차갑게 느껴지면 8-10°C 정도입니다. 와인잔에 따른 후 잔 표면에 물방울이 맺히면 너무 차가운 것이고, 알코올 냄새가 강하게 올라온다면 너무 따뜻한 것입니다.

대처법

사실 온도계 없이도 와인의 온도를 꽤 정확하게 가늠할 수 있는 실용적인 방법들이 있습니다.

1. 첫 모금으로 판단하기

첫 한 모금을 마셨을 때의 느낌은 정확한 온도 지표가 됩니다. 알코올 냄새가 코를 찌른다면 와인이 너무 따뜻한 것이고, 향이 전혀 안 나고 신맛만 강하다면 너무 차가운 상태입니다. 적정 온도의 와인은 향과 맛이 조화롭게 느껴지며, 알코올이 부드럽게 목을 넘어갑니다.

2. 시간을 이용한 온도 조절

- 냉장고(4°C)에서 꺼낸 화이트와인 → 10-15분 대기
- 실온 보관 레드와인 → 냉장고에 15-20분

14. 와인 관련 흔한 실수와 대처법

- 와인 쿨러 사용 시 → 화이트 20분, 레드 10분

3. 응급 온도 조절 팁

급하게 온도를 맞춰야 할 때는 다음 방법을 활용하세요. 너무 따뜻한 와인은 얼음물에 소금을 넣고 5분간 담가두면 빠르게 식습니다. 소금은 얼음의 녹는점을 낮춰 더 차가운 온도를 만들어내죠. 반대로 너무 차가운 와인은 40°C 정도의 따뜻한 물에 2-3분 담가두거나, 와인잔에 따른 후 손으로 볼 부분을 감싸 체온으로 천천히 데울 수 있습니다.

테이스팅 시 흔한 실수

와인 너무 많이 따르기

레스토랑에서 소믈리에가 와인을 따르는 모습을 보면, 절대 잔을 가득 채우지 않습니다. 이는 단순히 격식 때문이 아니라 와인을 제대로 즐기기 위한 과학적인 이유가 있습니다.

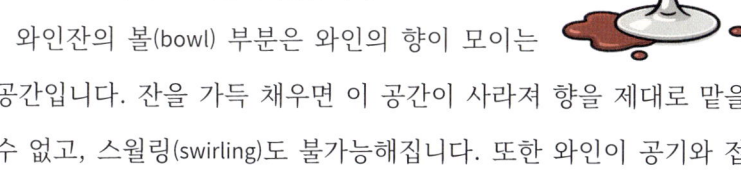

와인잔의 볼(bowl) 부분은 와인의 향이 모이는 공간입니다. 잔을 가득 채우면 이 공간이 사라져 향을 제대로 맡을 수 없고, 스월링(swirling)도 불가능해집니다. 또한 와인이 공기와 접촉하는 표면적이 줄어들어 와인이 제대로 열리지 않습니다.

부르고뉴 잔(Burgundy Glass)

- 넓은 볼과 좁은 입구가 특징
- 높이 약 23-25cm

5장 와인과 함께하는 소셜 라이프

- 피노 누아의 섬세한 향을 모아주는 구조
- 잔의 1/3만 따라도 충분한 향의 공간 확보

대처법

표준 와인잔(450-600ml)을 기준으로 레드와인은 120-150ml(잔의 1/3), 화이트와인은 90-120ml(잔의 1/4) 정도만 따르세요. 이는 대략 병의 1/5-1/6에 해당하는 양입니다. 적은 양을 여러 번 나눠 따르면 와인의 온도도 일정하게 유지할 수 있고, 시간에 따른 와인의 변화도 관찰할 수 있습니다.

향수나 강한 냄새와 함께 마시기

와인 테이스팅은 후각이 매우 중요한 역할을 합니다. 우리가 느끼는 맛의 80% 이상이 사실 냄새에서 오는 것이라는 연구 결과도 있습니다. 강한 향수, 방향제, 담배 냄새는 와인의 섬세한 아로마를 방해하여 제대로 된 테이스팅을 불가능하게 만듭니다.

전문 소믈리에들은 와인 시음 전날부터 마늘, 양파 같은 향이 강한 음식을 피하고, 당일에는 향수는 물론 향이 나는 핸드크림도 사용하지 않습니다. 물론 일반인이 이 정도까지 할 필요는 없지만, 와인을 제대로 즐기고 싶다면 최소한의 배려는 필요합니다.

대처법

와인 모임이나 시음회에 참석할 때는 향수 사용을 자제하세요. 이

14. 와인 관련 흔한 실수와 대처법

미 향수를 뿌렸다면 손목이나 목 부분을 물티슈로 닦아내는 것도 도움이 됩니다. 흡연자라면 와인 마시기 30분 전에는 담배를 피우지 않고, 흡연 후에는 반드시 손을 씻고 물로 입을 헹구세요.

커피를 마신 직후에도 와인 테이스팅은 피하는 것이 좋습니다. 커피의 강한 향과 쓴맛이 미각을 둔하게 만들기 때문입니다. 만약 여러 종류의 와인을 시음한다면, 와인 사이에 물을 마시거나 무향의 크래커를 먹어 입안을 정리하세요. 커피콩 냄새를 맡는 것도 후각을 리셋하는 좋은 방법입니다.

식사와 함께 마실 때 실수

음식과 와인의 부조화

"레드와인은 육류, 화이트와인은 해산물"이라는 고전적인 법칙은 좋은 출발점이지만, 현대의 다양한 요리에는 더 섬세한 접근이 필요합니다. 특히 한식처럼 복잡한 양념과 발효 음식이 많은 경우, 단순한 법칙만으로는 한계가 있습니다.

김치찌개나 떡볶이 같은 매운 음식에 탄닌이 강한 카베르네 소비뇽을 매칭하면, 탄닌과 캡사이신이 만나 입안이 더욱 얼얼해집니다. 반대로 섬세한 생선회에 무거운 오크 숙성 샤르도네를 매칭하면, 와인의 강한 풍미가 생선의 담백함을 압도해버립니다.

대처법

음식과 와인 페어링의 기본 원칙을 이해하면 실수를 줄일 수 있습니다.

5장 와인과 함께하는 소셜 라이프

- **무게감 맞추기** 가벼운 음식에는 가벼운 와인, 무거운 음식에는 무거운 와인
- **보완 vs 대조** 비슷한 특성을 가진 것끼리 매칭(크림 파스타 + 버터리한 샤르도네)하거나, 반대 특성으로 균형 맞추기(짠 치즈 + 달콤한 소테른)
- **지역 음식과 지역 와인** 같은 지역에서 난 음식과 와인은 자연스럽게 어울립니다
- **소스가 핵심** 육류라도 크림 소스라면 화이트와인이, 해산물이라도 토마토 소스라면 레드와인이 어울릴 수 있습니다

한식과의 페어링 팁

- **김치, 젓갈류** 약간 단맛이 있는 리슬링이나 게뷔르츠트라미너
- **불고기, 갈비** 과일향이 풍부한 호주 쉬라즈나 아르헨티나 말벡
- **회, 초밥** 상쾌한 산도의 알바리뇨나 그뤼너 벨트리너
- **된장찌개** 중간 정도 바디의 코트 뒤 론 레드
- **삼겹살** 산도가 좋은 바르베라나 산지오베제

디저트와 와인의 미스매치

달콤한 초콜릿 케이크에 드라이한 카베르네 소비뇽을 매칭하는 것은 와인을 쓰고 떫게 만드는 지름길입니다. 디저트의 당도가 와인보다 높으면, 상대적으로 와인이 시고 쓰게 느껴지는 현상이 발생합니다.

14. 와인 관련 흔한 실수와 대처법

대처법

디저트 와인의 선택 기준은 간단합니다. "와인이 디저트보다 달거나 최소한 같은 정도의 당도를 가져야 한다"는 것입니다.

디저트별 와인 매칭

- **다크 초콜릿** 포트 와인, 바뉴르
- **과일 타르트** 모스카토 다스티, 리슬링 아우스레제
- **치즈케이크** 소테른, 토카이
- **크렘 브륄레** 뱅 드 파이유, 아이스바인

디저트 와인이 준비되지 않았다면, 차라리 에스프레소나 디저트 티로 마무리하는 것이 현명한 선택입니다. 억지로 드라이한 와인으로 둘 다 망치는 것보다는 각각의 매력을 즐기는 것이 낫습니다.

와인 용어 사용 실수

잘못된 와인 용어 사용

와인 용어를 잘못 사용하면 순간적으로 분위기가 어색해질 수 있습니다. "이 화이트와인은 탄닌이 강하네요"라든가 "이 스파클링 와인의 빈티지가 뭐죠?"(대부분의 샴페인은 여러 해의 와인을 블렌딩한 NV) 같은 실수는 의외로 흔합니다.

자주 혼동되는 와인 용어들

- **바디(Body)** 와인의 무게감. 우유에 비유하면 라이트(탈지유), 미디엄(일반 우유), 풀(생크림)
- **탄닌(Tannin)** 주로 레드와인에서 느껴지는 떫은맛. 진한 홍차를

마실 때의 느낌

- **산도**(Acidity) 신선하고 상큼한 느낌. 침이 고이게 만드는 특성
- **피니시**(Finish) 와인을 삼킨 후 입안에 남는 여운
- **레그**(Legs) 잔을 돌린 후 와인이 잔 벽면을 타고 내리는 현상. 알코올 도수와 당도의 지표

대처법

와인 용어에 자신이 없다면, 일상적인 언어로 표현하는 것이 훨씬 자연스럽습니다. "부드러워요", "상큼해요", "묵직해요", "향이 좋아요" 같은 솔직한 표현이 어설픈 전문 용어보다 훨씬 낫습니다.

와인을 표현할 때는 자신이 실제로 느낀 것을 말하세요. "체리 향이 나요"라고 말했는데 실제로는 느끼지 못했다면, 대화가 부자연스러워집니다. 대신 "과일 향이 나는데 정확히 뭔지는 모르겠어요"라고 하면 오히려 대화의 물꼬가 트입니다.

와인 지식 과시하기

와인에 대해 조금 알게 되면 그 지식을 뽐내고 싶은 마음이 생깁니다. 하지만 반쯤 소화된 지식으로 분위기를 주도하려다가는 오히려 역효과를 낳을 수 있습니다. "이 와인은 말로락틱 발효를 거쳤네요"라고 말했는데, 상대방이 "말로락틱 발효가 뭔가요?"라고 물으면 제대로 설명하지 못해 민망해지는 상황이 생길 수 있습니다.

14. 와인 관련 흔한 실수와 대처법

대처법

와인은 함께 즐기는 것입니다. 전문가처럼 행동하려 하지 말고, 순수한 호기심으로 접근하세요. "이 와인 어떻게 느껴지세요?", "어떤 음식과 먹으면 좋을까요?" 같은 열린 질문으로 대화를 이끌면, 모두가 편안하게 참여할 수 있습니다.

정말로 와인에 대해 잘 아는 사람일수록 겸손한 법입니다. 마스터 소믈리에들도 "제 개인적인 느낌으로는…"이라는 표현을 자주 사용합니다. 와인은 정답이 없는 주관적인 경험이라는 것을 인정하는 태도가 진정한 와인 애호가의 자세입니다.

와인 마신 후 실수

수분 섭취 소홀로 인한 두통

"와인을 마시면 머리가 아파요"라는 불평을 자주 듣습니다. 많은 사람들이 이를 와인의 아황산염 때문이라고 생각하지만, 실제로는 탈수가 주요 원인인 경우가 많습니다. 알코올은 이뇨 작용을 촉진하여 체내 수분을 빠르게 배출시킵니다. 특히 탄닌이 많은 레드와인은 이 현상을 더욱 가속화시킵니다.

와인 한 잔(150ml)을 마실 때마다 약 200ml의 수분이 몸에서 빠져나간다는 연구 결과도 있습니다. 저녁 내내 와인만 마시고 물을 마시지 않으면, 다음 날 아침 심한 두통과 함께 깨어날 가능성이 높습니다.

5장 와인과 함께하는 소셜 라이프

대처법

와인과 물의 1:1 법칙을 지키세요. 와인 한 잔을 마실 때마다 같은 양의 물을 마시는 것이 이상적입니다. 프랑스나 이탈리아의 레스토랑에서는 와인과 함께 항상 물을 제공하는데, 이는 단순한 관습이 아니라 건강을 위한 지혜입니다. 와인 시음회나 파티에서는 다음과 같은 방법을 활용하세요.

시작 전에 충분한 물 마시기

- 와인 잔 옆에 물 잔 항상 준비하기
- 짠 스낵은 피하고 수분이 많은 과일 섭취하기
- 잠들기 전 큰 컵으로 물 두 잔 마시기
- 비타민 B와 C가 풍부한 음식 함께 먹기

와인 얼룩 방치하기

와인을 즐기다 보면 피할 수 없는 것이 와인 얼룩입니다. 특히 레드와인은 안토시아닌이라는 색소 성분 때문에 한 번 얼룩이 지면 제거하기가 매우 어렵습니다. 많은 사람들이 당황해서 얼룩을 문지르거나, "나중에 세탁하면 되겠지"라고 방치하는데, 이는 최악의 대처법입니다.

대처법

와인을 흘렸을 때는 절대 문지르지 말고 문지르면 얼룩이 섬유 깊숙이 스며들기 때문에 즉시 깨끗한 천이나 종이 타월로 두드려서 최대한 흡수하거나, 뜨거운 물은 단백질을 응고시켜 얼룩을 고착시키

14. 와인 관련 흔한 실수와 대처법

므로 찬물을 사용해서 헹구거나, 굵은 소금을 뿌려 와인을 흡수시킨 후 털어내거나, 탄산수를 부어 거품이 일게 한 후 흡수시키거나, 믿기 어렵겠지만 레드와인 얼룩에 화이트와인을 부어 화이트와인의 산 성분이 레드와인의 색소를 중화시키는 원리로 얼룩을 희석시킬 수 있으며 단 이 화이트와인 중화법은 즉시 세탁이 가능한 경우에만 사용해야 합니다.

전문가의 팁
- 와인 파티 때는 얼룩 제거제를 미리 준비
- 중요한 옷은 와인 모임에 입지 않기
- 카페트나 소파는 사전에 방수 스프레이 처리
- 응급 키트 준비 탄산수, 소금, 흰 수건, 얼룩 제거제

15. 초보자가 알아두면 좋은 와인 용어 100

15. 초보자가 알아두면 좋은 와인 용어 100

와인의 기본 유형

1. **드라이**(Dry) : 당분이 거의 없는 와인. 단맛이 아닌 와인을 의미합니다.

2. **스위트**(Sweet) : 당분이 많이 남아있는 달콤한 와인.

3. **스파클링**(Sparkling) : 탄산이 있는 기포가 있는 와인.

4. **스틸**(Still) : 기포가 없는 일반 와인.

5. **포티파이드**(Fortified) : 발효 중이나 후에 브랜디를 첨가해 알코올 도수를 높인 와인 (예: 포트, 셰리).

6. **로제** (Rosé) : 레드 와인처럼 포도 껍질과 함께 발효하지만, 색이 옅은 분홍색 와인.

7. **오렌지 와인** (Orange Wine) : 화이트 와인 포도를 레드 와인처럼 껍질과 함께 발효시켜 색과 타닌이 풍부한 와인.

8. **아이스 와인** (Ice Wine) : 얼어붙은 포도로 만들어 당도가 매우 높은 디저트 와인.

9. **저알코올 와인** (Low Alcohol Wine) : 일반 와인보다 알코올 도수가 낮은 와인.

10. **논알코올 와인** (Non-Alcoholic Wine) : 알코올을 제거한 와인

와인의 바디감과 특성

11. **바디**(Body) : 와인의 질감과 무게감. 라이트(가벼운), 미디엄(중간), 풀(무거운) 바디로 구분됩니다.

12. **타닌**(Tannin) : 주로 레드 와인에서 느껴지는 떫은맛과, 입 안이

건조해지는 느낌을 주는 성분. 포도 껍질, 씨, 줄기에서 추출되며, 화이트 와인에도 소량 존재합니다.

13. **산도(Acidity)** : 와인의 신맛을 나타내는 정도. 높은 산도는 와인에 상쾌함을 더합니다.
14. **피니시(Finish)** : 와인을 삼킨 후 입 안에 남는 맛과 향의 지속 시간.
15. **코르크 테인트(Cork Taint)** : 코르크가 오염되어 와인에 곰팡이나 젖은 골판지 같은 불쾌한 향이 나는 결함.
16. **밸런스 (Balance)** : 와인의 모든 요소 (산도, 타닌, 알코올, 단맛)가 조화롭게 어우러진 정도.
17. **복합성 (Complexity)** : 와인이 다양한 향과 맛을 가지고 있어 마실수록 새로운 면모를 발견하게 되는 정도.
18. **구조감 (Structure)** : 와인의 뼈대. 타닌, 산도, 알코올 등이 와인의 골격을 형성하는 정도.
19. **텍스쳐 (Texture)** : 와인이 입 안에서 느껴지는 질감. 실키, 벨벳, 거친 등 다양한 표현이 가능합니다.
20. **레그 (Legs/Tears)** : 와인을 잔에서 흔들었을 때 잔 벽을 타고 흘러내리는 방울. 알코올과 글리세롤 함량을 짐작할 수 있게 합니다.

와인 테이스팅 용어

21. **부케(Bouquet)** : 와인의 향을 묘사하는 용어로, 특히 숙성된 와인에서 발전된 복합적인 향을 의미합니다.

15. 초보자가 알아두면 좋은 와인 용어 100

22. **노즈(Nose)** : 와인의 향.

23. **팔레트(Palate)** : 와인을 맛볼 때 입 안에서 느껴지는 모든 맛과 감각.

24. **오크(Oak)** : 와인이 오크통에서 숙성될 때 얻는 바닐라, 토스트, 향신료 같은 풍미.

25. **미네랄리티(Minerality)** : 와인에서 느껴지는 돌, 흙, 금속 같은 비과일적인 특성.

26. **아로마(Aroma)** : 포도 자체에서 유래하는 향.

27. **향신료(Spice)** : 후추, 계피, 정향 등 향신료에서 느껴지는 풍미.

28. **과일향(Fruity)** : 사과, 딸기, 체리 등 과일에서 느껴지는 풍미.

29. **꽃향(Floral)** : 장미, 라벤더, 제비꽃 등 꽃에서 느껴지는 풍미.

30. **허브향(Herbal)** : 민트, 로즈마리, 타임 등 허브에서 느껴지는 풍미.

31. **지속성(Length)** : 와인을 마신 후 향과 맛이 얼마나 오래 지속되는지를 나타내는 용어.

32. **에어링(Aeration)** : 와인을 공기와 접촉시켜 향과 맛을 더욱 풍부하게 만드는 과정.

33. **블라인드 테이스팅(Blind Tasting)** : 와인의 정보를 가리고 맛과 향만으로 와인을 평가하는 방법.

34. **수직 테이스팅(Vertical Tasting)** : 같은 와이너리의 같은 와인을 여러 빈티지별로 비교 시음하는 것.

35. **수평 테이스팅(Horizontal Tasting)** : 같은 빈티지의 여러 와이너리

5장 와인과 함께하는 소셜 라이프

의 와인을 비교 시음하는 것.

와인 생산 용어

36. **빈티지**(Vintage) : 포도가 수확된 해.

37. **테루아**(Terroir) : 포도가 자라는 지역의 토양, 기후, 지형 등 환경적 요소들의 총체.

38. **에스테이트**(Estate) : 와이너리가 직접 소유한 포도원에서 생산한 와인.

39. **리저브**(Reserve) : 보통 더 좋은 품질이나 오래 숙성된 와인을 지칭하지만, 법적 정의는 국가마다 다릅니다.

40. **디캔팅**(Decanting) : 와인을 병에서 디캔터로 옮겨 공기와 접촉시켜 향과 맛을 개선하는 과정.

41. **블렌딩**(Blending) : 여러 품종의 포도나 다른 빈티지의 와인을 섞어 새로운 와인을 만드는 과정.

42. **발효** (Fermentation) : 효모가 포도당을 알코올과 이산화탄소로 바꾸는 과정.

43. **말로락틱 발효** (Malolactic Fermentation) : 와인의 톡 쏘는 사과산을 부드러운 젖산으로 바꾸는 발효 과정.

44. **필터링** (Filtering) : 와인에 남아있는 불순물을 제거하는 과정.

45. **병입** (Bottling) : 와인을 병에 담는 과정.

46. **잔당** (Residual Sugar) : 발효 후 와인에 남아있는 당분.

47. **효모** (Yeast) : 발효를 일으키는 미생물.

48. **싱글 빈야드 (Single Vineyard)** : 단일 포도밭에서 생산된 포도로 만든 와인.

49. **비오디나믹 (Biodynamic)** : 유기농법을 넘어선 농법으로, 달의 움직임과 우주의 힘을 활용하여 포도를 재배합니다.

50. **서스테이너블 (Sustainable)** : 환경을 보호하고 지속 가능한 방식으로 포도를 재배하는 것.

와인 지역과 등급 용어

51. **올드 월드(Old World)** : 유럽의 전통적인 와인 생산국 (프랑스, 이탈리아, 스페인 등).

52. **뉴 월드(New World)** : 유럽 외의 와인 생산국 (미국, 호주, 칠레, 아르헨티나 등).

53. **AOC/AOP** : 프랑스 와인 품질 등급 시스템으로, 지역과 생산 방식을 규제합니다.

54. **DOCG/DOC** : 이탈리아 와인 품질 등급 시스템.

55. **큐베(Cuvée)** : 특별히 선별하거나 블렌딩한 와인. 프랑스어 발음으로는 '퀴베'에 가깝습니다.

56. **AVA(American Viticultural Area)** : 미국의 와인 생산 지역을 지정하는 제도.

57. **크뤼(Cru)** : 프랑스어로 '성장'을 의미하며, 뛰어난 품질의 포도가 생산되는 밭이나 마을을 지칭합니다.

58. **그랑 크뤼 (Grand Cru)** : 프랑스에서 가장 높은 등급의 크뤼.

5장 와인과 함께하는 소셜 라이프

59. **프리미에 크뤼** (Premier Cru) : 프랑스에서 두 번째로 높은 등급의 크뤼.

60. **IGP** (Indication Géographique Protégée) : 유럽 연합의 지리적 표시 보호 제도.

61. **VDQS** (Vin Délimité de Qualité Supérieure) : 프랑스의 구 등급 시스템으로, AOC 바로 아래 등급입니다 (현재는 폐지).

62. **VT** (Vino de la Tierra) : 스페인의 지역 와인 등급.

63. **DOCa** (Denominación de Origen Calificada) : 스페인에서 가장 높은 와인 등급.

64. **Bordeaux** (보르도) : 프랑스의 대표적인 와인 생산 지역.

65. **Burgundy** (부르고뉴) : 프랑스의 또 다른 대표적인 와인 생산 지역.

와인 서빙과 보관 용어.

66. **브레싱**(Breathing) : 와인이 공기와 접촉하여 향과 맛이 열리는 과정.

67. **코르크스크류**(Corkscrew) : 와인 병의 코르크를 뽑는 도구.

68. **셀러**(Cellar) : 와인을 보관하는 서늘한 장소.

69. **오픈**(Open) : 와인이 충분히 공기와 접촉하여 향과 맛이 완전히 발현된 상태.

70. **빈티지 차트**(Vintage Chart) : 특정 지역의 년도별 포도 수확 품질을 평가한 가이드.

15. 초보자가 알아두면 좋은 와인 용어 100

71. 적정 시음 온도(Serving Temperature) : 와인의 종류에 따라 최상의 맛을 느낄 수 있는 온도.

72. 와인 글라스(Wine Glass) : 와인의 종류에 따라 향과 맛을 최대한 끌어낼 수 있도록 디자인된 잔.

73. 와인 칠러(Wine Chiller) : 와인을 빠르게 식힐 수 있는 도구.

74. 진공 스토퍼(Vacuum Stopper) : 개봉한 와인의 산화를 막아주는 도구.

75. 콜드 소크 (Cold Soak) : 발효 전에 포도를 낮은 온도에서 침용시켜 색과 향을 추출하는 과정.

포도 품종(Grape Varieties)

76. 카베르네 소비뇽(Cabernet Sauvignon) : 레드 와인 품종의 왕.

77. 메를로(Merlot) : 부드럽고 풍부한 레드 와인 품종.

78. 피노 누아(Pinot Noir) : 섬세하고 우아한 레드 와인 품종.

79. 샤르도네(Chardonnay) : 세계적으로 가장 인기 있는 화이트 와인 품종.

80. 소비뇽 블랑 (Sauvignon Blanc) : 상쾌하고 산뜻한 화이트 와인 품종.

81. 리슬링 (Riesling) : 독일의 대표적인 화이트 와인 품종.

82. 시라 (Syrah/Shiraz) : 스파이시하고 강렬한 레드 와인 품종.

83. 산지오베제 (Sangiovese) : 이탈리아 피에몬테 지방의 고급 레드 와인 품종.

5장 와인과 함께하는 소셜 라이프

84. 네비올로 (Nebbiolo) : 이탈리아 토스카나 지방의 대표적인 레드 와인 품종.

85. 가메 (Gamay) : 이탈리아 피에몬테 지방의 고급 레드 와인 품종.

86. 진판델 (Zinfandel) : 프랑스 보졸레 지방의 대표적인 레드 와인 품종.

87. 말벡 (Malbec) : 아르헨티나의 대표적인 레드 와인 품종.

88. 게뷔르츠트라미너 (Gewürztraminer) : 향긋하고 이국적인 화이트 와인 품종.

89. 피노 그리지오 (Pinot Grigio/Pinot Gris) : 가볍고 산뜻한 화이트 와인 품종.

90. 비오니에 (Viognier) : 향긋하고 복숭아 향이 나는 화이트 품종.

기타 와인 용어 (Other Wine Terms)

91. 앙 프리뫼르 (En Primeur) : 아직 병입되지 않은 와인을 미리 예약 구매하는 방식.

92. 클론 (Clone) : 포도 품종의 유전적 변이.

93. 그랑 리저브 (Gran Reserva) : 스페인의 최고 등급 와인으로, 숙성 기간이 길다.

94. 수르 리 (Sur Lie) : 효모 찌꺼기와 함께 숙성시키는 방식.

95. NV (Non-Vintage) : 여러 빈티지의 포도를 섞어 만든 와인.

96. 메티오드 샹페누아즈 (Méthode Champenoise) : 샴페인을 만드는 전통적인 방식.

15. 초보자가 알아두면 좋은 와인 용어 100

97. **파커 포인트** (Parker Points) : 와인 평론가 로버트 파커가 와인에 매기는 점수.

98. **와인 페어링** (Wine Pairing) : 음식과 와인의 궁합을 맞추는 것.

99. **진판델** (Zinfandel) : 프랑스 보졸레 지방의 대표적인 레드 와인 품종.

100. **퀴베 프레스티지** (Cuvée de Prestige) : 샴페인 하우스에서 생산하는 최고급 샴페인. 최고의 포도밭에서 선별된 포도로 만들며, 뛰어난 품질과 복합적인 풍미를 자랑합니다. 빈티지 샴페인인 경우가 많으며, 하우스의 기술과 철학이 집약된 상징적인 와인입니다.

5장 와인과 함께하는 소셜 라이프

16. 나의 와인 취향 찾기

스마트폰 카메라로 위 QR 코드를 스캔해 주세요

16. 나의 와인 취향 찾기

라벨로 와인 찾기

스마트폰 카메라로 위 QR 코드를 스캔해 주세요

5장 와인과 함께하는 소셜 라이프

음식과 어울리는 와인 찾기

스마트폰 카메라로 위 QR 코드를 스캔해 주세요

16. 나의 와인 취향 찾기

메뉴판에서 와인 찾기

스마트폰 카메라로 위 QR 코드를 스캔해 주세요

5장 와인과 함께하는 소셜 라이프

마무리

와인과 함께하는 소셜 라이프는 단순히 와인을 마시는 것을 넘어 사람들과 소통하고 문화를 즐기는 경험입니다. 누구나 겪는 와인 관련 실수들은 성장의 과정입니다. 완벽을 추구하기보다 실수를 통해 배우며, 함께하는 사람들과의 교감을 소중히 여기세요.

100가지 와인 용어는 한꺼번에 외우려 하지 말고 경험하며 자연스럽게 익혀나가면 됩니다. 어설픈 전문 용어보다 솔직한 표현이 더 가치 있습니다.

마무리

Part 4
와인의 세계
6장 나라별 와인의 종류

"와인 한 잔으로는 친구를 만들 수 없지만,
적어도 적을 만들지는 않는다."

볼테르

6장
나라별 와인의 종류

　와인 한 잔을 마실 때, 그 안에는 수천 년의 시간과 수만 킬로미터의 거리, 그리고 수없이 많은 사람들의 이야기가 녹아있죠. 왜 같은 포도 품종이 나라마다 다른 맛을 낼까요?
　이제부터 펼쳐질 여정은 단순한 와인 산지 소개가 아닙니다. 각 나라가 자신만의 방식으로 써내려간 와인 이야기, 그들이 극복한 도전과 이루어낸 혁신, 그리고 와인 한 병에 담긴 문화와 철학을 만나는 시간입니다.
　떼루아라는 말이 있습니다. 단순히 토양만이 아닌, 그 땅의 기후와 역사, 그리고 사람들의 영혼까지 담긴 개념이죠. 우리는 와인이 어떻게 각 나라의 정체성을 표현하는 예술이 되었는지 발견하게 될 것입니다.

17. 프랑스: 와인의 할아버지가 들려주는 이야기

프랑스는 와인의 본고장, 와인계의 할아버지라고 불립니다. 마치 경험 많은 할아버지가 손자들에게 인생의 지혜를 전수하듯, 프랑스

6장 나라별 와인의 종류

는 전 세계 와인 산업에 수많은 전통과 기준을 물려주었죠. 지역별로 독특한 특성을 가진 와인을 생산하는데, 각 지역은 마치 프랑스라는 명문가의 개성 넘치는 가족 구성원들 같습니다!

사실 프랑스가 와인의 종주국이라고 불리는 것은 단순히 역사가 오래되어서만은 아닙니다. 프랑스는 '**테루아**(Terroir)'라는 개념을 와인 세계에 도입한 나라입니다. 테루아는 단순히 토양만을 의미하는 것이 아니라, 기후, 지형, 토양, 그리고 그 땅에서 살아온 사람들의 전통과 노하우까지 포함하는 총체적인 개념이죠. 프랑스인들은 "와인은 포도밭에서 만들어진다"고 믿으며, 같은 품종이라도 어느 밭에서 자랐느냐에 따라 와인의 성격이 완전히 달라진다고 믿고 있습니다.

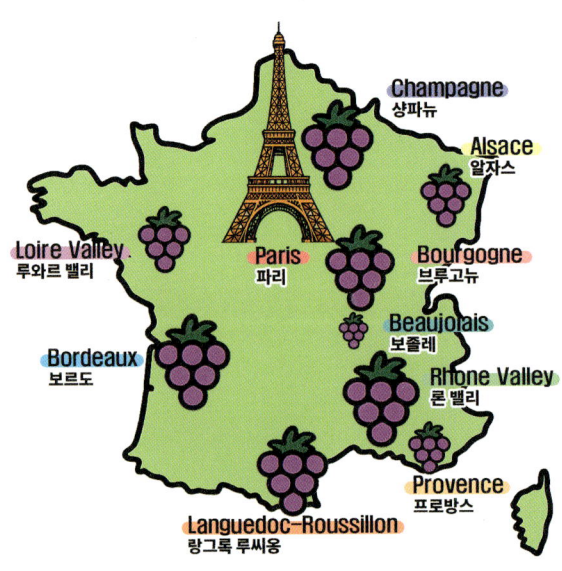

17. 프랑스: 와인의 할아버지가 들려주는 이야기

프랑스 와인의 등급

- **AOP/AOC** 가장 엄격한 규정을 따르는 최상위 등급. 지역, 품종, 수확량, 양조법까지 모두 규제
- **IGP**(Indication Géographique Protégée) 과거 Vin de Pays로 불렸던 지역 와인
- **Vin de France** 가장 자유로운 규정으로 만드는 테이블 와인

그리고 각 지역마다 특별한 등급들이 있습니다. 예를들어 보르도의 1855년 등급, 부르고뉴의 그랑 크뤼/프르미에 크뤼 등 프랑스 와인을 이해하려면 먼저 AOC(Appellation d'Origine Contrôlée) 시스템을 알아야 합니다. 1935년에 도입된 이 제도는 현재 AOP(Appellation d'Origine Protégée)로 불리며, 와인의 원산지와 품질을 보증하는 시스템입니다.

흥미로운 점은 프랑스 와인의 라벨이 매우 보수적이라는 것입니다. 신세계 와인처럼 포도 품종을 전면에 내세우지 않고, 대신 와인이 어디서 왔는지를 강조합니다. 이는 프랑스인들이 품종보다 테루아를 더 중요하게 생각한다는 증거이죠.

보르도(Bordeaux): 와인계의 귀족 가문

보르도는 프랑스 남서부, 대서양 연안에 위치한 세계 최대의 고급 와인 산지입니다. 지롱드 강을 중심으로 좌안(Left Bank)과 우안(Right Bank)으로 나뉘는데, 이 강이 만들어낸 미묘한 기후와 토양의 차이가

6장 나라별 와인의 종류

완전히 다른 스타일의 와인을 탄생시켰습니다.

좌안은 자갈이 많은 토양으로 카베르네 소비뇽이 잘 자라며, 메독(Médoc) 지역의 오메독(Haut-Médoc)에는 생테스테프, 포이약, 생줄리앙, 마고 같은 유명한 마을들이 있습니다.

우안은 점토질 토양이 많아 메를로가 주로 재배되며, 생테밀리옹과 포므롤이 대표적인 지역이죠.

보르도의 특별함은 블렌딩 문화에 있습니다. 단일 품종으로 승부하는 부르고뉴와 달리, 보르도는 여러 품종을 블렌딩해 복잡하고 균형 잡힌 와인을 만듭니다. 카베르네 소비뇽은 구조와 타닌을, 메를로는 부드러움과 과일향을, 카베르네 프랑은 향신료와 우아함을, 프티 베르도는 색과 구조를 더해줍니다.

1855년, 나폴레옹 3세가 파리 만국박람회를 위해 만들게 한 메독 와인 등급은 지금도 거의 그대로 유지되고 있습니다. 1등급(Premier Cru)은 단 5개입니다. 샤토 라피트 로칠드, 샤토 라투르, 샤토 마고, 샤토 오브리옹, 그리고 1973년에 승격된 샤토 무통 로칠드입니다.

재미있는 이야기: 보르도의 영국 커넥션

보르도 와인이 세계적으로 유명해진 건 정말 영국인들 덕분입니다. 1152년, 보르도의 여공작 엘레아노르 다키텐이 영국 왕 헨리 2세와 결혼하면서 보르도는 300년간 영국령이 되었습니다. 이 기간

17. 프랑스: 와인의 할아버지가 들려주는 이야기

동안 보르도 와인은 영국의 주요 수입품이 되었고, 영국인들은 보르도 와인을 '클라레(Claret)'라고 부르며 사랑했죠.

더 재미있는 것은 보르도의 많은 샤토들이 영국, 네덜란드, 아일랜드 상인들에 의해 설립되었다는 사실입니다. 샤토 바통-라모트(Barton-Lamotte), 샤토 린치-바주(Lynch-Bages) 같은 이름들이 그 증거죠.

그리고 무통 로칠드의 라벨 이야기도 빼놓을 수 없어요! 1945년부터 필립 드 로칠드 남작은 매년 유명 예술가에게 라벨 디자인을 의뢰했습니다. 피카소, 달리, 앤디 워홀, 제프 쿤스, 그리고 한국의 이우환까지... 덕분에 무통은 마시는 와인이자 소장하는 예술품이 되었습니다. 가장 비싼 라벨은 1945년 빈티지로, 처칠의 V자 사인을 형상화한 것인데, 병 하나가 수억 원에 거래되기도 해요!

보르도 와인과 음식 페어링

좌안 (카베르네 소비뇽)

→ 양갈비, 스테이크 같은 붉은 육류

우안 (메를로)

→ 오리고기, 버섯 요리

소테른

→ 푸아그라, 블루치즈

6장 나라별 와인의 종류

초보자를 위한 보르도 와인 추천

와인명	가격	특징
샤토 지스쿠르	3만원	마고 지역의 우아한 스타일
무통 카데	4만원	무통 로칠드의 세컨드 라인
샤토 몽페라	2만원	가성비 좋은 보르도 수페리외르
샤토 마고 파빌리옹 루즈	10만원	1등급 샤토의 세컨드 와인
샤토 수뒤로	8만원	소테른의 달콤한 귀부 와인

부르고뉴(Bourgogne-영어로는 Burgundy): 와인계의 보물창고

부르고뉴는 프랑스 동부에 위치한 지역으로, 보르도와는 정반대의 철학을 가지고 있습니다. 블렌딩의 예술을 추구하는 보르도와 달리, 부르고뉴는 단일 품종의 순수함을 추구합니다. 레드 와인은 피노 누아, 화이트 와인은 샤르도네로만 만들어지죠(보졸레 지역의 가메는 예외).

부르고뉴의 가장 큰 특징은 극도로 세분화된 포도밭 구획입니다.

'**클리마**(Climat)'라고 불리는 이 구획들은 수세기에 걸쳐 수도사들과 농부들이 미세한 토양과 기후의 차이를 관찰하며 나눈 것입니다. 불과 몇 미터 차이로도 완전히 다른 와인이 만들어진다고 믿는 부르고뉴 사람들의 집착은 가히 예술의 경지에 이르렀죠.

부르고뉴의 피라미드 구조 등급 체계

- **그랑 크뤼**(Grand Cru): 전체 생산량의 1-2%에 불과한 최고 등급
- **프르미에 크뤼**(Premier Cru): 약 10%를 차지하는 1등급

17. 프랑스: 와인의 할아버지가 들려주는 이야기

- **빌라주**(Village): 마을 이름을 단 와인
- **부르고뉴**(Bourgogne): 지역 전체에서 생산 가능한 기본 등급

부르고뉴의 주요 지역은 북쪽부터 샤블리, 코트 드 뉘, 코트 드 본, 코트 샬로네즈, 마코네, 보졸레로 나뉩니다. 특히 코트 드 뉘는 레드 와인의 성지로, 로마네 콩티, 라 타슈, 리쉬부르 같은 전설적인 포도밭들이 있습니다.

재미있는 이야기: 부르고뉴의 수도사들과 나폴레옹

부르고뉴 와인의 역사는 중세 시대 시토회 수도사들로부터 시작됩니다. 이들은 미사용 와인을 만들기 위해 포도를 재배했는데, 놀랍게도 토양을 맛보며(!) 밭의 특성을 구분했다고 해요. "신이 주신 땅의 선물을 최대한 순수하게 표현해야 한다"는 신념으로 단일 품종, 단일 밭의 와인을 만들기 시작했죠.

가장 유명한 일화는 나폴레옹과 샹베르탱입니다. 나폴레옹은 샹베르탱 와인을 너무 사랑해서 전쟁터에도 가지고 다녔대요. 러시아 원정 때도 샹베르탱을 마차에 싣고 갔는데, 일부에서는 "샹베르탱이 떨어진 후부터 전투에서 지기 시작했다"는 농담까지 있었습니다!

그리고 로마네 콩티의 미스터리! 이 1.8헥타르의 작은 포도밭은 연

6장 나라별 와인의 종류

간 6,000병 정도만 생산하는데, 병당 수백만 원에서 수천만 원을 호가합니다. 재미있는 것은 전 세계에서 마시는 '로마네 콩티'의 양이 실제 생산량의 10배가 넘는다는 것! 특히 아시아에서만 소비되는 양이 전체 생산량보다 많다는 우스갯소리가 있죠. 진품 감별이 얼마나 중요한지 보여주는 사례입니다.

부르고뉴 와인을 위한 글라스

부르고뉴 글라스는 보르도 글라스보다 볼이 더 넓고 둥근 것이 특징입니다.

- 넓은 볼이 섬세한 피노 누아의 아로마를 잘 모아줌
- 좁아지는 입구가 과일향과 꽃향기를 집중시킴
- 샤르도네는 약간 작은 부르고뉴 글라스가 적합
- 얇은 립이 와인의 섬세한 질감을 잘 전달

초보자를 위한 부르고뉴 와인 추천

와인명	가격	특징
루이 자도 부르고뉴 피노 누아	4만원	부르고뉴 입문용 레드
부샤르 부르고뉴 샤르도네	3만원	깔끔한 화이트
윌리엄 페브르 샤블리	5만원	미네랄 풍미의 샤르도네
조셉 드루앵 쥬브레 샹베르탱	10만원	빌라주급 명품
메종 조셉 드루앵 보졸레 빌라주	2만원	가볍고 과일향 풍부

샴페인(Champagne): 와인계의 슈퍼스타

샴페인은 파리에서 북동쪽으로 150km 떨어진 프랑스 최북단 와인 산지입니다. 이곳의 차가운 기후와 백악질 토양은 스파클링 와

17. 프랑스: 와인의 할아버지가 들려주는 이야기

인을 만들기에 완벽한 조건을 제공합니다. '샴페인'이라는 이름은 오직 이 지역에서 전통 방식으로 만든 스파클링 와인만 사용할 수 있는 보호된 명칭입니다.

샴페인은 주로 세 가지 품종으로 만들어집니다. 샤르도네(우아함과 섬세함), 피노 누아(구조와 힘), 피노 므니에(과일향과 부드러움). 이 세 품종을 블렌딩하는 것이 일반적이지만, 샤르도네만으로 만든 블랑 드 블랑(Blanc de Blancs)이나 피노 누아와 피노 므니에만으로 만든 블랑 드 누아(Blanc de Noirs)도 있습니다.

샴페인 제조의 핵심은 '메토드 샴프누아즈(Méthode Champenoise)'라는 전통 방식입니다.

1차 발효로 베이스 와인 제조
티라주(Tirage) 와인에 효모와 설탕을 넣고 병입

2차 발효: 병 속에서 탄산가스 생성
- 쉬르 리(Sur Lie) 효모 찌꺼기와 함께 숙성(최소 15개월)
- 르뮈아주(Remuage) 병을 회전시켜 효모를 병목으로 모음
- 데고르주망(Dégorgement) 효모 찌꺼기 제거
- 도사주(Dosage) 당도 조절용 리큐르 첨가

6장 나라별 와인의 종류

재미있는 이야기: 샴페인의 위험한 탄생

샴페인은 정말 우연히, 그것도 '실패'에서 탄생했어요! 17세기, 베네딕트회 수도사 돔 페리뇽은 사실 거품 없는 좋은 와인을 만들려고 노력했습니다. 당시 샴페인 지역의 와인은 추운 날씨 때문에 발효가 중단되었다가 봄에 다시 시작되면서 거품이 생기곤 했죠. 이는 큰 문제였습니다! 왜냐하면 병이 폭발했거든요! 당시에는 병 속 압력(6기압!)을 견딜 만한 튼튼한 유리병이 없었고, 코르크 마개도 부실했습니다. 와인 저장고에서는 연쇄 폭발이 일어나 한 병이 터지면 도미노처럼 주변 병들도 다 터졌대요. 손실률이 20-90%에 달했고, 작업자들은 쇠 마스크를 쓰고 일해야 했습니다. 샴페인은 그래서 '악마의 와인'이라고 불렸죠.

하지만 영국인들이 이 '위험한' 와인을 좋아하기 시작했고, 더 튼튼한 영국제 유리병과 코르크 마개가 도입되면서 샴페인은 안전하게 즐길 수 있게 되었습니다. 돔 페리뇽은 결국 거품을 없애는 대신 더 좋은 거품을 만드는 데 집중했고, "나는 별을 마시고 있다!"라는 유명한 말을 남겼습니다.

그리고 미망인들의 샴페인 이야기! 뵈브 클리코(Veuve Clicquot)의 '뵈브'는 '미망인'이라는 뜻이에요. 27세에 남편을 잃은 클리코 부인은 당시로서는 파격적으로 사업을 이어받아 샴페인 하우스를 세계적 브랜드로 키웠죠. 그녀가 발명한 '**르뮈아주**(Remuage)' 기법은 지금도 사용되고 있습니다.

17. 프랑스: 와인의 할아버지가 들려주는 이야기

샴페인의 당도 표시

- Brut Nature 무가당 (0-3g/L)
- Extra Brut 극드라이 (0-6g/L)
- Brut 드라이 (0-12g/L) - 가장 일반적
- Extra Dry 약간 단맛 (12-17g/L)
- Sec 중간 단맛 (17-32g/L)
- Demi-Sec 달콤함 (32-50g/L)
- Doux 매우 달콤함 (50g/L 이상)

초보자를 위한 샴페인 추천

와인명	가격	특징
니콜라 푀이야르 브뤼	5만원	가성비 최고의 그랑 크뤼
모엣 샹동 브뤼 앵페리얼	6만원	가장 대중적인 샴페인
폴 로저 브뤼	8만원	마릴린 먼로가 사랑한 샴페인
로랑 페리에 라 뀌베	10만원	우아하고 섬세한 스타일

론(Rhône): 와인계의 태양을 품은 강

론 지역은 리옹에서 아비뇽까지 200km에 걸쳐 론 강을 따라 펼쳐진 와인 산지입니다. 북부 론과 남부 론으로 나뉘는데, 두 지역은 기후, 토양, 품종, 와인 스타일이 완전히 다릅니다. 마치 한 가족 안의 정반대 성격을 가진 형제 같죠.

북부 론은 대륙성 기후로 서늘하며, 가파른 화강암 경사지에 포도밭이 있습니다. 시라 단일 품종으로 만드는 것이

6장 나라별 와인의 종류

특징이며, 에르미타주, 코트 로티, 코르나스 같은 명산지가 있습니다. 반면 남부 론은 지중해성 기후로 따뜻하고, 평지에 자갈이 많은 토양을 가지고 있습니다. 그르나슈를 중심으로 여러 품종을 블렌딩하며, 샤토뇌프 뒤 파프가 가장 유명합니다.

재미있는 이야기: 론의 두 얼굴과 교황의 와인

샤토뇌프 뒤 파프('교황의 새로운 성')라는 이름에는 흥미로운 역사가 숨어 있어요. 14세기 초, 교황청이 로마에서 아비뇽으로 옮겨오면서 (아비뇽 유수, 1309-1377) 교황들은 여름 별장을 샤토뇌프에 지었습니다. 와인을 사랑했던 교황 요한 22세는 이 지역 와인 생산을 장려했고, 덕분에 '교황의 와인'이라는 명성을 얻게 되었죠.

더 재미있는 것은 이 지역의 독특한 토양입니다. '갈레 룰레(Galets Roulés)'라고 불리는 둥근 자갈들이 포도밭을 뒤덮고 있는데, 이는 수백만 년 전 론 강이 알프스에서 실어온 것들이죠. 이 돌들은 낮에는 태양열을 흡수했다가 밤에는 서서히 방출해서 포도가 완벽하게 익도록 도와줍니다. 자연이 만든 천연 온돌이죠!

그리고 북부 론의 코트 로티('구운 언덕')에는 로맨틱한 전설이 있습니다. 코트 블론드(금발 언덕)와 코트 브륀(갈색머리 언덕)으로 나뉘는데, 옛날 영주가 금발 딸과 갈색머리 딸에게 각각 나눠준 데서 유래했다고 해요. 실제로 코트 블론드는 더 우아하고 여성적인 와인을, 코트 브륀은 더 강건하고 남성적인 와인을 만듭니다!

론 와인과 음식 페어링

북부 론 (시라, 에르미타주)

→ 후추를 뿌린 스테이크, 양고기, 사냥육, 트러플 요리

남부 론 (그르나슈 블렌드)

→ 허브를 넣은 스튜, 라따뚜이, 그리고 강한 향신료를 쓴 요리

타벨 로제

→ 부야베스

초보자를 위한 론 와인 추천

와인명	가격	특징
이기갈 코트 뒤 론	3만원	남부 론의 정석
샤토 드 보카스텔 쿠두레	5만원	샤토뇌프의 입문 와인
샤플레 생 조셉	6만원	북부 론 시라의 매력
파비에르 크로즈 에르미타주	8만원	부담 없는 에르미타주 스타일
클로 데 파프 샤토뇌프 뒤 파프	12만원	교황의 와인 체험

프랑스 와인의 미래

프랑스 와인은 전통의 무게와 혁신의 필요성 사이에서 흥미로운 변화를 겪고 있습니다. 기후 변화는 프랑스 와인 지도를 다시 그리고 있죠. 보르도에서는 카베르네 소비뇽이 과도하게 익는 것을 막기 위해 수확 시기를 앞당기고 있고, 부르고뉴에서는 더 높은 고도에 포도밭을 개간하고 있습니다.

6장 나라별 와인의 종류

특히 주목할 만한 변화는 '잊혀진 품종'의 부활입니다. 보르도에서는 말벡, 카르메네르 같은 전통 품종을 다시 심고 있고, 남부 프랑스에서는 더위에 강한 토착 품종들이 재조명받고 있죠.

젊은 와인메이커들은 '**뱅 나튀르**(자연주의 와인)' 운동을 주도하며, 최소한의 개입으로 테루아를 표현하려 합니다. 비오디나미 농법은 이제 프랑스 전역으로 확산되었고, 로마네 콩티 같은 최고급 와인조차 이 농법을 채택했죠.

또한 새로운 AOP 지역들이 계속 생겨나고 있습니다. 과거에는 무시받던 지역들이 품질 향상을 통해 인정받고 있죠. 랑그독, 루시용 같은 남부 지역은 이제 '신흥 강자'로 떠올랐습니다.

디지털 혁명도 프랑스 와인을 변화시키고 있습니다. 블록체인으로 와인의 진품을 보증하고, AI로 최적의 수확 시기를 예측하며, 드론으로 포도밭을 관리합니다. 하지만 프랑스인들은 여전히 "와인은 기술이 아니라 예술"이라고 믿으며, 전통과 혁신의 균형을 추구하고 있습니다.

18. 독일: 와인계의 숨은 보석

독일 와인은 마치 조용하지만 재능 넘치는 학급 친구 같아요. 처음

6장 나라별 와인의 종류

에는 잘 몰랐지만, 알고 보면 엄청난 매력과 깊이를 가진 존재죠! 많은 사람들이 독일 와인을 '달콤한 와인'으로만 기억하지만, 실은 세계에서 가장 정교하고 다양한 스타일의 와인을 만드는 나라 중 하나입니다.

사실 독일은 와인 생산에 있어서 놀라운 역사를 가지고 있습니다. 로마 시대부터 라인 강과 모젤 강 유역에서 포도를 재배했으며, 중세 시대에는 수도원을 중심으로 와인 문화가 꽃피었죠. 특히 시토회와 베네딕트회 수도사들은 가파른 경사지에 계단식 포도밭을 만들어 오늘날까지 이어지는 독일 와인의 기초를 닦았습니다.

독일이 와인 생산의 최북단에 위치한다는 것은 축복이자 도전입니다. 북위 50도 근처의 서늘한 기후는 포도가 천천히 익게 만들어 복잡한 아로마와 뛰어난 산도를 가진 와인을 탄생시킵니다. 특히 리슬

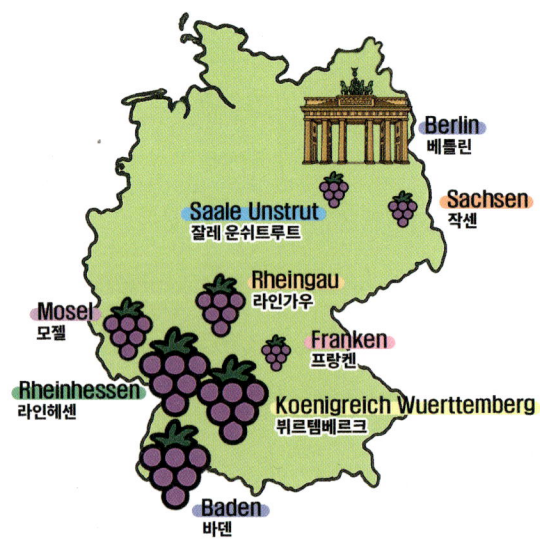

링은 이런 환경에서 가장 빛을 발하는 품종이죠. 긴 생육 기간 동안 당도와 산도가 완벽한 균형을 이루며, 테루아의 특성을 그대로 표현하는 투명한 거울 같은 와인이 됩니다.

독일 와인 등급 체계

프레디카츠바인(Prädikatswein) 최고급 등급으로, 포도의 당도에 따라 6단계로 나눕니다

- 카비네트(Kabinett) 가장 가벼운 스타일
- 슈페틀레제(Spätlese) 늦수확, 좀 더 풍부한 맛
- 아우스레제(Auslese) 선별 수확, 달콤하거나 드라이
- 베렌아우스레제(Beerenauslese) 귀부균이 붙은 포도 선별
- 아이스바인(Eiswein) 얼린 포도로 만든 와인
- 트로켄베렌아우스레제(Trockenbeerenauslese) 가장 달콤한 최고급

그리고 품질 기준과 원산지 표시 범위에 따라 나누는 등급 체계도 있습니다.

- 크발리테츠바인(Qualitätswein) 특정 지역 품질 와인
- 란트바인(Landwein) 지역 와인
- 도이처 바인(Deutscher Wein) 기본 테이블 와인

또한 꼭 알아둬야 할 표시가 있습니다.

- 트로켄(Trocken) 드라이

- **할프트로켄**(Halbtrocken) 반건조
- **파인헤르프**(Feinherb) 살짝 단맛
- **리프프뤼티히**(Liebfruchtig) 달콤함

리슬링(Riesling): 와인계의 카멜레온

리슬링은 독일의 자랑이자 세계에서 가장 고귀한 화이트 품종 중 하나입니다. '화이트 와인의 왕'이라 불리는 리슬링은 정말 카멜레온 같아요. 같은 품종인데도 토양, 기후, 양조법에 따라 완전히 다른 스타일의 와인이 됩니다. 본 드라이부터 꿀처럼 달콤한 디저트 와인까지, 그 스펙트럼의 넓이는 놀랍죠.

리슬링의 가장 큰 매력은 '투명성'입니다. 프랑스의 샤르도네가 오크통 숙성이나 양조 기법으로 맛을 만든다면, 리슬링은 포도밭의 특성을 그대로 와인에 담아냅니다. 모젤의 청색 슬레이트 토양에서 자란 리슬링은 미네랄과 청사과 향을, 라인가우의 황토에서 자란 리슬링은 복숭아와 살구 향을 보여주죠.

특히 주목할 만한 것은 리슬링은 수십 년, 심지어 100년 이상도 숙성이 가능합니다. 시간이 지나면서 과일향은 꿀과 석유향으로 변하고, 복잡하고 깊이 있는 와인으로 진화하죠.

18. 독일: 와인계의 숨은 보석

재미있는 이야기: 석유 향의 진실

독일 리슬링에서 나는 '**페트롤**(Petrol)' 즉 석유 향은 와인 애호가들 사이에서 뜨거운 논쟁거리입니다. 처음 이 향을 맡으면 "와인이 상했나?" 싶을 수 있지만, 사실은 고품질 리슬링이 숙성되면서 나타나는 자연스러운 현상입니다.

이 향의 원인은 TDN(trimethyl-dihydronaphthalene)이라는 화합물 때문인데, 카로티노이드가 분해되면서 생성됩니다. 재미있는 것은 독일 와인 생산자들 사이에서도 의견이 갈린다는 것입니다. 전통주의자들은 "이것이야말로 위대한 리슬링의 증거"라고 하지만, 현대적인 생산자들은 "과일향이 사라진 늙은 와인의 신호"라고 주장하죠.

흥미로운 사실! 블라인드 테이스팅에서 와인 전문가들조차 종종 속는데, 호주나 알자스의 리슬링을 독일 것으로 착각하는 경우가 많아요. 바로 이 석유향 때문! 이제는 석유향이 나면 "아, 이 와인이 제법 나이가 들었구나"라고 아는 척할 수 있겠죠?

독일의 주요 와인 산지

모젤(Mosel): 리슬링의 성지

모젤은 독일 와인의 심장부로, 가파른 슬레이트 경사지에서 세계 최고의 리슬링을 생산합니다. 모젤 강의 구불구불한 물줄기를 따라 펼쳐진 포도밭은 경사도가 70도에 달하는 곳도 있어, 수확 시 작업

자들이 로프에 매달려 일해야 할 정도입니다.

모젤 리슬링의 특징은 낮은 알코올(7-9%)과 높은 산도, 그리고 섬세한 과일향입니다. 청색 슬레이트는 낮 동안 열을 흡수했다가 밤에 방출해 포도가 완벽하게 익도록 도와주죠. 베른카스텔, 피스포트, 위르치히 같은 마을들이 특히 유명합니다.

라인가우(Rheingau): 독일 와인의 귀족

라인가우는 라인 강이 서쪽으로 흐르는 유일한 구간에 위치해, 남향의 완벽한 일조량을 자랑합니다. 이곳은 독일 와인의 역사와 전통이 가장 잘 보존된 지역으로, 수많은 귀족 가문들이 와인을 생산해 왔죠.

특히 요하니스베르크 성은 슈페틀레제(늦수확)를 처음 발견한 곳으로 유명합니다. 1775년, 수확 허가를 기다리다 너무 늦어져 썩기 시작한 포도로 와인을 만들었는데, 놀랍게도 더 달콤하고 복잡한 와인이 탄생했죠. 이것이 바로 귀부 와인의 시작입니다!

팔츠(Pfalz): 독일의 토스카나

팔츠는 독일에서 두 번째로 큰 와인 산지로, '독일의 토스카나'라고 불립니다. 온화한 기후 덕분에 리슬링뿐만 아니라 피노 누아, 피노 그리, 게뷔르츠트라미너 등 다양한 품종을 재배합니다. 특히 최

18. 독일: 와인계의 숨은 보석

근에는 피노 누아(슈페트부르군더)로 만든 레드 와인이 국제적인 주목을 받고 있죠.

아이스바인(Eiswein): 겨울의 마법

아이스바인은 독일이 세계에 선물한 가장 특별한 와인 중 하나입니다. 포도가 나무에서 자연적으로 얼 때까지 기다렸다가, 영하 7도 이하의 추운 날씨에 수확해 즉시 압착합니다. 얼어있는 물은 빠지고 농축된 당분과 산만 추출되어, 믿을 수 없을 정도로 달콤하면서도 산도가 완벽한 와인이 탄생하죠.

아이스바인 생산은 도박과도 같습니다. 포도를 나무에 그대로 두면 새들이 먹거나, 비가 와서 썩거나, 날씨가 충분히 춥지 않을 위험이 있죠. 그래서 생산량이 매우 적고 가격도 비쌉니다. 하지만 한 번 맛보면 그 가치를 충분히 이해하게 됩니다.

재미있는 이야기: 얼음 속의 열정과 도박

아이스바인을 만드는 것은 정말 미친 짓(?)이에요! 일반적으로 11월이나 12월, 심지어 다음 해 1월까지 포도를 나무에 매달아 두어야 합니다. 이 기간 동안 생산자들은 날씨 예보에 목을 매고 살죠.

가장 극적인 사례는 2019년 독일의 한 생산자 이야기입니다. 기후 변화로 날씨가 충분히 춥지 않아, 결국 2020년 1월 21일 새벽 4시가

6장 나라별 와인의 종류

되어서야 영하 8도를 기록했어요. 생산자는 가족과 친구들을 모두 깨워 횃불을 들고 포도밭으로 달려갔습니다. 단 4시간 만에 모든 포도를 수확해야 했거든요!

더 놀라운 것은 수확량입니다. 일반 와인용 포도 1톤에서 약 700리터의 주스가 나오지만, 아이스바인용 얼린 포도에서는 겨우 50-100리터만 나옵니다. 그래서 375ml 반병 하나가 10만 원이 넘는 거죠. 하지만 그 한 모금의 황홀함은... 정말 천국의 맛입니다!

독일 와인과 음식 페어링

드라이 리슬링
  → 회, 초밥, 굴 같은 해산물과 완벽한 조화

카비네트/슈페틀레제
  → 태국 요리, 중국 요리의 매콤달콤한 맛과 환상적

아우스레제
  → 푸아그라, 블루치즈와 함께

아이스바인
  → 디저트 와인이지만, 매운 김치와도 놀랍게 잘 어울림!

독일 리슬링이 김치, 불고기, 떡볶이와 잘 어울리는 이유는 높은 산도가 기름진 맛을 깔끔하게 정리하고, 약간의 당도가 매운맛을 중화시켜줍니다. 그래서 일부 소믈리에들은 독일 리슬링을 '한식의 베스트 프렌드'라고 부르기도 합니다!

18. 독일: 와인계의 숨은 보석

와인 서빙 온도

- 가벼운 카비네트 8-10°C
- 슈페틀레제/아우스레제 10-12°C
- 아이스바인 6-8°C (디저트 와인은 더 차갑게!)

초보자를 위한 독일 와인 추천

와인명	가격	특징
닥터 로젠 리슬링	2만원	모젤의 전형적인 스타일
로버트 바일 리슬링 트로켄	4만원	라인가우의 드라이 스타일
빌라 볼프 피노 누아	3만원	팔츠의 우아한 레드 와인
J.J. 프륌 베렌카스텔러 카비네트	5만원	모젤 명가의 입문 와인
라이츠 리슬링 슈페틀레제	6만원	라인가우의 균형 잡힌 스타일
돈호프 아이스바인	8만원/375ml	나헤 지역의 천상의 디저트 와인

젝트(Sekt): 독일의 스파클링 와인

독일도 훌륭한 스파클링 와인을 만듭니다! 젝트는 독일식 스파클링 와인으로, 특히 리슬링으로 만든 젝트는 샴페인과는 또 다른 매력을 보여줍니다. 상쾌한 산도와 은은한 과일향이 특징이죠.

초보자를 위한 독일 스파클링 와인 추천

와인명	가격	특징
헨켈 트로켄	2만원	모가성비 좋은 데일리 스파클링

6장 나라별 와인의 종류

독일 와인의 미래

기후 변화로 인해 독일 와인은 새로운 황금기를 맞고 있습니다. 과거에는 포도가 제대로 익지 않아 고민이었다면, 이제는 완벽하게 익은 포도로 드라이한 와인을 만들 수 있게 되었죠. 특히 피노 누아(슈페트부르군더)는 부르고뉴를 위협할 정도의 품질을 보여주고 있습니다.

젊은 와인메이커들은 전통을 존중하면서도 새로운 시도를 하고 있습니다. 오렌지 와인, 자연주의 와인, 암포라 숙성 등 다양한 실험이 이루어지고 있죠. 독일 와인의 미래는 그 어느 때보다 밝습니다!

독일 와인은 정말 '숨은 보석'이 맞습니다. 복잡해 보이는 라벨 뒤에는 놀라운 다양성과 품질이 숨어 있죠. 달콤한 것부터 본 드라이까지, 가벼운 것부터 묵직한 것까지, 독일 와인은 모든 취향과 상황에 맞는 와인을 제공합니다. 마치 조용했던 그 친구가 노래방에서 놀라운 가창력을 보여주는 것처럼, 독일 와인도 한 번 제대로 알고 나면 평생 곁에 두고 싶은 친구가 될 것입니다.

19. 이탈리아: 와인계의 패션 디자이너

6장 나라별 와인의 종류

이탈리아는 프랑스와 함께 유럽의 양대 와인 강국으로, 지역마다 독특한 와인 스타일을 가지고 있습니다. 마치 다양한 컬렉션을 선보이는 패션 디자이너처럼, 이탈리아는 지역마다 개성 넘치는 와인을 선보이죠!

사실 이탈리아는 와인 생산량으로는 세계 1위를 다투는 거대한 와인 왕국입니다. 남북으로 길게 뻗은 이탈리아 반도는 북쪽의 알프스 산맥부터 남쪽의 지중해성 기후까지 다양한 테루아를 품고 있어, 그만큼 다채로운 와인이 탄생할 수 있었어요. 흥미로운 점은 이탈리아에는 무려 600여 개가 넘는 토착 품종이 있다는 것입니다. 이는 세계 어느 나라보다도 많은 숫자로, 이탈리아 와인의 다양성을 잘 보여주는 지표라고 할 수 있죠.

이탈리아 와인을 이해하려면 먼저 그들의 와인 등급 체계를 알아야 합니다.

19. 이탈리아: 와인계의 패션 디자이너

이탈리아 와인 등급 체계

- DOCG(Denominazione di Origine Controllata e Garantita)
- DOC
- IGT
- 비노 다 타볼라(Vino da Tavola)(Auslese)

하지만 재미있게도, 이탈리아에서는 때때로 최고급 와인이 가장 낮은 등급인 '비노 다 타볼라'로 출시되기도 합니다. 이는 전통적인 규정에 얽매이지 않고 혁신적인 와인을 만들고자 하는 생산자들의 자유로운 정신을 보여주는 것이죠.

토스카나(Tuscany): 와인계의 명품 가죽 가방

토스카나는 이탈리아 와인의 심장이라고 불릴 만큼 중요한 지역입니다. 피렌체를 중심으로 한 이 지역은 르네상스의 발상지답게 와인 문화에서도 혁신과 전통이 공존하는 곳이죠.

토스카나의 대표 품종인 산지오베제(Sangiovese)는 이탈리아에서 가장 널리 재배되는 품종 중 하나입니다. '주피터의 피'라는 뜻을 가진 이 품종은 토스카나의 떼루아와 만나 놀라운 변신을 보여줍니다. 같은 산지오베제라도 키안티에서는 밝고 산뜻한 와인이 되고, 브루넬로 디 몬탈치노에서는 묵직하고 장엄한 와인이 되죠.

키안티 클라시코는 토스카나의 대표적인 와인입니다. 검은 수탉(Gallo Nero) 마크가 붙은 이 와인은 최소 80% 이상의 산지오베제를 사용해야 하며, 12개월 이상 숙성을 거쳐야 합니다. 전통적으로 키안티는 피아스코(Fiasco)라는 볏짚으로 감싼 둥근 병에 담겨 판매되었는데, 지금은 품질 향상과 함께 일반적인 보르도 병 모양을 사용하고 있어요.

브루넬로 디 몬탈치노는 '토스카나의 왕'이라 불리는 와인입니다. 몬탈치노 지역에서만 생산되는 이 와인은 산지오베제의 클론인 브루넬로 품종을 100% 사용해야 하며, 최소 5년의 숙성 기간(그 중 2년은 오크통 숙성)을 거쳐야 출시할 수 있습니다. 리제르바의 경우는 6년이나 기다려야 하죠. 이렇게 긴 숙성 기간을 거친 브루넬로는 체리와 가죽, 담배, 감초, 발사믹 식초 같은 복잡한 향을 발산하며, 20-30년 이상의 장기 숙성도 가능한 위대한 와인입니다.

그런데 1970년대 토스카나에서는 와인 역사를 바꾼 혁명이 일어났습니다. 바로 '슈퍼 투스칸'의 탄생이죠.

재미있는 이야기: 반항아의 탄생

슈퍼 투스칸은 규정을 어긴 와인메이커들의 반란에서 탄생했어요! 당시 키안티 규정은 산지오베제에 백포도 품종을 섞어야 했고, 국제 품종 사용은 금지되어 있었죠. 그러나 몇몇 선구적인 생산자들은 이런 규정이 와인의 품질을 떨어뜨린다고 생각했습니다.

19. 이탈리아: 와인계의 패션 디자이너

1968년, 마리오 인치사 델라 로케타는 볼게리에서 카베르네 소비뇽으로 만든 '사시카이아'를 출시했습니다. 처음엔 '비노 다 타볼라'라는 최하위 등급을 받았지만, 1978년 영국의 와인 평론가 휴 존슨이 보르도 그랑 크뤼와 블라인드 테이스팅을 했을 때 사시카이아가 1위를 차지하면서 세계적인 주목을 받게 되었죠.

이후 안티노리의 티냐넬로, 오르넬라이아 등이 연이어 출시되면서 슈퍼 투스칸은 하나의 장르로 자리잡았습니다. 결국 이탈리아 정부는 1992년 IGT(Indicazione Geografica Tipica)라는 새로운 등급을 만들어 이들을 인정하게 되었어요. 규칙을 깬 반항아들이 오히려 새로운 규칙을 만들어낸 셈이죠!

토스카나 와인과 음식 페어링

키안티 클라시코
- → 토마토 소스 파스타, 피렌체식 스테이크(비스테카 알라 피오렌티나), 살라미와 같은 고기 요리

브루넬로 디 몬탈치노
- → 야생 멧돼지 요리, 숙성된 치즈, 트러플 요리

초보자를 위한 토스카나 와인 추천

와인명	가격	특징
안티노리 키안티 클라시코	4만원	균형 잡힌 산도와 부드러운 타닌
루피노 리제르바 두칼레	3만원	전통적인 키안티의 맛을 보여주는 와인
카스텔로 반피 브루넬로	8만원	입문용 브루넬로로 과일향이 풍부
테누타 산 귀도 귀다베르토	6만원	사시카이아의 세컨드 와인

6장 나라별 와인의 종류

피에몬테(Piedmont): 와인계의 트러플

피에몬테는 '산기슭'이라는 뜻으로, 알프스 산맥 아래 위치한 이탈리아 북서부 지역입니다. 이곳은 이탈리아에서 가장 많은 DOCG 와인을 생산하는 곳으로, 품질에 대한 자부심이 대단하죠. 특히 네비올로(Nebbiolo) 품종으로 만드는 바롤로와 바르바레스코는 '이탈리아 와인의 왕과 여왕'으로 불립니다.

네비올로는 이탈리아에서 가장 고귀한 품종으로 여겨집니다. '안개(nebbia)'에서 유래한 이름처럼, 이 품종은 가을 안개가 자욱한 시기에 늦게 수확됩니다. 껍질이 얇아 색은 연하지만, 타닌은 매우 강력하고 산도도 높아 장기 숙성이 가능한 와인을 만들어내죠.

바롤로는 11개 마을에서만 생산되는 와인으로, 각 마을마다 조금씩 다른 특성을 보입니다. 라 모라와 바롤로 마을은 우아하고 향긋한 스타일을, 세라룽가 달바와 몬포르테 달바는 더 강건하고 장기 숙성에 적합한 스타일을 만들어냅니다. 전통적으로 바롤로는 대형 오크통(보티)에서 장기간 숙성시켰지만, 현대적인 생산자들은 작은 프렌치 오크통(바리크)을 사용해 더 부드럽고 접근하기 쉬운 스타일을 만들기도 합니다.

바르바레스코는 바롤로의 여동생 같은 와인입니다. 같은 네비올로로 만들지만 좀 더 우아하고 섬세한 스타일을 보여주죠. 최소 숙성 기간도 바롤로보다 1년 짧은 2년이며, 일반적으로 바롤로보다는 조

19. 이탈리아: 와인계의 패션 디자이너

금 더 일찍 마실 수 있습니다.

재미있는 이야기: 참을성의 보상

바롤로는 종종 '와인의 왕, 왕들의 와인'이라고 불리는데, 이 강렬한 와인을 제대로 즐기려면 놀라운 참을성이 필요해요! 전통적인 바롤로는 어린 시절엔 너무 강한 타닌 때문에 거의 마실 수 없을 정도로 떫고, 최소 10년은 기다려야 진가를 발휘합니다.

바롤로 와인 생산자들 사이에서는 "바롤로는 아버지가 만들고, 아들이 팔고, 손자가 마신다"라는 말이 있을 정도입니다. 실제로 1960년대까지만 해도  바롤로는 출시 후 20-30년은 지나야 마실 수 있다고 여겨졌죠.

하지만 1980년대 '바롤로 보이즈'라 불리는 젊은 생산자들이 등장하면서 변화가 시작되었습니다. 엘리오 알타레, 파올로 스카비노 같은 생산자들은 짧은 침용, 온도 조절 발효, 프렌치 오크 사용 등 현대적인 기법을 도입해 더 빨리 마실 수 있는 바롤로를 만들었어요. 전통주의자들과 현대주의자들 사이의 논쟁은 지금도 계속되고 있지만, 덕분에 소비자들은 다양한 스타일의 바롤로를 즐길 수 있게 되었습니다!

피에몬테의 또 다른 자랑거리는 바르베라와 돌체토입니다. 이들은 네비올로보다 훨씬 친근하고 일찍 마실 수 있는 와인들이죠. 바르베라는 높은 산도와 낮은 타닌으로 음식과 잘 어울리며, 돌체토는 '작은 달콤한 것'이라는 이름과 달리 드라이하고 과일향이 풍부한 와인입니다.

그리고 빼놓을 수 없는 것이 모스카토 다스티! 이 달콤한 스파클링 와인은 알코올 도수가 5-7%로 낮고 상큼한 단맛이 특징입니다. 디저트와 함께 또는 그 자체로 훌륭한 식전주가 되죠.

피에몬테 와인을 위한 글라스

바롤로나 바르바레스코 같은 네비올로 와인은 부르고뉴 글라스가 이상적입니다.

- 넓은 볼이 복잡한 아로마를 잘 모아줌
- 좁아지는 입구가 타르, 장미, 체리 향을 집중시킴
- 얇은 립이 와인의 섬세한 질감을 잘 전달
- 긴 스템이 와인 온도를 적절히 유지

초보자를 위한 피에몬테 와인 추천

와인명	가격	특징
프로두토리 델 바르바레스코	4만원	바르바레스코의 전통적인 스타일
미켈레 키아를로 바르베라 다스티	3만원	과일향 가득한 데일리 와인
비에티 모스카토 다스티	8만원	달콤하고 상큼한 디저트 와인
마시 바롤로	6만원	현대적 스타일의 입문용 바롤로

베네토(Veneto): 와인계의 베니스 카니발

베네토는 이탈리아 북동부에 위치한 지역으로, 베니스를 주도로 하는 곳입니다. 이곳은 마치 화려한 베니스 카니발처럼 다채로운 와

19. 이탈리아: 와인계의 패션 디자이너

인들을 생산하는데, 가벼운 프로세코부터 묵직한 아마로네까지 그 스펙트럼이 매우 넓습니다.

베네토 하면 가장 먼저 떠오르는 것이 프로세코입니다. 글레라(Glera) 품종으로 만드는 이 스파클링 와인은 샴페인과는 다른 샤르마 방식으로 생산됩니다. 큰 스테인리스 탱크에서 2차 발효를 거치기 때문에 신선하고 과일향이 풍부하며, 가격도 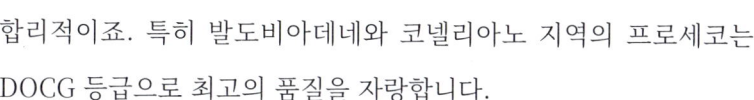 합리적이죠. 특히 발도비아데네와 코넬리아노 지역의 프로세코는 DOCG 등급으로 최고의 품질을 자랑합니다.

하지만 베네토의 진정한 보석은 발폴리첼라 지역의 와인들입니다. 이곳에서는 코르비나, 론디넬라, 몰리나라 품종을 블렌딩해 다양한 스타일의 와인을 만들어냅니다. 일반적인 발폴리첼라는 가볍고 신선한 레드 와인이지만, 같은 품종으로 만드는 아마로네는 완전히 다른 성격을 보여줍니다.

재미있는 이야기: 건포도의 마법

아마로네 와인은 정말 독특한 방식으로 만들어져요. 수확한 포도를 바로 짜지 않고, 3-4개월 동안 특별한 건조실(프루타이오)에서 말립니다. 이 과정을 '**아파시멘토**(Appassimento)'라고 하는데, 대나무 발이나 나무 상자에 포도를 펼쳐놓고 서서히 건조시키죠.

이 과정에서 포도는 원래 무게의 30-40%를 잃게 되고, 당분과 풍미는 농축됩니다. 재미있는 것은 이 기법의 기원에 대한 전설이에

6장 나라별 와인의 종류

요. 한 설에 따르면, 옛날 어느 와인 생산자가 수확을 잊어버리고 한참 뒤에 포도밭에 갔더니 포도가 반쯤 말라 있었대요. 아까워서 그냥 와인을 만들었는데 놀랍도록 진하고 맛있었다는 거죠!

또 다른 설은 더 로맨틱합니다. 중세 시대 한 수도사가 미사용 와인을 만들다가 실수로 포도를 너무 오래 두었는데, 말라버린 포도로 만든 와인이 너무나 신성하고 특별해서 '성인의 귀'를 뜻하는 '레치오토'라고 이름 붙였다고 해요. 아마로네는 사실 이 레치오토를 만들다가 실수로 당분을 모두 발효시켜 드라이하게 만든 것에서 시작되었습니다. '**아마로(amaro)**'는 '쓴'이라는 뜻이거든요!

현재 아마로네는 최소 14-15%의 알코올을 가진 풀바디 와인으로, 건포도, 무화과, 초콜릿, 커피, 향신료의 복잡한 향을 보여줍니다. '**리파소(Ripasso)**'는 아마로네를 만들고 남은 포도 찌꺼기에 일반 발폴리첼라를 다시 발효시킨 와인으로, 아마로네의 스타일을 어느 정도 가지면서도 가격은 더 합리적이죠.

베네토의 또 다른 명물은 소아베입니다. 가르가네가 품종으로 만드는 이 화이트 와인은 신선하고 미네랄이 풍부하며, 특히 해산물과 잘 어울립니다. 클라시코 지역의 소아베는 화산토에서 자란 포도로 만들어 독특한 미네랄 풍미를 가지고 있죠.

19. 이탈리아: 와인계의 패션 디자이너

베네토 와인과 음식 페어링

프로세코

→ 식전주, 베네치아의 명물인 치케티(작은 안주)

아마로네

→ 명상용 와인, 숙성된 치즈(특히 파르미지아노 레지아노), 다크 초콜릿, 또는 브라사토(와인으로 끓인 소고기 요리)

초보자를 위한 베네토 와인 추천

와인명	가격	특징
제니스 프로세코	2만원	상큼하고 과일향 가득한 스파클링
미오네토 프로세코	1.5만원	가성비 좋은 데일리 프로세코
알레그리니 발폴리첼라	3만원	체리향 가득한 미디엄 바디 와인
마시 캄포피오린 리파소	4만원	아마로네 스타일을 경험할 수 있는 와인
토마시 아마로네	10만원	전통적 스타일의 입문용 아마로네

이탈리아 와인의 미래

 이탈리아 와인은 전통과 혁신 사이에서 역동적인 변화를 겪고 있습니다. 기후 변화는 특히 북부 지역에 새로운 기회를 제공하고 있죠. 과거에는 너무 서늘했던 알토 아디제나 프리울리 같은 지역이 이제는 세계적 수준의 와인을 생산하고 있습니다.

 특히 주목할 만한 것은 토착 품종의 부활입니다. 600개가 넘는 토착 품종 중 많은 것들이 멸종 위기에 있었지만, 젊은 와인메이커들이 이들을 재발견하고 있어요. 시칠리아의 네렐로 마스칼레제, 캄파니아의 아글리아니코, 마르케의 베르디키오 등이 새롭게 주목받고

6장 나라별 와인의 종류

있죠.

자연주의 와인 운동도 이탈리아에서 활발합니다. '비오디나미코'와 '나투랄레' 와인들이 특히 젊은 소비자들에게 인기를 얻고 있어요. 전통적인 암포라 양조법도 부활하고 있고, 오렌지 와인도 프리울리를 중심으로 확산되고 있습니다.

또한 이탈리아 와인의 품질 향상은 놀랍습니다. 과거 대량 생산의 이미지에서 벗어나, 이제는 프랑스와 어깨를 나란히 하는 프리미엄 와인들을 생산하고 있죠. 특히 남부 이탈리아의 약진이 두드러집니다. 푸글리아의 프리미티보, 시칠리아의 에트나 와인들이 국제적인 찬사를 받고 있어요.

20. 스페인: 와인계의 열정적인 플라멩코 댄서

　스페인은 세계에서 가장 넓은 포도원 면적을 가진 나라로, 전통적인 오크 숙성 와인부터 현대적인 과일 풍미 와인까지 다양한 스타일을 선보입니다. 마치 정열적인 플라멩코 춤처럼, 스페인 와인은 강렬하면서도 우아한 매력을 지니고 있죠!

　사실 스페인의 와인 역사는 3,000년이 넘습니다. 페니키아인들이 처음 포도를 들여왔고, 로마 시대에는 이미 스페인 와인이 로마

6장 나라별 와인의 종류

로 수출되었죠. 하지만 현대 스페인 와인의 진정한 도약은 19세기 말, 프랑스의 필록세라 재앙 때 시작되었습니다. 프랑스 와인메이커들이 스페인으로 피난 와서 새로운 기술을 전수했고, 이것이 오늘날 스페인 와인의 기초가 되었어요.

스페인 와인을 이해하려면 독특한 숙성 등급 체계를 알아야 합니다. 스페인은 와인의 품질을 숙성 기간으로 분류하는 특별한 시스템을 가지고 있어요.

스페인 와인 숙성 등급 체계

- 호벤(Joven) 숙성하지 않거나 짧게 숙성한 와인
- 크리안자(Crianza) 최소 2년 숙성(그 중 6개월은 오크통)
- 레세르바(Reserva) 최소 3년 숙성(그 중 1년은 오크통)
- 그란 레세르바(Gran Reserva) 최소 5년 숙성(그 중 18개월은 오크통)

20. 스페인: 와인계의 열정적인 플라멩코 댄서

이런 분류는 특히 리오하와 리베라 델 두에로 같은 전통적인 지역에서 중요합니다. 와인을 오래 숙성시키는 것은 스페인의 '천천히, 그러나 확실하게'라는 철학을 보여주는 것이죠. 서두르지 않고 시간이 주는 선물을 기다리는 것, 이것이 스페인 와인의 정신입니다. 또한 스페인의 지역 명칭 체계도 알아두면 좋습니다.

스페인 와인 지역 명칭 체계
- **DOCa/DOQ** 최고 등급(리오하와 프리오랏만 해당)
- **DO** 원산지 명칭 보호 와인
- **Vino de Pago** 단일 포도원 최고급 와인
- **IGP** 지역 와인
- **Vino de Mesa** 테이블 와인

리오하(Rioja): 와인계의 노련한 투우사

리오하는 스페인 와인의 심장부이자, 스페인에서 가장 유명한 와인 산지입니다. 에브로 강을 따라 펼쳐진 이 지역은 세 개의 하위 지역으로 나  뉩니다. 리오하 알타(Rioja Alta), 리오하 알라베사(Rioja Alavesa), 리오하 오리엔탈(Rioja Oriental, 구 리오하 바하).

리오하의 주인공은 단연 템프라니요(Tempranillo)입니다. '이른'이라는 뜻의 이 품종은 다른 품종보다 일찍 익는다고 해서 붙여진 이

름이에요. 스페인의 다른 지역에서는 틴토 피노(Tinto Fino), 틴토 델 파이스(Tinto del País), 센시벨(Cencibel) 등 다양한 이름으로 불리지만, 모두 같은 품종입니다.

리오하 와인의 가장 큰 특징은 아메리칸 오크통 사용입니다. 프랑스가 프렌치 오크를 선호한다면, 스페인은 전통적으로 아메리칸 오크를 사용해왔어요. 이는 역사적인 이유가 있습니다. 스페인이 아메리카 대륙을 식민지로 삼았을 때, 쿠바에서 담배를 실어오던 배가 돌아올 때 미국산 오크통을 싣고 왔거든요. 이 오크통이 와인 숙성에 사용되면서 리오하만의 독특한 스타일이 탄생했습니다.

아메리칸 오크는 프렌치 오크보다 바닐라, 코코넛, 딜 같은 달콤한 향을 더 많이 전달합니다. 그래서 리오하 와인은 부드럽고 달콤한 오크 향이 특징이죠. 최근에는 프렌치 오크를 사용하는 생산자도 늘고 있지만, 전통적인 리오하의 매력은 여전히 아메리칸 오크에서 나옵니다.

마치 친한 친구가 쓴 편지를 읽듯 저자의 생각과 감정을 더 생생하게 느낄 수 있고, 책을 통해 저자와 더 깊이 교감하는 특별한 경험을 할 수 있을 것입니다. 저자를 아는 것은 책이라는 세상을 안내하는 믿음직한 가이드를 만나는 것과 같습니다.

재미있는 이야기: 금빛 망의 비밀과 보르도 연결고리

마르케스 데 리스칼 와인을 감싸는 금색 망(망텔라)은 단순한 장식이 아니에요! 19세기 인기 있는 리오하 와인의 위조를 방지하기 위

20. 스페인: 와인계의 열정적인 플라멩코 댄서

한 안전장치였습니다. 1860년대, 리스칼 후작은 보르도에서 와인 양조를 공부하고 돌아와 리오하에 프랑스 기술을 도입했어요. 그의 와인이 너무 유명해지자 가짜가 판을 쳤고, 이를 막기 위해 복제가 어려운 금색 철망을 병에 씌웠죠.

더 재미있는 사실! 리오하가 유명해진 것도 프랑스 덕분입니다. 1850년대 유럽을 휩쓴 흰가루병과 필록세라로 프랑스 포도밭이 초토화되자, 보르도 와인 상인들이 리오하로 몰려왔습니다. 그들은 리오하 와인을 프랑스로 가져가 보르도 와인으로 둔갑시켜 팔기도 했대요. 덕분에 리오하는 국제적 명성을 얻었지만, 동시에 프랑스식 와인 양조 기술도 배울 수 있었습니다.

그리고 리오하의 '베네라블레(Venerable)' 문화! 스페인에서는 오래 숙성된 와인을 '늙은 와인(vino viejo)'이라 부르며 존경합니다. 일부 보데가는 수십 년, 심지어 100년 넘은 와인을 보관하고 있어요. 이런 와인들은 특별한 날에만 열리는데, 병을 열 때는 마치 종교 의식처럼 경건한 분위기가 된다고 해요.

베네토 와인과 음식 페어링

크리안자

→ 하몽 세라노, 만체고 치즈, 파에야

6장 나라별 와인의 종류

레세르바

→ 양갈비 구이(코르데로 아사도), 소꼬리 스튜

그란 레세르바

→ 숙성된 하몽 이베리코

초보자를 위한 리오하 와인 추천

와인명	가격	특징
토레밀라노스 크리안자	3.5만원	부드럽고 접근하기 쉬운 스타일
프록시모	3만원	과일향 가득한 모던 스타일
아르수아가 크리안자	4만원	전통과 현대의 균형w
에밀리오 모로	5만원	파워풀하면서도 우아한 스타일
페스케라 크리안자	6만원	리베라 델 두에로의 개척자

리베라 델 두에로(Ribera del Duero): 와인계의 떠오르는 록스타

리베라 델 두에로는 마드리드 북쪽, 두에로 강을 따라 펼쳐진 와인 산지입니다. 리오하와 같은 템프라니요 품종을 사용하지만, 전혀 다른 스타일의 와인이 탄생하는 이유는 바로 떼루아의 차이죠.

리베라 델 두에로는 해발 750-1,000미터의 고지대에 위치해 있어, 낮과 밤의 온도 차가 매우 큽니다. 여름 낮에는 40도까지 올라가지만 밤에는 15도까지 떨어지죠. 이런 극단적인 일교차는 포도가 천천히 익으면서도 신선한 산도를 유지하게 만듭니다. 결과적으로

20. 스페인: 와인계의 열정적인 플라멩코 댄서

리오하보다 더 진하고 강렬하면서도 우아한 와인이 탄생합니다.

토양도 특별합니다. 석회암과 점토가 섞인 토양은 배수가 잘 되면서도 적절한 수분을 유지해, 포도나무가 깊이 뿌리를 내리도록 합니다. 이런 스트레스를 받은 포도나무는 적은 양이지만 농축된 포도를 생산하죠.

재미있는 이야기: 비밀의 와인, 베가 시실리아

베가 시실리아는 스페인 최고의 와인 중 하나지만, 놀랍게도 1세기 넘게 비밀처럼 숨겨져 있었어요! 창업자 돈 엘로이 레칸다는 보르도에서 카베르네 소비뇽과 메를로 묘목을 가져와 템프라니요와 함께 심었죠.

가장 놀라운 것은 그들의 철학이었습니다. 베가 시실리아는 오직 품질만을 추구하며, 서두르지 않았어요. 그들의 플래그십 와인 '우니코(Único)'는 최소 10년, 때로는 15년 이상 숙성시킨 후에야 출시됩니다. 큰 오크통과 병에서의 긴 숙성 기간 동안 와인은 놀라운 복잡성과 우아함을 얻게 되죠.

1982년, 스페인의 민주화와 함께 베가 시실리아도 세계 무대에 등장했습니다. 로버트 파커가 처음 시음하고는 "스페인의 페트뤼스"라고 극찬했고, 순식간에 세계적인 명성을 얻었죠. 재미있는 것은 이미 스페인 왕실과 귀족들 사이에서는 100년

6장 나라별 와인의 종류

넘게 최고의 와인으로 인정받고 있었다는 것입니다.

그리고 핑구스의 반란! 1995년, 덴마크인 피터 시섹이 리베라 델 두에로에 와서 만든 '핑구스'는 와인계를 뒤흔들었습니다. 첫 빈티지부터 파커 포인트 96점을 받으며 센세이션을 일으켰죠. 올드 바인에서 극도로 낮은 수확량으로 만든 이 와인은 "차고 와인(Garage Wine)" 운동의 스페인 버전이 되었습니다.

리베라 델 두에로 와인과 음식 페어링

리베라 델 두에로

→ 꼬치니요 아사도(새끼 돼지 구이), 레차소 아사도(새끼 양 구이) 구이 요리, 숙성된 만체고 치즈, 세고비아식 콩 요리

초보자를 위한 리베라 델 두에로 와인 추천

와인명	가격	특징
라 리오하 알타 비냐 알베르디	3만원	전통적인 리오하 스타일의 정석
무가 리오하 레세르바	4만원	균형 잡힌 우아함
마르케스 데 카세레스 크리안자	2.5만원	현대적 스타일의 부드러운 와인
CVNE 비냐 레알 크리안자	3만원	130년 역사의 명가 와인
레미레즈 데 가누자 레세르바	7만원	프리미엄 리오하 경험

카탈루냐(Catalonia): 와인계의 가우디 건축물

카탈루냐는 스페인 북동부, 지중해 연안에 위치한 지역으로 바르셀로나를 중심으로 합니다. 이곳은 두 가지 완전히 다른 스타일의 와인으로 유명합니다. 카바(Cava)라는 스파클링 와인과 프리오랏

20. 스페인: 와인계의 열정적인 플라멩코 댄서

(Priorat)의 강렬한 레드 와인이죠.

카바는 샴페인과 같은 전통 방식으로 만들어지지만, 토착 품종을 사용합니다. 마카베오, 차렐로, 파레야다. 최근에는 샤르도네와 피노 누아도 허용되었지만, 전통적인 카바의 매력은 토착 품종에서 나오죠. 페네데스 지  역의 산 사두르니 다노이아는 카바 생산의 95%를 차지하는 중심지입니다.

반면 프리오랏은 완전히 다른 세계입니다. 한때 버려졌던 이 지역은 1980년대 르네 바르비에를 비롯한 선구자들에 의해 부활했습니다. '리코렐라'라고 불리는 검은 슬레이트와 석영이 섞인 토양은 포도나무가 깊이 뿌리를 내리게 만들고, 극도로 낮은 수확량(헥타르당 1톤!)으로 농축된 와인을 만들어냅니다.

재미있는 이야기: 12개의 포도와 카바의 축제

스페인의 새해 전통은 정말 특별해요! 12월 31일 자정, 푸에르타 델 솔 광장의 시계탑에서 12번의 종이 울리면, 스페인 사람들은 종소리에 맞춰 포도를 한 알씩 먹습니다. 각 포도는 새해의 한 달을 상  징하며, 12개를 모두 제때 먹으면 행운이 온다고 믿죠. 이때 빠질 수 없는 것이 바로 카바!

6장 나라별 와인의 종류

카바가 탄생한 것도 재미있는 역사가 있어요. 1872년, 호세 라벤토스가 샴페인 지역을 여행하고 돌아와 스페인에서도 스파클링 와인을 만들기로 결심했습니다. 하지만 샴페인을 그대로 모방하는 대신, 카탈루냐의 토착 품종으로 독자적인 스타일을 만들었죠. 덕분에 카바는 '서민의 샴페인'이라는 별명을 얻었지만, 이제는 당당히 자신만의 정체성을 가진 와인이 되었습니다.

그리고 프리오랏의 부활 이야기! 12세기 카르투시오 수도사들이 개간한 이 지역은 필록세라 이후 완전히 버려졌었어요. 1979년, 르네 바르비에가 이곳을 처음 봤을 때는 야생 덤불만 무성했대요. 하지만 그는 가파른 경사지와 특별한 토양을 보고 위대한 와인의 가능성을 발견했죠. 그와 4명의 친구들(알바로 팔라시오스 포함)이 시작한 '5인방 프로젝트'는 프리오랏을 세계적인 와인 산지로 만들었습니다. 2009년, 프리오랏은 리오하에 이어 스페인에서 두 번째로 DOCa 등급을 받았어요!

카탈루냐 와인과 음식 페어링

카바
- → 타파스와 완벽 조화, 하몽, 만체고 치즈, 올리브, 파타타스 브라바스

프리오랏
- → 카탈루냐의 전통 요리인 수케트 데 페익스(해산물 스튜), 봇티파라(카탈루냐식 소시지), 칼솟타다(구운 파 요리)

20. 스페인: 와인계의 열정적인 플라멩코 댄서

초보자를 위한 카탈루냐 와인 추천

와인명	가격	특징
프레이샤넷 코르동 네그로	2만원	부드럽고 접근하기 쉬운 스타일
세구라 비우다스 브뤼	1.5만원	가성비 최고의 데일리 카바
세구라 비우다스 브뤼	4만원	프리미엄 카바의 정석
알바로 팔라시오스 카민스 델 프리오랏	5만원	프리오랏 입문용
세구라 비우다스 브뤼	15만원	프리오랏의 전설적인 와인

스페인 와인의 미래

스페인 와인은 전통과 혁신 사이에서 역동적인 변화를 겪고 있습니다. 특히 주목할 만한 것은 토착 품종의 재발견입니다. 멘시아, 고데요, 알바리뇨 같은 잊혀졌던 품종들이 부활하고 있고, 갈리시아의 리아스 바이샤스, 비에르소, 루에다 같은 지역이 국제적 명성을 얻고 있죠.

젊은 와인메이커들은 '테루아' 개념을 도입하며 단일 포도밭, 올드 바인, 고지대 와인 등에 집중하고 있습니다. 전통적인 대량 생산 이미지에서 벗어나, 이제 스페인은 품질과 개성을 추구하는 프리미엄 와인 생산국이 되었습니다.

자연주의 와인 운동도 활발합니다. 특히 카탈루냐와 발렌시아를 중심으로 비오디나미, 내추럴 와인이 확산되고 있고, 암포라 와인 같은 고대 양조법도 부활하고 있죠.

6장 나라별 와인의 종류

21. 오세아니아: 와인계의 젊은 혁신가들

21. 오세아니아: 와인계의 젊은 혁신가들

오세아니아 지역, 특히 호주와 뉴질랜드는 '신세계 와인'의 강자로 떠오르며 독특한 스타일의 와인을 선보이고 있습니다. 전통에 얽매이지 않는 자유롭고 과감한 와인을 만들어내죠! 마치 실리콘밸리의 스타트업처럼, 오세아니아 와인은 혁신적인 기술과 창의적인 접근으로 와인 세계를 뒤흔들고 있습니다.

오세아니아 와인의 역사는 유럽에 비하면 매우 짧습니다. 호주는 1788년 첫 포도나무가 심어졌고, 뉴질랜드는 1819년에 시작되었죠. 하지만 이들이 본격적으로 세계 무대에 등장한 것은 불과 40-50년 전의 일입니다. 짧은 역사가 오히려 장점이 되었어요. 수백 년의 전통과 규제에 얽매이지 않고, 과감한 실험과 혁신을 할 수 있었거든요.

오세아니아 와인의 특징은 '과학과 기술의 결합'입니다. 최첨단 양조 기술, 데이터 분석, 지속가능한 농법을 적극적으로 도입하며, 테

6장 나라별 와인의 종류

루아보다는 와인메이커의 기술과 창의성을 강조합니다. 라벨에도 포도 품종을 전면에 내세우고, 소비자가 이해하기 쉬운 마케팅을 펼치죠. 이런 접근은 전통적인 유럽 와인계에 신선한 충격을 주었습니다.

또한 오세아니아는 '지속가능한 와인 생산'의 선두주자입니다. 뉴질랜드는 세계 최초로 와인 산업 전체가 지속가능 인증을 받기 위해 노력하고 있고, 호주도 물 부족 문제를 극복하기 위한 혁신적인 관개 시스템을 개발했어요. 미래를 생각하는 젊은 와인 산업의 모습이죠.

호주(Australia): 와인계의 다이나믹한 거인

호주는 세계 6위의 와인 생산국이자 4위의 와인 수출국입니다. 광대한 대륙답게 60개가 넘는 와인 산지를 가지고 있으며, 각 지역마다 완전히 다른 기후와 토양을 자랑하죠. 서늘한 태즈매니아부터 뜨거운 바로사 밸리까지, 호주는 '하나의 나라, 천 개의 테루아'를 보여줍니다.

호주 와인의 대표 주자는 단연 쉬라즈(Shiraz)입니다. 프랑스 론 지역의 시라와 같은 품종이지만, 호주에서는 완전히 다른 스타일로 표현됩니다. 더 진하고, 과일향이 풍부하며, 파워풀하죠. 특히 바로사 밸리의 쉬라즈는 '액체 벨벳'이라 불릴 정도로 부드럽고 풍부합니다.

21. 오세아니아: 와인계의 젊은 혁신가들

호주 와인의 등급 체계
- 지리적 표시(GI) 85% 이상이 해당 지역에서 생산
- 품종 표시 85% 이상 단일 품종 사용
- 빈티지 표시 85% 이상 해당 연도 포도 사용

　이런 유연성 덕분에 와인메이커들은 여러 지역의 포도를 블렌딩해 최고의 와인을 만들 수 있습니다. 펜폴즈 그랜지처럼 호주 전역의 최고 포도밭에서 수확한 포도를 블렌딩하는 것도 가능하죠. 바로사 밸리(Barossa Valley)는 남호주에 위치한 바로사 밸리는 호주에서 가장 유명한 와인 산지입니다.

　1842년 독일과 영국 이민자들이 정착하면서 시작된 이곳은 지금도 5세대, 6세대째 와인을 만드는 가족들이 많습니다. 따뜻하고 건조한 기후는 쉬라즈를 완벽하게 익게 만들고, 오래된 포도나무들은 놀라운 농축미를 선사합니다.

　바로사의 특별함은 '올드 바인'에 있습니다. 유럽이 필록세라로 고통받을 때, 고립된 호주는 이 재앙을 피할 수 있었고, 덕분에 100년, 150년 된 포도나무들이 아직도 살아있죠. 이런 올드 바인에서 나오는 포도는 수확량이 적지만, 믿을 수 없을 정도로 복잡하고 깊이 있는 와인을 만들어냅니다.

맥라렌 베일(McLaren Vale): 호주 와인의 실험실
　애들레이드 남쪽의 맥라렌 베일은 지중해성 기후와 다양한 토양을

6장 나라별 와인의 종류

가진 혁신적인 와인 산지입니다. 이곳의 와인메이커들은 전통적인 품종뿐만 아니라 지중해 품종들(그르나슈, 무르베드르, 템프라니요)로도 실험하며 새로운 스타일을 만들어내고 있죠.

쿠나와라(Coonawarra): 호주의 보르도

남호주의 쿠나와라는 '테라 로사'라는 붉은 석회암 토양으로 유명합니다. 이 특별한 토양과 서늘한 해양성 기후는 카베르네 소비뇽에 이상적인 조건을 제공합니다. 쿠나와라의 카베르네는 민트, 유칼립투스 향이 특징적이며, 보르도 스타일의 우아함을 보여주죠.

재미있는 이야기: 세계에서 가장 비싼 호주 와인의 탄생

호주 와인의 아이콘, 펜폴즈 그랜지(Penfolds Grange)는 정말 우연히 탄생했어요! 1951년, 맥스 슈베르트라는 젊은 와인메이커가 보르도를 여행하고 돌아와 "호주도 위대한 와인을 만들 수 있다"고 확신했죠. 하지만 회사는 그의 프로젝트를 반대했고, 그는 몰래 지하 저장고에서 와인을 만들기 시작했습니다.

처음 출시했을 때 혹평을 받았죠. 하지만 포기하지 않았고, 10년 후 그의 와인은 세계적인 찬사를 받기 시작했습니다. 지금 그랜지는 병당 100만 원이 넘는 호주 최고가 와인이 되었습니다.

더 놀라운 사실! 바로사 밸리에는

21. 오세아니아: 와인계의 젊은 혁신가들

1843년에 심어진 '프리덤 쉬라즈' 포도밭이 있어요. 이는 상업적으로 생산되는 포도나무 중 세계에서 가장 오래된 것으로 기네스북에 등재되어 있죠. 180세가 넘은 이 포도나무는 아직도 매년 소량이지만 놀라운 품질의 포도를 생산한다니, 자연의 경이로움이 아닐 수 없어요!

호주 와인과 음식 페어링

쉬라즈

→ 타바비큐, 스테이크, 양갈비

카베르네

→ 로즈마리를 곁들인 양고기, 숙성된 체다 치즈

리슬링

→ 아시아 요리, 태국 요리

호주 와인과 음식 페어링

와인명	가격	특징
제이콥스 크릭 쉬라즈	2만원	호주 와인의 기본을 보여주는 데일리 와인
울프 블라스 골드 라벨 쉬라즈	3만원	균형 잡힌 바로사 스타일
투 핸즈 에인절스 셰어 쉬라즈	4만원	현대적이고 부드러운 스타일
펜폴즈 빈 389	8만원	'베이비 그랜지'라 불리는 프리미엄 와인
헨쉬케 힐 오브 그레이스	80만원	호주 최고의 단일 포도밭 와인

뉴질랜드(New Zealand): 와인계의 순수한 보석

뉴질랜드는 세계 와인 생산량의 1%도 안 되는 작은 나라지만, 품질로는 거인입니다. '순수한 뉴질랜드(Pure New Zealand)'라는 슬로건처럼, 깨끗한 자연환경과 서늘한 해양성 기후가 만들어내는 순수하고 생동감 있는 와인으로 유명하죠.

뉴질랜드 와인의 성공 스토리는 1980년대 말보로 소비뇽 블랑에서 시작됩니다. 그 전까지 무명이었던 뉴질랜드 와인은 강렬하고 독특한 소비뇽 블랑으로 세계를 놀라게 했죠. 이제는 소비뇽 블랑뿐만 아니라 피노 누아, 샤르도네, 피노 그리로도 세계적인 명성을 얻고 있습니다. 뉴질랜드는 북섬과 남섬으로 나뉘며, 각각 다른 스타일의 와인을 생산합니다.

- **북섬** 호크스 베이(보르도 스타일), 마틴보로(피노 누아)
- **남섬** 말보로(소비뇽 블랑), 센트럴 오타고(피노 누아)

말보로(Marlborough): 소비뇽 블랑의 천국

남섬 북동부의 말보로는 뉴질랜드 와인 생산량의 75%를 차지하는 최대 산지입니다. 긴 일조 시간, 서늘한 밤, 해양성 기후가 만들어내는 소비뇽 블랑은 전 세계 어디에서도 찾을 수 없는 독특한 스타일을 보여줍니다.

말보로 소비뇽 블랑의 특징은 폭발적인 아로마입니다. 패션프루트, 구스베리, 자몽, 갓 깎은 잔디, 할라피뇨 같은 향이 글라스에서 튀어나올 듯 강렬하죠. 이런 독특한 향은 '**티올**(Thiol)'이라는 화합물 때문인데, 말보로의 특별한 기후가 이 성분을 극대화시킵니다.

센트럴 오타고(Central Otago): 세계 최남단의 와인 산지

센트럴 오타고는 세계에서 가장 남쪽에 위치한 와인 산지로, 뉴질랜드에서 유일한 대륙성 기후를 가지고 있습니다. 낮과 밤의 극심한 온도차, 강렬한 햇빛, 건조한 기후는 피노 누아에게 이상적인 조건을 제공합니다.

이곳의 피노 누아는 부르고뉴와는 다른 스타일을 보여줍니다. 더 진하고, 더 과일향이 풍부하며, 독특한 허브와 스파이스 향을 가지고 있죠. '과일 폭탄'이라고 불릴 정도로 강렬하지만, 동시에 우아함과 복잡성도 갖추고 있습니다.

재미있는 이야기: 실수가 만든 혁명

뉴질랜드 소비뇽 블랑의 독특한 스타일은 사실 '실수'에서 시작되었어요! 1980년대 초, 몬타나 와이너리(현재의 브랜콧 에스테이트)의 와인메이커들은 포도를 너무 일찍 수확했다고 생각했습니다. 덜 익은 포도에서 나오는 강한 풀 향기 때문에 걱정했죠.

하지만 1985년 런던의 '선데이 타임즈' 와인 대회에서 이 와인이 대상을 받으면서 모든 것이 바뀌었습니다! 심사위원들은 "이전에 맛본 적 없는 완전히 새로운 스타일"이라고 극찬했죠. 하룻밤 사이에

6장 나라별 와인의 종류

뉴질랜드 소비뇽 블랑은 세계적인 센세이션이 되었고, 지금은 프랑스 상세르와 함께 소비뇽 블랑의 양대 산맥으로 인정받고 있습니다.

더 재미있는 사실! 2001년, 뉴질랜드 와인메이커들은 코르크 오염 문제를 해결하기 위해 과감하게 스크류캡을 도입했습니다. 처음엔 "고급 와인에 스크류캡이라니!"라는 비난을 받았지만, 지금은 뉴질랜드 와인의 99%가 스크류캡을 사용하고, 세계적으로도 확산되었죠. 전통에 도전하는 젊은 혁신가다운 선택이었어요!

뉴질랜드 와인과 음식 페어링

말보로 소비뇽 블랑

→ 생굴, 초록홍합, 염소 치즈

피노 누아

→ 양고기, 연어, 오리 요리, 미트파이

초보자를 위한 뉴질랜드 와인 추천

와인명	가격	특징
오이스터 베이 소비뇽 블랑	1.5만원	가성비 좋은 말보로 스타일
마타 소비뇽 블랑	3만원	전형적인 뉴질랜드 스타일의 정석
클라우디 베이 소비뇽 블랑	4만원	뉴질랜드를 세계에 알린 아이콘
와일드 록 피노 누아	4만원	부드럽고 과일향 풍부한 피노 누아
펠튼 로드 피노 누아	6만원	센트럴 오타고 최고의 생산자

21. 오세아니아: 와인계의 젊은 혁신가들

오세아니아 와인의 미래

오세아니아 와인은 혁신과 지속가능성의 최전선에 서 있습니다. 기후 변화에 대응해 더 서늘한 지역을 개척하고 있으며, 태즈매니아는 이미 세계적인 스파클링 와인 산지로 부상했습니다. 뉴질랜드의 와이파라, 호주의 오렌지 같은 신흥 산지들도 주목받고 있죠.

특히 주목할 만한 것은 '미니멀 인터벤션' 와인의 증가입니다. 자연 발효, 무여과, 최소한의 아황산염 사용 등 자연주의 와인이 젊은 와인메이커들 사이에서 인기를 얻고 있어요. 동시에 최첨단 기술도 적극 활용합니다. 드론으로 포도밭을 관리하고, AI로 최적의 수확 시기를 예측하며, 블록체인으로 와인의 이력을 추적하죠.

또한 토착 효모 연구, 고대 포도 품종 복원, 새로운 하이브리드 품종 개발 등 다양한 실험이 진행되고 있습니다. 호주는 지중해 품종들로 기후 변화에 대응하고 있고, 뉴질랜드는 알바리뇨, 그뤼너 벨트리너 같은 새로운 품종을 시도하고 있죠.

22. 칠레: 와인계의 숨은 가성비 챔피언

칠레는 안데스 산맥과 태평양 사이에 위치한 지리적 특성으로 병충해가 적어 친환경적인 와인 생산이 가능하고, 가성비 좋은 와인으

22. 칠레: 와인계의 숨은 가성비 챔피언

로 유명합니다. 좋은 품질의 와인을 합리적인 가격에 제공하는 진정한 가성비 챔피언이죠! 마치 성실한 모범생이 조용히 뛰어난 성과를 내듯, 칠레 와인은 화려하지 않지만 꾸준히 세계 와인 애호가들의 사랑을 받고 있습니다.

칠레 와인의 가장 큰 축복은 지리적 고립입니다. 동쪽의 안데스 산맥, 서쪽의 태평양, 북쪽의 아타카마 사막, 남쪽의 남극이 천연 방벽이 되어 필록세라를 비롯한 포도나무 질병으로부터 자유로웠죠. 덕분에 칠레는 세계에서 유일하게 접목하지 않은 원래 뿌리의 포도나무를 가지고 있는 나라입니다. 이는 와인의 순수함과 품질에 큰 영향을 미칩니다.

또한 칠레의 독특한 기후는 와인 생산에 이상적입니다. 지중해성 기후로 여름은 따뜻하고 건조하며, 안데스 산맥에서 내려오는 차가운 공기와 태평양의 훔볼트 해류가 만나 큰 일교차를 만들어냅니다. 이런 조건은 포도가 천천히 익으면서도 신선한 산도를 유지하게 해주죠. 비가 거의 오지 않는 수확기는 와인메이커에게 꿈같은 조건입니다.

칠레 와인의 역사는 16세기 스페인 정복자들과 함께 시작되었지만, 현대적인 도약은 1980년대에 일어났습니다. 민주화와 함께 외국 투자가 활발해지면서 미겔 토레스(스페인), 로스차일드(프랑스), 로버트 몬다비(미국) 같은 세계적인 와인 명가들이 칠레에 진출했습니다. 이들이 가져온 최신 기술과 노하우는 칠레 와인의 품질을 급격히 향상시켰죠.

6장 나라별 와인의 종류

칠레의 와인 등급 체계

- **원산지 명칭**(DO) 75% 이상 해당 지역 포도 사용
- **레세르바**(Reserva) 최소 알코올 도수 규정
- **레세르바 에스페시알**(Reserva Especial) 오크 숙성 의무
- **그란 레세르바**(Gran Reserva) 더 긴 오크 숙성

하지만 이 등급보다는 생산자의 명성과 포도밭의 위치가 더 중요하게 여겨집니다. 최근에는 '**비냐**(Viña)'라는 단일 포도밭 개념도 도입되어 테루아를 강조하고 있죠.

22. 칠레: 와인계의 숨은 가성비 챔피언

마이포 밸리(Maipo Valley): 와인계의 안데스 산맥

마이포 밸리는 칠레 와인의 역사적 중심지로, 수도 산티아고를 감싸고 있는 지역입니다. '칠레의 보르도'라 불리는 이곳은 카베르네 소비뇽의 천국이죠. 안데스 산맥에서 흘러내리는 마이포 강이 만든 충적토는 배수가 잘 되면서도 영양분이 풍부해 카베르네 소비뇽이 자라기에 완벽한 조건을 제공합니다.

마이포는 세 개의 하위 지역으로 나뉩니다. 알토 마이포(고지대), 센트럴 마이포(중앙), 마이포 코스타(해안 지역). 특히 알토 마이포는 해발 400-760미터의 고지대로, 안데스의 영향을 직접 받아 낮과 밤의 온도차가 크고, 이는 포도에 복잡한 풍미와 탄탄한 구조를 부여합니다.

이 지역의 토양은 특별합니다. 안데스에서 흘러내린 화산재와 자갈이 섞인 토양은 미네랄이 풍부하고, 이는 와인에 독특한 미네랄리티와 함께 민트, 유칼립투스 같은 시원한 향을 더해줍니다. 이런 특성은 칠레 카베르네 소비뇽만의 시그니처가 되었죠.

재미있는 이야기: 프랑스와 칠레의 로맨스

알마비바 와인은 칠레의 콘차 이 토로와 프랑스의 샤토 무통 로칠드가 합작해 만든 '슈퍼 칠레안'이에요. 1997년 첫 빈티지를 출시했는데, 이름은 모차르트의 오페라 '피가로의 결혼'의 주인공 알마비바

6장 나라별 와인의 종류

백작에서 따왔습니다.

재미있는 것은 이 프로젝트가 시작된 계기입니다. 1980년대, 무통 로칠드의 필립 남작이 칠레를 방문했을 때 마이포 밸리의 포도밭을 보고 "이곳은 메독보다 카베르네 소비뇽을 재배하기에 더 좋은 조건을 가졌다"고 감탄했대요. 하지만 정작 합작 와인을 만들기까지는 10년이 넘게 걸렸죠.

알마비바의 첫 빈티지가 로버트 파커로부터 92점을 받자, 전 세계가 칠레 와인을 다시 보기 시작했어요. "보르도보다 저렴하면서도 보르도급 품질"이라는 평가는 칠레 와인 전체의 이미지를 바꿔놓았습니다. 지금 알마비바는 병당 20만 원이 넘지만, 같은 품질의 보르도 와인에 비하면 여전히 '가성비 갑'이죠!

마이포 밸리 와인과 음식 페어링

카베르네 소비뇽

→ 아사도(바비큐), 안티쿠초(양념한 소고기 꼬치), 엠파나다(고기 파이), 파스텔 데 초클로(옥수수 파이), 숙성된 만체고 치즈

초보자를 위한 마이포 밸리 와인 추천

와인명	가격	특징
산타 리타 메달야 레알 카베르네	2.5만원	전통적인 칠레 스타일의 정석
몬테스 알파 카베르네	3만원	현대적이고 부드러운 스타일

22. 칠레: 와인계의 숨은 가성비 챔피언

와인명	가격	특징
콘차 이 토로 돈 멜초	5만원	마이포의 아이콘
쿠시뇨 마쿨 안티구아스 레세르바스	4만원	역사 깊은 와이너리의 클래식
에라주리즈 돈 막시미아노	10만원	칠레 프리미엄 와인의 선구자

카사블랑카 밸리(Casablanca Valley): 와인계의 해변 파티

카사블랑카 밸리는 산티아고와 발파라이소 항구 사이에 위치한 신흥 와인 산지입니다. 1980년대까지만 해도 "너무 춥다"는 이유로 포도 재배가 불가능하다고 여겨졌지만, 지금은 칠레 최고의 화이트 와인  산지가 되었죠. 태평양에서 불어오는 차가운 바닷바람과 아침 안개는 이 지역만의 특별한 미기후를 만들어냅니다.

이곳의 비밀은 훔볼트 해류입니다. 남극에서 올라오는 이 차가운 해류는 칠레 해안의 기온을 낮춰주고, 특히 카사블랑카 밸리는 해안에서 불과 30km 떨어져 있어 이 영향을 직접 받습니다. 덕분에 연평균 기온이 14도로, 부르고뉴나 론 북부와 비슷한 서늘한 기후를 가지게 되었죠.

토양도 특별합니다. 고대 해저였던 이곳은 화강암과 점토가 섞인 토양으로, 배수가 잘 되면서도 적절한 수분을 유지합니다. 이런 조건은 소비뇽 블랑, 샤르도네, 피노 누아 같은 서늘한 기후 품종들이 천천히 익으면서 복잡한 아로마를 발달시키기에 완벽합니다.

6장 나라별 와인의 종류

재미있는 이야기: 안개의 선물과 도전 정신

카사블랑카 밸리의 개척자는 파블로 모란데라는 와인메이커입니다. 1982년, 모든 사람이 "미쳤다"고 말할 때 그는 이곳에 첫 포도나무를 심었습니다. 당시 칠레 농업부조차 "포도 재배 부적합 지역"으로 분류했던 곳이었죠.

모란데가 주목한 것은 바로 아침 안개였어요. 카만차카(Camanchaca)라 불리는 이 안개는 매일 아침 태평양에서 밀려와 오전 10시경까지 계곡을 덮습니다. 이 안개가 자연 에어컨 역할을 해서 포도가 서서히 익도록 도와주죠. 처음 몇 년은 실패의 연속이었지만, 1987년 첫 빈티지를 내놓자마자 국제적인 찬사를 받았습니다.

카사블랑카라는 이름은 스페인어로 '하얀 집'이라는 뜻이에요. 실제로 계곡 입구에 있던 오래된 하얀 농가 때문에 붙여진 이름입니다. 지금 그 집은 와인 박물관이 되었고, 칠레 와인의 혁신 정신을 상징하는 장소가 되었죠!

카사블랑카 밸리 와인과 음식 페어링

소비뇽 블랑
→ 세비체(신선한 생선 요리), 마리스코스(해산물 요리)

샤르도네
→ 칠레의 전통 생선 스튜인 칼디요 데 콩그리오

22. 칠레: 와인계의 숨은 가성비 챔피언

피노 누아

→ 연어 요리나 참치 타르타르

초보자를 위한 카사블랑카 밸리 와인 추천

와인명	가격	특징
콘차 이 토로 카사블랑카 소비뇽 블랑	1.5만원	신선하고 상큼한 데일리 와인
베라몬테 소비뇽 블랑	2만원	유기농 와인의 순수함
에라주리즈 맥스 레세르바 샤르도네	2.5만원	균형 잡힌 오크 터치
카사 마린 소비뇽 블랑	3.5만원	카사블랑카 최고의 테루아 표현
마테틱 EQ 피노 누아	4만원	우아하고 섬세한 스타일

콜차구아 밸리(Colchagua Valley): 와인계의 보물창고

콜차구아 밸리는 산티아고에서 남쪽으로 180km 떨어진 곳에 위치한 칠레의 나파 밸리입니다. 따뜻하고 건조한 지중해성 기후는 레드 와인 품종들이 완벽하게 익기에 이상적이며, 특히 카르메네르, 시라, 말벡이 놀라운 표현력을 보여주는 곳이죠.

콜차구아는 '붉은 땅'이라는 뜻의 원주민 말에서 유래했는데, 실제로 철분이 풍부한 붉은 점토 토양이 특징입니다. 틴구이리리카 강이 만든  계곡은 동서로 길게 뻗어 있어, 안데스의 영향을 받는 동쪽과 해안의 영향을 받는 서쪽이 각각 다른 미기후를 형성합니다.

이 지역의 특별함은 다양성에 있습니다. 계곡 바닥의 평지부터 해발 1,000미터가 넘는 안데스 기슭까지, 다양한 고도와 토양, 미기후가 존재합니다. 이런 다양성 덕분에 와인메이커들은 각 품종에 가장 적합한 떼루아를 찾아 'terroir matching'을 할 수 있죠.

재미있는 이야기: 되찾은 잃어버린 보물, 카르메네르

카르메네르의 재발견은 와인 역사상 가장 드라마틱한 이야기 중 하나입니다. 이 품종은 원래 보르도의 6대 품종 중 하나였지만, 1867년 필록세라로 인해 프랑스에서 멸종되었다고 여겨졌죠.

그런데 1994년, 프랑스의 암펠로그래퍼(포도 품종 전문가) 장-미셸 부르시코가 칠레를 방문했을 때 놀라운 발견을 했어요. 칠레에서 메를로라고 재배되던 포도 중 일부가 잎 모양이 다르다는 것을 알아차린 거죠. DNA 검사 결과, 이것이 바로 100년 넘게 사라졌다고 여겨졌던 카르메네르였습니다!

더 놀라운 사실! 칠레 와인메이커들도 충격을 받았어요. 왜냐하면 그동안 "칠레 메를로는 왜 이렇게 푸른 피망 향이 날까?"라고 의아해했는데, 알고 보니 메를로가 아니라 카르메네르였던 거죠! 지금은 카르메네르가 칠레의 시그니처 품종이 되어, 전 세계 카르메네르의 90% 이상이 칠레에서 생산됩니다. 잃어버린 보물을 되찾은 칠레는 이제 카르메네르의 새로운 고향이 되었어요!

22. 칠레: 와인계의 숨은 가성비 챔피언

콜차구아 밸리 와인과 음식 페어링

콜차구아의 풍부한 레드 와인

→ 육류 요리

카르메네르

→ 채소가 들어간 요리, 파스텔 데 초클로(옥수수 파이), 포로토스 그라나도스(콩과 호박 스튜)

시라

→ 양념이 강한 초리소(소시지), 프리카세(매운 스튜)

초보자를 위한 콜차구아 밸리 와인 추천

와인명	가격	특징
로스 바스코스 카베르네	2만원	라피트 그룹이 만드는 가성비 와인
미겔 토레스 마나소 카르메네르	2.5만원	카르메네르의 정석
몬테스 알파 시라	3만원	스파이시하고 과일향 풍부
빅 플로어 말벡	3.5만원	부드럽고 접근하기 쉬운 스타일
라포스톨 쿠베 알렉상드르 카르메네르	5만원	프리미엄 카르메네르

칠레 와인의 미래

 칠레 와인은 '가성비'라는 이미지를 넘어 프리미엄 시장으로 도약하고 있습니다. 특히 주목할 만한 것은 '칠레의 부르고뉴'를 꿈꾸는 새로운 움직임입니다. 젊은 와인메이커들이 안데스 고지대, 해안 지역, 남부의 서늘한 지역 등 새로운 테루아를 개척하며 섬세한 와인을 만들고 있죠.

6장 나라별 와인의 종류

기후 변화는 기회가 되고 있습니다. 전통적으로 너무 춥다고 여겨졌던 남부지역이 이제는 훌륭한 피노 누아와 샤르도네를 생산하고 있고, 안데스의 고지대에서는 신선한 와인들이 탄생하고 있습니다.

2010년부터 시작된 '지속가능한 칠레 와인' 프로그램은 이제 전체 수출 와인의 75% 이상이 참여할 정도로 확대되었습니다. 유기농, 바이오다이나믹 농법도 빠르게 확산되고 있죠.

또한 토착 품종에 대한 관심도 높아지고 있습니다. 파이스(País), 카리냔 같은 오래된 품종들이 재조명받고 있고, 특히 100년 이상 된 올드 바인들이 만들어내는 독특한 와인들이 주목을 받고 있습니다.

23. 미국: 와인계의 자유로운 개척자

6장 나라별 와인의 종류

미국은 와인 생산에서 '규칙을 새로 쓰는' 혁신적인 접근으로 유명합니다. 전통에 얽매이지 않고 과학적 접근과 창의성을 결합해 세계적인 와인을 생산하고 있죠! 마치 실리콘밸리가 기술 혁신을 주도하듯, 미국 와인도 전통적인 와인 세계에 새로운 바람을 불어넣고 있습니다.

미국은 세계 4위의 와인 생산국이자 최대 와인 소비국입니다. 50개 주 모두에서 와인을 생산하지만, 캘리포니아가 전체 생산량의 90%를 차지하죠. 미국 와인의 역사는 1769년 스페인 선교사들이 캘리포니아에 포도를 심으면서 시작되었지만, 진정한 도약은 1960-70년대에 일어났습니다. 로버트 몬다비 같은 선구자들이 품질 와인 생산에 집중하면서 미국 와인의 르네상스가 시작되었죠.

미국 와인의 가장 큰 특징은 '과학과 예술의 결합'입니다. UC 데이비스 같은 대학에서 와인 과학을 체계적으로 연구하고, 최첨단 기술

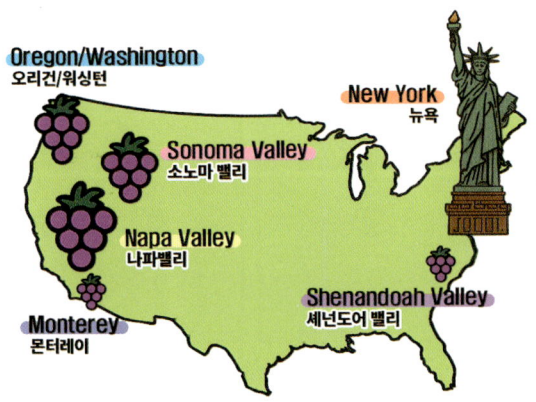

을 와인 생산에 적극 도입합니다. 동시에 떼루아를 존중하고 지속가능한 농법을 추구하며, 전통과 혁신의 균형을 찾아가고 있죠. "왜 그래야 하는가?"를 끊임없이 묻는 미국적 사고방식이 와인 산업에도 그대로 적용된 것입니다.

미국와인의 등급 체계

- **AVA**(American Viticultural Area) 공식 인정된 포도 재배 지역
- AVA 표시 85% 이상 해당 지역 포도 사용
- 카운티 표시 75% 이상
- 주(State) 표시 75% 이상 (캘리포니아는 100%)
- 품종 표시 75% 이상 단일 품종 사용
- 빈티지 표시 95% 이상 해당 연도 포도 사용

이런 유연한 시스템은 와인메이커에게 큰 자유를 줍니다. 유럽처럼 특정 품종이나 양조법을 강제하지 않아, 창의적인 블렌딩과 실험이 가능하죠. 이것이 바로 '아메리칸 드림'의 와인 버전입니다!

나파 밸리(Napa Valley): 와인계의 할리우드

나파 밸리는 샌프란시스코 북쪽 약 80km에 위치한 미국 와인의 메카입니다. 길이 48km, 폭 8km의 작은 계곡이지만, 이곳에서 생산되는 와인은 세계 최고 와인들과 경쟁합니다. '미국 와인 생산량의 4%, 그러나 매출의 20%'라는 수치가 나파의 위상을 잘 보여

주죠.

나파의 성공 비결은 독특한 지형과 기후입니다. 태평양의 차가운 안개가 샌파블로 만을 통해 계곡으로 들어와 더운 낮 기온을 식혀주고, 마야카마스와 바카 산맥이 양쪽을 감싸 다양한 미기후를 만들어냅니다. 계곡 바닥부터 산 중턱까지, 100개가 넘는 토양 타입이 존재해 각 품종에 최적의 테루아를 찾을 수 있죠. 나파는 16개의 하위 AVA로 나뉘며, 각각 독특한 특성을 가집니다.

- **러더퍼드**(Rutherford) '러더퍼드 더스트'라는 독특한 미네랄 풍미
- **오크빌**(Oakville) 나파 카베르네의 정수를 보여주는 지역
- **스태그스 립**(Stags Leap) 벨벳처럼 부드러운 타닌
- **하웰 마운틴**(Howell Mountain) 고지대의 강건한 와인

재미있는 이야기: 파리의 심판과 나파의 부활

1976년 5월 24일, 파리에서 열린 블라인드 테이스팅은 와인 역사를 바꿔놓았어요. 영국인 와인 상인 스티븐 스퍼리어가 주최한 이 대회는 프랑스 와인의 우수성을 보여주려는 의도였죠. 프랑스 최고의 와인 전문가 9명이 심사위원이었고, 보르도 1급 샤토들과 부르고뉴 그랑 크뤼가 출전했습니다.

그런데 결과는 충격적이었어요! 레드 와인 부문에서 스태그스 립 와인 셀러의 1973년 카베르네가 1위, 화이트 와인 부문에서는 샤토 몬텔레나의 1973년 샤르도네가 1위를 차지한 거죠. 심사위원들은 결과를 믿을 수 없어 재검표를 요구했지만, 결과는 같았습니다.

23. 미국: 와인계의 자유로운 개척자

더 놀라운 후일담! 이 소식은 타임지 기자 조지 테이버만 취재하고 있었는데, 프랑스 언론은 완전히 무시했어요. 하지만 타임지에 기사가 실리자 전 세계가 주목했고, 나파 밸리  는 하루아침에 세계적 명성을 얻었습니다. 30년 후인 2006년, 동일한 와인들로 재대결을 했는데 이번에도 캘리포니아 와인이 이겼어요. 시간이 지날수록 더 좋아진다는 것을 증명한 셈이죠!

그리고 스크리밍 이글의 전설! 1992년 첫 빈티지를 출시한 이 와인은 로버트 파커로부터 99점을 받으며 센세이션을 일으켰어요. 2000년 빈티지 6리터 한 병이 경매에서 50만 달러(약 6억 원)에 팔려 세계 최고가 기록을 세웠죠. 단 200케이스만 생산되는 이 와인은 '나파의 로마네 콩티'라 불립니다!

나파 밸리 와인과 음식 페어링

카베르네 소비뇽

→ 미국식 프라임 스테이크, 바비큐 립, 그릴에 구운 버거, 와인 컨트리 요리(지역 농산물을 활용한 캘리포니아 퀴진), 숙성된 체다나 고다 치즈, 다크 초콜릿

초보자를 위한 나파 밸리 와인 추천

와인명	가격	특징
조엘 고트 카베르네 소비뇽	5만원	나파의 정석적인 스타일

6장 나라별 와인의 종류

와인명	가격	특징
루이스 M. 마르티니 카베르네	7만원	역사 깊은 와이너리의 클래식
프랜시스칸 카베르네	6만원	부드럽고 접근하기 쉬운 스타일
스태그스 립 아르테미스	10만원	'파리의 심판' 와이너리의 세컨드
케이머스 카베르네	15만원	나파 카베르네의 아이콘

소노마(Sonoma): 와인계의 자유로운 예술가

소노마는 나파의 서쪽에 위치한 캘리포니아 최초의 와인 산지입니다. 나파보다 3배나 크고 태평양에 인접해 있어 더 다양한 기후와 토양을 가지고 있죠.

만약 나파가 할리우드라면, 소노마는 인디 영화계라고 할 수 있습니다. 더 실험적이고, 더 다양하며, 더 자유로운 정신을 가지고 있죠.

소노마는 18개의 AVA를 가지고 있으며, 각 지역마다 특별한 개성을 보여줍니다.

- **러시안 리버 밸리**(Russian River Valley) 서늘한 기후의 피노 누아와 샤르도네
- **드라이 크릭 밸리**(Dry Creek Valley) 진판델의 천국
- **알렉산더 밸리**(Alexander Valley) 우아한 카베르네 소비뇽
- **소노마 코스트**(Sonoma Coast) 태평양의 영향을 받는 극단적으로 서늘한 지역

23. 미국: 와인계의 자유로운 개척자

소노마의 특별함은 '다양성'에 있습니다. 나파가 카베르네 소비뇽에 집중한다면, 소노마는 피노 누아, 샤르도네, 진판델, 시라, 심지어 론 품종들까지 다양하게 재배합니다. 또한 가족 경영 와이너리가 많아 각자의 개성과 철학이 뚜렷하게 드러나죠.

재미있는 이야기: 진판델의 정체성 찾기

진판델은 오랫동안 미국의 토착 품종으로 여겨졌어요. 캘리포니아 골드러시 시대부터 재배되었고, '미국의 포도'라는 자부심을 가지고 있었죠. 그런데 1990년대, UC 데이비스의 캐롤 메러디스 교수가 DNA 분석을 했더니 놀라운 사실이 밝혀졌습니다.

진판델은 이탈리아 남부의 프리미티보와 동일한 품종이었고, 더 추적해보니 크로아티아의 트리비드라그(Tribidrag)가 원조였어요! 하지만 재미있는 것은, 같은 품종이라도 캘리포니아에서 150년 이상 재배되면서 독특한 특성을 개발했다는 거죠.

더 흥미로운 사실! 1970년대 '화이트 진판델'이 우연히 탄생했어요. 밥 트린체로가 진판델로 로제를 만들다가 발효가 멈춰 달콤한 핑크 와인이 되었는데, 이게 대박을 쳤죠. 한때 미국에서 가장 많이 팔리는 와인이 되었고, 덕분에 오래된 진판델 포도밭들이 뽑히지 않고 살아남을 수 있었습니다. 지금 그 올드 바인들이 세계 최고의 진판델을 만들고 있으니, 실수가 만든 행운이죠!

6장 나라별 와인의 종류

소노마 와인과 음식 페어링

피노 누아

→ 연어, 오리, 버섯 요리

진판델

→ 바비큐, 피자, 매콤한 멕시칸 요리

샤르도네

→ 던저니스 크랩, 굴 같은 해산물

초보자를 위한 소노마 와인 추천

와인명	가격	특징
켄달 잭슨 빈트너스 리저브 샤르도네	3만원	미국 샤르도네의 베스트셀러
시미 소노마 카운티 카베르네	4만원	균형 잡힌 소노마 스타일
라 크레마 러시안 리버 피노 누아	5만원	부드럽고 우아한 피노
리지 이스트 벤치 진판델	6만원	진판델의 정수
로드니 스트롱 알렉산더 밸리 카베르네	5만원	소노마의 파워

오리건 & 워싱턴(Oregon & Washington): 와인계의 뉴 웨이브

태평양 북서부의 오리건과 워싱턴은 캘리포니아와는 완전히 다른 스타일의 와인을 생산합니다. 더 서늘하고, 더 우아하며, 더 유럽적인 스타일을 추구하죠.

오리건: 미국의 부르고뉴

오리건의 윌라멧 밸리는 부르고뉴와 같은 위도(북위 45도)에 위치하며, 피노 누아에 이상적인 서늘한 해양성 기후를 가지고 있습니다. 1960년대 캘리포니아가 너무 더워진다고 생각한 선구자들이 북쪽으로 이동해 개척한 지역이죠.

오리건 와인의 특징은 '순수함'입니다. 관개가 거의 필요 없고, 지속가능한 농법이 일반적이며, 많은 생산자들이 바이오다이나믹 농법을 실천합니다. 작은 가족 와이너리가 대부분이고, 대량 생산보다는 품질에 집중하죠.

워싱턴: 미국의 론

워싱턴은 캘리포니아에 이어 미국 제2의 와인 생산주입니다. 캐스케이드 산맥이 태평양의 습기를 막아 동부는 사막 기후를 보이지만, 컬럼비아 강의 물로 관개가 가능해 포도 재배에 이상적입니다. 긴 일조 시간과 큰 일교차는 포도가 완벽하게 익으면서도 산도를 유지하게 해주죠.

워싱턴의 강점은 '일관성'입니다. 안정적인 기후 덕분에 빈티지 편차가 적고, 매년 고품질 와인을 생산할 수 있습니다. 카베르네 소비뇽, 메를로, 시라가 주요 품종이며, 특히 시라는 북부 론 스타일의 우아함과 신세계의 과일 풍미가 조화를 이룹니다.

재미있는 이야기: 기후 변화가 만든 새로운 기회

오리건 와인의 아버지라 불리는 데이비드 레트는 1965년 "부르고뉴가 너무 비싸서 직접 만들기로 했다"며 윌라멧 밸리에 피노 누아

를 심었어요. 당시 UC 데이비스 교수들은 "오리건은 너무 춥고 비가 많아 포도 재배가 불가능하다"고 했죠.

하지만 레트는 포기하지 않았고, 1975년 그의 피노 누아가 파리의 와인 올림피아드에서 부르고뉴 와인들을 제치고 입상하면서 오리건이 주목받기 시작했어요. 재미있는 것은 지구 온난화로 오리건이 점점 따뜻해지면서, 이제는 부르고뉴보다 오히려 피노 누아 재배에 더 적합해졌다는 평가를 받고 있다는 거죠!

워싱턴의 성공 스토리도 흥미로워요. 1970년대까지만 해도 콩코드 포도로 달콤한 와인만 만들던 곳이었는데, 콜럼비아 와이너리와 샤토 생 미셸이 유럽 품종을 도입하면서 변화가 시작되었죠. 특히 2001년 퀼세다 크릭 카베르네가 로버트 파커로부터 6개 빈티지 연속 100점을 받으면서 "워싱턴의 기적"이라 불렸습니다!

오리건 & 워싱턴 와인과 음식 페어링

피노 누아
  → 신선한 해산물, 특히 연어와 환상적, 버섯 요리, 오리 콩피

시라
  → 양고기, 바비큐

카베르네
  → 프라임 립, 숙성된 스테이크

23. 미국: 와인계의 자유로운 개척자

초보자를 위한 오리건 & 워싱턴 와인 추천

와인명	가격	특징
킹 에스테이트 피노 누아	5만원	오리건 피노의 정석
아델스하임 피노 누아	6만원	윌라멧 밸리의 선구자
콜럼비아 크레스트 H3 카베르네	3만원	워싱턴의 가성비 챔피언
찰스 스미스 쿵푸 걸 리슬링	2.5만원	상큼하고 재미있는 라벨
샤토 생 미셸 콜드 크릭 카베르네	7만원	워싱턴의 아이콘

미국 와인의 미래

미국 와인은 끊임없는 혁신과 실험을 통해 진화하고 있습니다. 기후 변화에 대응해 새로운 지역을 개척하고 있으며, 미시간, 버지니아, 텍사스 같은 새로운 와인 산지들이 주목받고 있죠. 특히 뉴욕의 핑거 레이크스는 리슬링으로, 버지니아는 비오니에로 명성을 얻고 있습니다.

지속가능성은 미국 와인의 핵심 화두입니다. 나파 그린, 소노마 카운티 와인그로어스 같은 인증 프로그램이 확대되고 있고, 많은 와이너리들이 탄소 중립을 목표로 하고 있죠. 태양광 발전, 물 재활용, 전기차 사용 등이 일반화되고 있습니다.

또한 '최소 개입주의' 와인이 트렌드입니다. 자연 발효, 무여과, 최소한의 아황산염 사용 등 유럽의 자연주의 와인 운동이 미국에서도 확산되고 있어요. 동시에 정밀 농업 기술을 활용해 각 포도나무를 개별 관리하는 등 하이테크와 자연주의가 공존하는 독특한 모습을 보여줍니다.

품종의 다양화도 주목할 만합니다. 기후 변화에 적응하기 위해 지

6장 나라별 와인의 종류

중해 품종들(알바리뇨, 베르멘티노, 그르나슈)의 재배가 늘고 있고, 토착 교배종 개발도 활발합니다. 미국 와인의 미래는 '다양성과 혁신'에 있습니다.

  미국 와인은 짧은 역사에도 불구하고 독자적인 정체성을 확립했습니다. 전통에 얽매이지 않는 자유로운 정신, 과학적 접근과 예술적 감성의 조화, 그리고 끊임없는 도전 정신이 미국 와인을 특별하게 만듭니다. 마치 개척 정신으로 서부를 개척했듯, 미국 와인도 계속해서 새로운 지평을 열어가고 있습니다. 규칙을 따르기보다는 규칙을 만들어가는 것, 그것이 바로 아메리칸 와인 스피릿이랍니다!

24. 아시아: 와인계의 신흥 강자들

아시아는 비교적 최근에 와인 산업이 발전하기 시작했지만, 빠른 속도로 성장하며 독특한 테루아를 반영한 와인을 생산하고 있습니다. 오랜 식문화 전통과 현대 기술을 결합해 새로운 와인 세계를 개척하고 있죠! 마치 K-POP이 세계를 놀라게 했듯, 아시아 와인도 자신만의 독특한 매력으로 와인 세계에 신선한 바람을 불어넣고 있습

6장 나라별 와인의 종류

니다.

아시아 와인의 특별함은 '도전 정신'에 있습니다. 대부분의 아시아 국가들은 와인 재배에 적합하지 않다고 여겨졌던 기후와 토양을 가지고 있었죠. 몬순 기후, 극심한 온도차, 높은 습도 등은 전통적인 와인 산지와는 완전히 다른 조건입니다. 하지만 아시아의 와인메이커들은 이런 도전을 기회로 바꿨습니다. 토착 품종을 개발하고, 현지 기후에 맞는 재배법을 연구하며, 자국의 음식 문화와 조화를 이루는 독특한 스타일의 와인을 만들어냈죠.

더욱 흥미로운 것은 아시아 와인이 단순히 서구 와인을 모방하는 것이 아니라, 각국의 문화적 정체성을 담아내고 있다는 점입니다. 일본의 섬세함, 중국의 웅장함, 한국의 창의성, 인도의 다채로움이 와인에도 그대로 반영되고 있어요. 또한 아시아의 다양한 음식 문화와 페어링되도록 설계된 와인들은 새로운 미식 경험을 제공합니다.

아시아 와인 시장의 성장도 놀랍습니다. 중국은 이미 세계 5위의 와인 소비국이 되었고, 일본과 한국의 와인 소비도 꾸준히 증가하고 있죠. 특히 젊은 세대를 중심으로 와인 문화가 확산되면서, 자국산 와인에 대한 자부심과 관심도 높아지고 있습니다. '로컬이 글로벌이다'라는 트렌드 속에서 아시아 와인은 새로운 가능성을 보여주고 있습니다.

일본(Japan): 와인계의 정갈한 스시 장인

일본은 아시아에서 가장 오랜 와인 역사를 가진 나라 중 하나입니

24. 아시아: 와인계의 신흥 강자들

다. 1870년대 메이지 유신 시대에 서구 문물을 받아들이면서 와인 생산을 시작했죠. 하지만 일본 와인이 진정한 도약을 한 것은 21세기에 들어서입니다. '와(和)'의 정신, 즉 조화와 균형을 추구하는 일본 문화가 와인에도 그대로 녹아들어 있어요.

일본 와인의 중심지는 야마나시현입니다. 후지산 기슭에 위치한 이 지역은 일본 와인 생산의 40%를 차지하며, 특히 코슈 품종의 본고장이죠. 나가노현은 일본의 부르고뉴라 불리며 서늘한 기후에서 피노 누아와 메를로를 생산하고, 홋카이도는 독일이나 알자스와 비슷한 기후로 리슬링과 피노 누아가 주목받고 있습니다.

일본 와인의 가장 큰 특징은 '섬세함'입니다. 알코올 도수가 낮고,

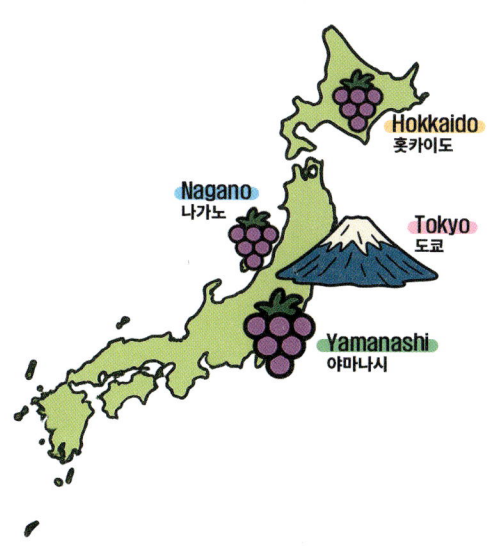

산도가 적당하며, 타닌이 부드러워 음식과의 조화를 중시하는 일본 식문화와 완벽하게 어울립니다. 특히 코슈 와인은 11-12%의 낮은 알코올에 섬세한 과일향과 미네랄리티를 가지고 있어, 일본 요리의 섬세한 맛을 해치지 않으면서도 조화롭게 어우러지죠.

코슈(甲州): 일본의 토착 품종

코슈는 일본 와인의 정체성을 대표하는 품종입니다. 1186년 야마나시현에서 처음 재배되기 시작했다고 전해지는 이 품종은 실크로드를 통해 중국에서 전래되었을 것으로 추정됩니다. 2010년 OIV(국제포도·와인기구)에 정식 등록되면서 국제적으로 인정받았죠.

코슈의 특별함은 분홍빛이 도는 회색 껍질에 있습니다. 이 두꺼운 껍질은 일본의 습한 기후에서 곰팡이를 막아주는 천연 방어막 역할을 합니다. 또한 과즙이 적고 당도가 낮아 와인으로 만들기 어려웠지만, 현대적인 양조 기술과 만나 독특한 매력을 발산하게 되었죠.

재미있는 이야기: 800년의 기다림과 새로운 시작

코슈 포도는 놀랍게도 800년 이상 일본에서 재배되어 왔어요! 하지만 오랫동안 식용 포도로만 사용되다가 와인 생산에 본격적으로 활용된 것은 최근의 일입니다.

코슈의 DNA 분석 결과입니다. 2013년 연구에서 코슈가 유럽계 비티스 비니페라와 중국 야생 포도의 교배종임이 밝혀졌죠. 즉, 동서양의 만남이 800년 전에 이미 이루어졌던 것입니다.

24. 아시아: 와인계의 신흥 강자들

그리고 '**쉬르 리**(Sur Lie)' 기법의 도입! 2000년대 들어 일본 와인메이커들은 코슈에 프랑스의 쉬르 리 기법 (효모 찌꺼기와 함께 숙성)을 적용하기 시작했어요. 이를 통해 코슈 와인에 더 복잡한 풍미와 크리미한 질감을 더할 수 있었죠. 전통과 혁신의 조화, 이것이 바로 일본 와인의 정신입니다!

또 하나의 성공 스토리는 '머스캣 베일리 A'입니다. 1927년 일본의 '와인의 아버지' 가와카미 젠베이가 개발한 이 품종은 베일리 품종과 머스캣 함부르크를 교배해 만들었습니다. 일본의 습한 기후에 강하면서도 향긋한 와인을 만들 수 있어, 이제는 일본 레드 와인의 대표 품종이 되었습니다!

일본 와인과 음식 페어링

코슈
- → 스시, 사시미, 텐푸라

머스캣 베일리 A
- → 데리야키 치킨, 야키토리, 스키야키

초보자를 위한 일본 와인 추천

와인명	가격	특징
샤또 메르시안 코슈	4만원	일본 와인의 정석
그레이스 와이너리 그리 드 코슈	3.5만원	쉬르 리 스타일의 복잡성
선토리 토미 머스캣 베일리 A	3만원	일본 레드의 매력

6장 나라별 와인의 종류

와인명	가격	특징
알프스 와인 무산소비뇽	2.5만원	상큼한 일본 스타일
샤또 루미에르 스파클링 코슈	5만원	일본의 섬세한 거품

중국(China): 와인계의 거대한 용

중국은 짧은 시간에 세계 와인 지도를 바꾸고 있는 거대한 존재입니다. 2000년대 초만 해도 미미했던 중국 와인 산업은 이제 세계 2위의 포도원 면적을 자랑하며, 생산량도 세계 10위권에 진입했죠.

중국 와인의 주요 산지는 서부 내륙 지역에 집중되어 있습니다. 닝샤(寧夏)는 '동양의 나파 밸리'로 불리며, 허란산 동쪽 기슭의 독특한 테루아로 주목받고 있습니다. 산둥(山東)은 해양성 기후의 영향으로 보르도 스타일의 와인을, 신장(新疆)은 건조한 기후에서 당도 높은 포도를 생산합니다.

중국 와인의 특징은 '규모'와 '야심'입니다. 거대한 투자와 최첨단 기술, 그리고 프랑스 명문 와이너리들과의 합작을 통해 단기간에 품질을 끌어올렸죠. 라피트, 모엣 헤네시, 페르노리카 같은 글로벌 기업들이 중국에 와이너리를 설립했고, 중국 기업들도 보르도의 샤토들을 인수하며 노하우를 흡수하고 있습니다.

24. 아시아: 와인계의 신흥 강자들

닝샤(寧夏): 중국 와인의 미래

닝샤는 황하 상류에 위치한 중국의 신흥 와인 산지입니다. 북위 37-39도에 위치해 보르도, 나파 밸리와 비슷한 위도를 가지고 있죠. 연간 강수량이 200mm에 불과한 극도로 건조한 기후지만, 황하의 물로 관개가 가능해 포도 재배에 이상적입니다.

닝샤의 특별함은 극단적인 대륙성 기후에 있습니다. 여름은 40도까지 올라가지만 밤에는 15도로 떨어지는 큰 일교차가 포도에 복잡한 아로마와 균형 잡힌 산도를 부여합니다. 또한 해발 1,100-1,200m의 고지대는 강렬한 햇빛과 함께 포도가 천천히 익도록 도와주죠.

재미있는 이야기: 겨울잠 자는 포도나무

중국 닝샤 지역은 북위 37-39도에 위치해 있는데, 이는 프랑스 보르도, 이탈리아 토스카나와 거의 같은 위도입니다! 하지만 겨울이

6장 나라별 와인의 종류

너무 춥기 때문에 포도나무를 겨울철에 땅에 묻어 보호하는 독특한 방법을 사용해요.

이 과정을 '**매토**(埋土)'라고 하는데, 11월이 되면 포도나무를 땅으로 구부려 흙으로 덮어버립니다. 영하 20도까지 떨어지는 혹독한 겨울을 나고, 4월에 다시 파내는 거죠. 인건비가 많이 들지만, 이런 극한의 노력이 중국 와인의 품질을 만들어내고 있습니다!

더 놀라운 투자 이야기! 2011년 중국 정부는 닝샤를 '국가급 와인 산업 시범구'로 지정하고 1,000억 위안(약 18조 원)을 투자하기로 했어요. 2035년까지 1,000개의 와이너리를 건설하고, 100만 무(약 66,000헥타르)의 포도밭을 조성한다는 계획이죠. 중국이 하면 정말 다르다는 것을 보여주는 사례입니다!

그리고 '샤또 창유 모세르'의 성공! 중국 최대 와인 기업 창유와 오스트리아의 로이지움 모세르가 합작한 이 와이너리는 2013년 데뷔하자마자 국제 대회를 휩쓸었어요. 특히 2018년 '퍼플 에어' 카베르네가 보르도 그랑 크뤼 클라세들을 제치고 금메달을 받으면서 세계를 놀라게 했죠!

중국 와인과 음식 페어링
레드 와인
→ 베이징 덕, 동파육 같은 기름진 요리, 사천 요리

산둥의 화이트 와인

→ 딤섬, 해산물 요리

신장의 달콤한 와인

→ 중국 전통 디저트

초보자를 위한 중국 와인 추천

와인명	가격	특징
그레이트 월 발리 드라이 레드	3만원	중국 와인의 입문
창유 모세르 피프틴 카베르네	5만원	닝샤의 프리미엄
다이너스티 드라이 레드	2.5만원	가성비 좋은 데일리
실버 하이츠 더 서밋	8만원	중국 부티크 와인의 정수
아오 윈 카베르네	10만원	LVMH가 만드는 중국 와인

한국(Korea): 와인계의 K-와인 돌풍

한국은 아시아에서 가장 도전적인 와인 생산국입니다. 몬순 기후와 높은 습도는 전통적인 유럽 품종 재배를 어렵게 만들지만, 한국의 와인메이커들은 이런 어려움을 창의적으로 극복하며 독특한 와인 문화를 만들어가고 있습니다. K-POP이 세계를 놀라게 했듯, K-와인도 자신만의 독창성으로 주목받기 시작했죠.

한국 와인의 주요 산지는 충북 영동, 경북 영천, 전북 무주, 충남 예산 등입니다. 특히 영동은 '한국의 보르도'라 불리며 전체 와인 생산의 60%를 차지합니다. 내륙성 기후와 산간 지형을 활용해 서늘한 미기후를 만들어내는 것이 한국 와인산지의 특징이죠.

한국 와인의 가장 큰 특징은 '적응과 혁신'입니다. 유럽 품종보다

6장 나라별 와인의 종류

는 한국 기후에 맞는 캠벨얼리, MBA(머스캣 베일리 A) 같은 품종을 주로 재배하며, 최근에는 이들 품종으로 국제적 수준의 드라이한 와인을 만드는 데 성공했습니다. 또한 감, 오미자 같은 한국 고유의 과실을 활용한 와인도 개발하고 있어, 세계 어디에서도 볼 수 없는 독특함을 자랑합니다.

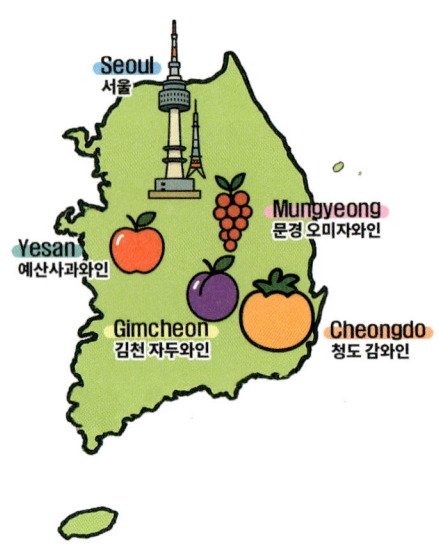

캠벨얼리(Campbell Early): 한국 와인의 재발견

캠벨얼리는 한국 와인 생산량의 80%를 차지하는 대표 품종입니다. 1892년 미국에서 개발되었지만 정작 미국에서는 잊힌 품종이 되었고, 1906년 한국에 도입된 후 한국의 토양과 기후에 완벽하게 적응했습니다. -20°C까지 견디는 강한 내한성이 한국의 추운 겨울을

24. 아시아: 와인계의 신흥 강자들

버텨낼 수 있게 해주었죠.

오랫동안 캠벨얼리는 달콤한 와인만 만들 수 있다는 편견에 시달렸습니다. 하지만 2010년대 들어 유럽에서 양조학을 공부한 젊은 와인메이커들이 혁신적인 기술을 도입했습니다. 수확 시기를 늦추고, 저온에서 장기간 발효시키며, 스킨 컨택트를 늘려 구조감을 높인 결과, 이제는 완전 드라이한 스타일의 캠벨얼리 와인이 국제 대회에서 금메달을 받을 정도로 발전했습니다.

재미있는 이야기: 감와인의 세계적 성공과 K-와인의 부상

한국 고유 과실인 감으로 만든 와인의 성공은 정말 감동적입니다. 상주의 '감그린'은 감의 높은 타닌과 떫은맛을 발효 전 효소 처리와 저온 침용으로 해결했어요. 떫은맛은 줄이고 감 특유의 달콤하고 부드러운 풍미는 살려내 2016년 벨기에 몽드 셀렉션 금메달을 수상했습니다!

청도의 반시 와인은 완전히 익지 않은 감의 자연 타닌을 와인 구조감으로 활용하는 독창적 접근을 보여줍니다. 감 껍질과 함께 발효시켜 오렌지 와인과 비슷한 주황빛 색깔과 복합적인 타닌감을 만들어내고 있어요.

충북 영동의 기적적인 변화도 놀랍습니다. 1960년대만 해도 담배와 옥수수만 자라던 이 산간 지역이, 1970년대 정부 정책으로 포도 재배를 시작했어요. 처음엔 식용 포도만 키웠지만, 1990년대 들어 와인 제조에 도전했죠. 특히 해발 200-400m의 구릉지는 일교차가 크고 배수가 잘 되어 포도 재배에 이상적이었습니다.

더욱 흥미로운 건 한국 와인의 '겨울 매장' 방식이에요! 캠벨얼리는 -20°C까지 견디지만, 더 안전한 월동을 위해 11월이 되면 포도나무를 땅으로 구부려 흙으로 덮어버립니다. 중국 닝샤와 비슷한 방식이지만, 한국은 더 습한 기후 때문에 통풍을 위한 독특한 기술을 개발했어요.

2020년대 가장 흥미로운 변화는 젊은 와인메이커들이 이끄는 '내추럴 와인' 운동입니다. 홍대, 이태원, 성수의 프리미엄 와인바들에서 젊은 소믈리에들이 한국 와인을 적극 소개하고, MZ세대들이 "우리나라 와인이 이렇게 멋있다니!"라며 열광하고 있죠! K-POP처럼 K-와인도 이제 세계 무대에서 자신만의 색깔을 보여주고 있습니다.

한국 와인과 음식 페어링

캠벨얼리 드라이
  → 김치, 불고기

MBA
  → 갈비찜, 찜닭 같은 달콤한 간장 요리

화이트 와인
  → 전, 나물 무침

감와인
  → 한과나 약과 같은 전통 디저트

24. 아시아: 와인계의 신흥 강자들

초보자를 위한 한국 와인 추천

와인명	가격	특징
샤또미소 프리미엄 드라이	3만원	한국 와인의 새로운 가능성
고도리 와인 숲	2.5만원	영동의 자연주의 와인
그랑꼬또 청수 화이트	3.5만원	청량한 한국 화이트
도란원 감그린	2만원	한국 고유의 감와인
수도산 와이너리 크라테	4만원	프리미엄 한국 와인

인도(India): 와인계의 스파이스 정원

인도는 아시아에서 가장 도전적인 환경에서 와인을 만드는 나라입니다. 열대 몬순 기후는 전통적인 와인 생산에 적합하지 않지만, 인도는 고지대와 독특한 재배 기술로 이를 극복했죠. 5,000년 역사의 음주 문화를 가진 인도가 이제는 와인으로도 주목받고 있습니다.

인도 와인의 주요 산지는 마하라슈트라 주의 나식과 푸네, 카르나타카 주의 방갈로르 근교입니다. 해발 600-1,000m의 고지대에 위치한 이들 지역은 상대적으로 서늘한 기후를 가지고 있어 포도 재배가 가능합니다. 특히 나식은 '인도의 와인 수도'로 불리며 전체 생산의 80%를 차지하죠.

인도 와인의 특징은 '이중 수확'입니다. 열대 기후를 역이용해 1년에 두 번 포도를 수확하는데, 10-3월의 건기에 주 수확을 하고, 4-9월에는 포도나무를 휴면시킵니다. 이런 독특한 사이클은 인도만의

6장 나라별 와인의 종류

특별한 와인 스타일을 만들어냅니다.

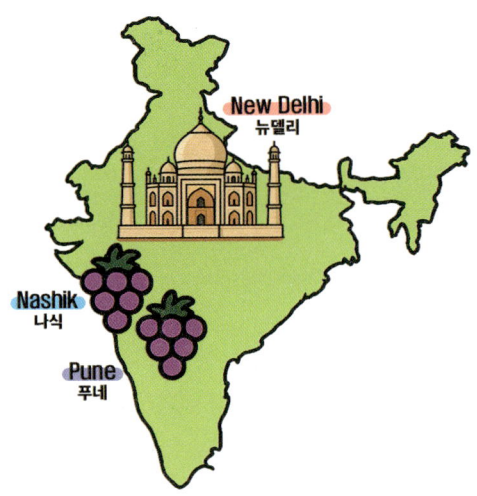

재미있는 이야기: 몬순과 함께 춤추는 포도나무

인도는 몬순 기후와 무더운 날씨로 와인 생산에 적합하지 않을 것 같지만, 나식 지역의 고지대는 포도 재배에 이상적인 조건을 갖추고 있어요.

가장 혁신적인 것은 '역방향 가지치기'입니다. 일반적으로 포도는 봄에 싹이 트고 가을에 수확하지만, 인도는 반대로 합니다. 10월에 가지치기를 해서 12-1월에 꽃이 피고, 3-4월에 수확하죠. 몬순 기간인 6-9월에는 포도나무를 강제로 휴면시킵니다. 자연의 리듬을 거스르는 것 같지만,

24. 아시아: 와인계의 신흥 강자들

오히려 이를 통해 최적의 수확 조건을 만들어낸 것입니다.

그리고 스울라 와이너리의 성공 스토리! 1999년 라지브 사만트가 스탠포드 MBA를 마치고 인도로 돌아와 설립한 스울라는 많은 이들의 비웃음을 샀어요. "인도에서 와인이라니!" 하지만 그는 미셸 롤랑 같은 세계적인 컨설턴트를 영입하고, 20년 만에 인도 최대 와이너리로 성장시켰죠. 지금은 연간 1,200만 병을 생산하며 인도 와인의 65%를 차지합니다!

또 하나의 흥미로운 사실은 '와인 관광'이에요. 스울라는 인도 최초로 와이너리 리조트를 만들어 뭄바이와 푸네의 중산층들에게 새로운 주말 여행지를 제공했어요. 발리우드 스타들이 와이너리 웨딩을 하면서 인도 와인이 트렌디한 문화로 자리 잡았죠!

인도 와인과 음식 페어링

쉬라즈
→ 탄두리 치킨, 양고기 커리

소비뇽 블랑
→ 팔락 파니르, 도사

슈냉 블랑
→ 매운 빈달루 커리

초보자를 위한 인도 와인 추천

와인명	가격	특징
스울라 소비뇽 블랑	2.5만원	열대 과일향 가득한 상큼함

6장 나라별 와인의 종류

와인명	가격	특징
프라트로 쉬라즈	3만원	스파이시하고 과일향 풍부
그로버 라 레세르브	4만원	인도 프리미엄 와인
요크 아리스토	3.5만원	방갈로르의 우아한 레드
스울라 브뤼	3만원	인도의 축제를 위한 스파클링

아시아 와인의 미래

아시아 와인은 빠르게 진화하고 있습니다. 각국의 토착 품종을 재발견하고, 현지 기후에 맞는 재배법을 개발하며, 자국의 음식 문화와 조화를 이루는 와인을 만들어내고 있죠.

특히 주목할 만한 것은 '아시아 테루아'의 발견입니다. 화산토(일본), 황토(중국), 화강암(한국), 라테라이트(인도) 등 각국의 독특한 토양이 만들어내는 개성 있는 와인들이 국제 무대에서 인정받기 시작했습니다. 기후 변화는 아시아 와인에게 새로운 기회가 되고 있습니다. 과거에는 너무 덥거나 습해서 포도 재배가 어려웠던 지역들이 이제는 새로운 가능성을 보여주고 있죠. 특히 고지대 와인 산지 개발이 활발해지고 있습니다.

또한 '와인 관광'이 아시아 와인 산업의 새로운 동력이 되고 있습니다. 일본의 와인 열차, 중국의 와인 테마파크, 한국의 와인 트레킹, 인도의 와이너리 리조트 등은 와인 문화 체험으로 확장시키고 있죠.

젊은 세대의 와인 소비 증가도 긍정적입니다. 특히 '내추럴 와인', '오렌지 와인' 같은 새로운 트렌드를 아시아의 젊은 와인메이커들이 빠르게 받아들이며 실험하고 있습니다. 전통과 혁신, 동양과 서양의 조화를 추구하는 아시아 와인의 미래는 밝습니다.

25. 또 다른 나라들: 남아공

 이번 장에서 소개할 '또 다른 나라들'은 와인계의 다양성을 보여주는 살아있는 증거들입니다. 남반구의 무지개 나라부터 동유럽의 숨겨진 보석들, 그리고 와인의 고대 발상지인 중동까지! 각 지역은 자신만의 독특한 이야기와 함께 세계 와인 지도를 더욱 풍성하게 만들

고 있습니다.

특히 주목할 점은 이들 국가가 단순히 유럽 와인을 모방하는 것이 아니라, 자신들의 테루아와 문화적 정체성을 와인에 담아내고 있다는 것이죠. 고유 품종을 보존하고, 전통 양조법을 현대적으로 재해석하며, 극한의 환경을 오히려 장점으로 만드는 이들의 도전 정신은 와인 애호가들에게 새로운 영감을 줍니다.

또한 이들 지역의 와인은 '가성비'라는 측면에서도 매력적입니다. 아직 국제적으로 덜 알려진 만큼 품질 대비 가격이 합리적이고, 와인 여행지로도 색다른 경험을 제공하죠. 마치 숨겨진 맛집을 발견했을 때의 기쁨처럼, 이들 와인을 만나는 것은 와인 여정에서 특별한 순간이 될 것입니다.

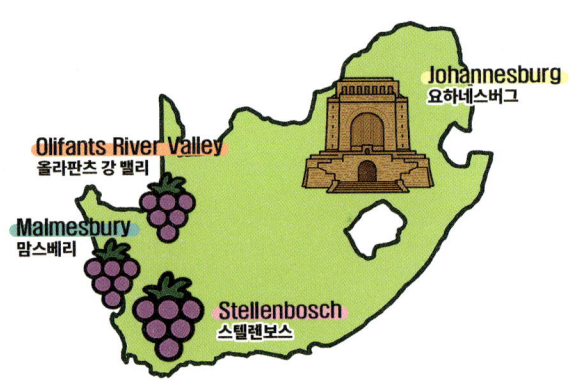

25. 또 다른 나라들: 남아공

남아프리카공화국: 와인계의 레인보우 네이션

남아프리카공화국은 와인 세계에서 참으로 독특한 위치를 차지합니다. 1659년 얀 반 리베크가 케이프타운에 첫 포도나무를 심은 이래 350년이 넘는 역사를 자랑하죠. '구세계의 역사와 신세계의 혁신'이 만나는 곳, 그래서 남아공을 **'오래된 신세계**(Old New World)'라고 부릅니다!

남아공 와인의 특별함은 '다양성'에 있습니다. 11개의 공식 언어를 가진 '무지개 나라'답게, 와인 스타일도 정말 다채로워요. 지중해성 기후와 대서양·인도양이 만나는 독특한 지리적 위치는 세계 어디에서도 찾기 힘든 테루아를 만들어 냅니다. **'케이프 닥터**(Cape Doctor)'라 불리는 강한 남동풍은 포도밭을 시원하게 유지하고 병충해를 막아주는 천연 에어컨 역할을 하죠.

역사적으로도 남아공 와인은 파란만장했습니다. 17-18세기에는 '콘스탄시아' 디저트 와인이 유럽 왕실의 사랑을 받으며 황금기를 누렸지만, 필록세라와 아파르트헤이트라는 이중고를 겪으며 긴 침체기를 겪었죠. 하지만 1994년 넬슨 만델라의 민주 정부 출범과 함께 남아공 와인도 세계 무대로 화려하게 복귀했습니다.

오늘날 남아공은 세계 8위의 와인 생산국이며, 특히 친환경 와인 생산에 앞장서고 있습니다. WWF(세계자연기금)와 함께하는 **'생물다양**

6장 나라별 와인의 종류

성과 와인 이니셔티브(BWI)'는 세계 최초의 산업 차원 환경 보호 프로그램이죠. 와인을 만들면서 자연도 지킨다니, 정말 멋지지 않나요?

스텔렌보쉬(Stellenbosch): 와인계의 케이프타운 젠틀맨

스텔렌보쉬는 남아공 와인의 심장이자 영혼입니다. 1679년 네덜란드 총독 시몬 반 데르 스텔의 이름을 딴 이 지역은 케이프타운에서 동쪽으로 50km 떨어진 곳에 위치해 있죠. 스텔렌보쉬 대학을 중심으로 한 학구적 분위기와 300년 넘은 케이프 더치 양식의 건축물들이 어우러진 이곳은 '남아공의 옥스퍼드'라고도 불립니다.

스텔렌보쉬의 테루아는 정말 특별합니다. 50가지가 넘는 다양한 토양 유형이 복잡한 모자이크를 이루고 있어요. 화강암, 사암, 셰일이 풍화되어 만들어진 토양은 각각 다른 특성을 와인에 부여합니다. 또한 False Bay에서 불어오는 서늘한 바닷바람과 주변 산맥이 만드는 다양한 미기후는 거의 모든 포도 품종이 자랄 수 있는 환경을 제공하죠.

특히 스텔렌보쉬는 '카베르네 소비뇽의 수도'로 불립니다. 보르도와 비슷한 위도(남위 34도)에 위치하지만, 더 강렬한 햇빛과 서늘한 바닷바람의 조화로 보르도보다 더 농축되고 과일향이 풍부한 카베르네를 만들어내죠. 시라와 피노타지도 이 지역의 자랑입니다.

주요 와인 스타일
- **카베르네 소비뇽** 블랙커런트, 시가박스, 민트, 유칼립투스의 복합

25. 또 다른 나라들: 남아공

적 향. 탄탄한 구조와 긴 여운
- **보르도 블렌드** 카베르네 소비뇽, 메를로, 카베르네 프랑의 조화. 남아공식 우아함의 정수
- **시라** 검은 후추, 스모키한 향, 바이올렛 꽃향기가 어우러진 스파이시한 스타일
- **피노타지** 붉은 베리, 초콜릿, 커피, 흙내음이 조화를 이루는 남아공 고유의 매력

재미있는 이야기: 피노타지의 탄생과 부활, 그리고 남아공 와인의 비밀들

피노타지(Pinotage)의 드라마틱한 인생 이야기 1925년 스텔렌보쉬 대학의 에이브러햄 페롤드 교수는 당시 남아공 기후에 맞는 새로운 품종을 개발하고자 했어요. 그는 우아한 피노 누아와 강인한 생소(Cinsaut, 남아공에서는 '에르미타주'라고 불렸죠)를 교배시켰습니다. 이름도 Pinot + Hermitage = Pinotage로 지었죠!

하지만 피노타지의 초기 삶은 순탄치 않았어요. 1959년 출시되었을 때 반응은 싸늘했습니다. "아세톤 냄새가 난다", "페인트 맛이다"라는 혹평을 받았죠. 많은 농부들이 피노타지 나무를 뽑아버렸고, 한때는 멸종 위기에 처하기도 했습니다.

그런데 1990년대 들어 극적인 반전이 일어났어요! 젊은 와인메이커들이 수확량을 줄이고, 오

6장 나라별 와인의 종류

크 숙성을 도입하고, 양조 기술을 개선하면서 피노타지의 진가가 드러나기 시작했습니다. 1991년 카논캅 피노타지가 국제 와인 대회에서 최고상을 받으면서 세계가 주목했고, 이제는 남아공을 대표하는 '시그니처 품종'이 되었죠!

케이프 플로럴 킹덤의 마법 남아공 와인 산지는 놀랍게도 지구상에서 가장 풍부한 식물 다양성을 자랑하는 '케이프 플로럴 킹덤' 한가운데 있어요. 9,600종이 넘는 식물이 자생하는데, 이는 영국 전체보다 많은 수입니다!

이런 생물 다양성이 와인에 어떤 영향을 미칠까요? 과학자들은 포도밭 주변의 다양한 식물들이 방출하는 에센셜 오일과 화합물들이 공기 중에 떠다니다가 포도 껍질에 흡착되어 와인에 복잡한 향을 더한다고 합니다. 특히 '**핀보스**(Fynbos)'라 불리는 관목 지대의 허브, 꽃, 향신료 향이 남아공 와인의 독특한 '테루아 향'을 만든다고 하죠!

올드 바인(Old Vine) 프로젝트 남아공에는 35년 이상 된 오래된 포도나무들이 많이 남아있어요. 특히 100년이 넘은 포도나무들도 있죠! 2002년 시작된 '올드 바인 프로젝트'는 이런 귀중한 유산을 보호하고 있습니다.

가장 오래된 포도나무는 1900년에 심어진 세미용 포도나무입니다. 121년이 넘은 이 할아버지 나무는 아직도 매년 소량이지만 품질 좋은 포도를 생산합니다. 오래된 나무일수록 뿌리가 깊어 지하수를

25. 또 다른 나라들: 남아공

찾아 30미터 이상 내려가기도 하고, 이런 나무에서 나온 포도는 농축되고 복잡한 풍미를 가지죠.

와인과 고래 관찰의 환상적인 조합 워커 베이(Walker Bay) 지역의 헤르마누스는 세계적인 고래 관찰지이면서 동시에 뛰어난 피노 누아와 샤르도네 산지입니다. 6월부터 11월까지 남방긴수염고래들이 번식을 위해 찾아오는데, 와이너리 테라스에서 와인을 마시며 고래를 볼 수 있습니다!

해밀턴 러셀 같은 와이너리는 "우리 와인에는 고래의 노래가 담겨있다"고 농담하기도 해요. 실제로 차가운 해류가 만드는 서늘한 기후 덕분에 남아공에서 가장 우아한 피노 누아가 생산되죠!

남아공 와인과 음식 페어링

피노타지
→ 브라이(남아공식 바비큐), 보어보스(소시지), 스테이크

시라
→ 보보티(커리 향신료를 넣은 미트로프)

슈냉 블랑
→ 케이프 말레이 요리의 스파이시한 맛을 중화

6장 나라별 와인의 종류

스파클링 와인

→ 빌통(육포)

초보자를 위한 남아공 와인 추천

와인명	가격	특징
러스트 엔 브레드 카베르네 소비뇽	4만원	스텔렌보쉬의 정통 카베르네
카노니 힐 피노타지	3만원	피노타지의 진수를 보여주는 와인
해밀턴 러셀 피노 누아	6만원	남아공 피노의 우아함
켄 포레스터 슈냉 블랑	2.5만원	상큼하고 열대과일 가득
그라함 벡 브뤼 로제	3.5만원	축하할 일이 있을 때

26. 또 다른 나라들: 동유럽

　동유럽은 와인 역사의 거대한 퍼즐 조각입니다. 로마 시대부터 시작된 수천 년의 와인 전통을 가지고 있지만, 20세기 공산주의 시대를 거치며 '질보다 양'이라는 불행한 정책으로 인해 국제 무대에서 잊혀졌죠. 하지만 1990년대 이후 극적인 변화가 일어났습니다. 마치

6장 나라별 와인의 종류

잠자는 숲속의 공주가 깨어난 것처럼, 동유럽 와인이 세계 무대로 화려하게 복귀하고 있어요!

동유럽 와인의 매력은 '진정성'에 있습니다. 국제적인 품종보다는 토착 품종을 고집하고, 현대적 기술보다는 전통적 방식을 선호하며, 상업적 성공보다는 문화적 정체성을 중시하죠. 이런 고집스러움이 오히려 획일화된 국제 와인 시장에서 독특한 매력으로 작용하고 있습니다.

또한 동유럽은 '내츄럴 와인'과 '오렌지 와인'의 부활에 중요한 역할을 하고 있습니다. 특히 조지아의 크베브리 와인, 슬로베니아의 오렌지 와인은 전 세계 내추럴 와인 애호가들의 성지가 되었죠. 수천 년 된 전통이 21세기 트렌드와 만나는 아이러니한 상황입니다!

가격 면에서도 동유럽 와인은 매력적입니다. 부르고뉴나 바롤로 같은 품질을 절반도 안 되는 가격에 만날 수 있죠. 특히 헝가리의 토카이, 조지아의 사페라비, 크로아티아의 플라바츠 말리 같은 토착

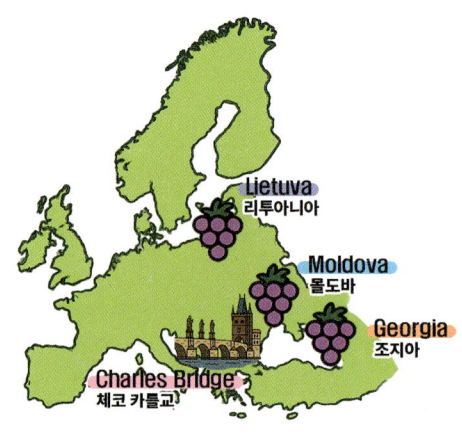

26. 또 다른 나라들: 동유럽

품종들은 '가성비 끝판왕'이라 할 수 있습니다.

이렇게 나만의 표시를 해두면, 나중에 책을 다시 펼쳤을 때 그 표시들이 마치 보물 지도의 표식처럼 중요한 내용을 떠올리게 하고, 그때의 생각과 느낌을 생생하게 되살려 줄 것입니다.

조지아(Georgia): 와인계의 위대한 할아버지

조지아는 와인 애호가들에게 성지와 같은 곳입니다. 8,000년 전 신석기 시대부터 와인을 만들어온 '인류 최초의 와인 생산국'이죠. 고고학적 증거에 따르면 기원전 6,000년경 이미 대규모 와인 생산이 이루어졌다고 합니다. 그리스 신화의 술의 신 디오니소스도 사실은 조지아에서 왔다는 설이 있을 정도입니다.

조지아 와인의 핵심은 '**크베브리**(Qvevri)'입니다. 달걀 모양의 거대한 점토 항아리를 땅에 묻고, 그 안에서 포도를 껍질째 발효시키는 이 방식은 2013년 유네스코 무형문화유산으로 등재되었죠. 현대적인 스테인리스 탱크나 오크통과는 완전히 다른, 태초의 와인 맛을 간직하고 있습니다.

조지아는 525개의 토착 포도 품종을 보유하고 있는데, 이는 전 세계 포도 품종의 1/6에 해당하는 엄청난 숫자입니다. 사페라비, 르카치텔리, 친두리, 므츠바네 같은 품종들은 조지아에서만 만날 수 있는 보물들이죠. 특히 사페라비는 '검은 물감'이라는 뜻으로, 과육까

6장 나라별 와인의 종류

지 붉은 색을 띠는 특별한 품종입니다.

조지아 와인 문화의 정수는 '**수프라**(Supra)'에 있습니다. 이는 단순한 만찬이 아니라 조지아인의 정체성을 보여주는 의식이죠. '**타마다**(Tamada)'라는 토스트마스터가 이끄는 이 만찬에서는 철학적이고 시적인 건배사가 이어지며, 와인은 단순한 음료가 아닌 소통의 매개체가 됩니다.

재미있는 이야기: 8,000년 역사가 만들어낸 와인 문화의 결정체

크베브리를 만드는 것은 예술이자 과학입니다. 전통적인 크베브리 장인은 이제 조지아에 10명도 남지 않았어요. 이들은 특별한 점토를 찾아 산을 헤매고, 3개월에 걸쳐 한 층 한 층 쌓아올려 거대한 항아리를 만듭니다. 가장 놀라운 것은 크베브리 내부를 밀랍으로 코팅하는 과정입니다. 뜨거운 밀랍을 7번 덧칠하는데, 이는 항아리를 살균하고 미세한 구멍을 막아주는 역할을 합니다. 완성된 크베브리는 땅속에 묻히면 자연스럽게 14-16도의 일정한 온도를 유지하죠. 천연 온도 조절 장치인 셈입니다!

이런 전통적인 와인 제조법이 역사적으로도 큰 의미를 가졌던 것은 조지아 출신인 스탈린의 일화에서도 알 수 있습니다. 그는 고향 와인에 대한 애착이 남달라서 얄타 회담에서 처칠과 루스벨트에

게 조지아 와인을 대접했는데, 특히 반달콤한 킨즈마라울리를 좋아했다고 합니다. 처칠은 이 와인을 마시고 "이보다 좋은 와인은 마셔본 적이 없다"고 극찬했죠.

소련 시대에는 조지아가 소련 전체 와인 생산의 70%를 담당했습니다. 하지만 양적 팽창에 치중하다 보니 품질이 떨어졌고, 전통적인 크베브리 방식도 거의 사라질 뻔했죠. 다행히 독립 후 전통을 되살리려는 노력이 이어지고 있습니다.

흥미롭게도 조지아의 전통적인 화이트 와인 제조법은 최근 '오렌지 와인'이라는 이름으로 세계적인 트렌드가 되었어요. 화이트 포도를 레드 와인처럼 껍질째 발효시키는 이 방식은 조지아에서는 수천 년 된 전통이지만, 서구에서는 혁신적인 스타일로 받아들여지고 있죠.

특히 르카치텔리로 만든 오렌지 와인은 호박색을 띠며, 말린 살구, 오렌지 껍질, 홍차, 꿀의 복잡한 향을 가집니다. 타닌도 있어서 레드 와인처럼 숙성도 가능하죠. 뉴욕과 런던의 힙한 와인바에서는 조지아 오렌지 와인이 없으면 장사가 안 된다고 할 정도입니다!

그런데 조지아 와인이 진정한 르네상스를 맞게 된 계기는 의외의 사건이었습니다. 2006년 러시아가 조지아 와인 수입을 금지하면서 오히려 전화위복이 되었어요. 러시아라는 거대 시장을 잃은 조지아 와인메이커들은 품질 향상에 집중했고, 서구 시장 개척에 나섰죠. 특히 젊은 세대 와인메이커들이 전통과 현대를 조화시킨 '뉴 조지안

6장 나라별 와인의 종류

와인'을 만들어내고 있습니다. 크베브리 전통을 지키면서도 현대적인 위생 관리를 도입하고, 단일 빈야드 와인을 생산하며, 비오디나미 농법을 실천하는 등 혁신적인 시도를 하고 있죠.

조지아 와인과 음식 페어링

사페라비
→ 하찰리(치즈를 넣은 빵), 므츠바디(꼬치구이)

르카치텔리 오렌지 와인
→ 바드리자니(가지 롤)나 프할리(야채 스프레드)

초보자를 위한 조지아 와인 추천

와인명	가격	특징
피츠해러 사페라비	3만원	조지아 레드의 정석
도기 르카치텔리 크베브리	4만원	오렌지 와인의 매력
텔리아니 밸리 친두리	2.5만원	가벼운 조지아 레드
샬로샤니 르카치텔리	3.5만원	모던 스타일 화이트
바지스 바가 차차	5만원	포도 증류주, 조지아식 그라파

몰도바(Moldova): 와인계의 숨은 챔피언

몰도바는 작은 나라지만 와인에 있어서만큼은 거인입니다. 국토의 3.8%가 포도밭이고, GDP의 25%가 와인 산업에서 나오며, 국민 1인당 와인 생산량은 세계 1위죠. 말 그대로 '와인의 나라'입니다. 5,000년의 와인 역사를 가진 이 나라는 소련 시대에는 '소련의 와인 저장고' 역할을 했습니다.

26. 또 다른 나라들: 동유럽

몰도바 와인의 가장 큰 특징은 거대한 지하 와인 도시들입니다. 밀레슈티 미치(Milestii Mici)는 총 길이 200km의 지하 터널에 200만 병의 와인을 보관하고 있어 기네스북에 '세계 최대 와인 컬렉션'으로 등재되었죠. 크리코바(Cricova)는 120km의 지하 도시로, 거리마다 와인 이름이 붙어있습니다. '카베르네 거리', '피노 누아 대로' 같은 식이죠!

몰도바는 유럽에서 가장 다양한 토착 품종을 보유하고 있습니다. 페테아스카 알바, 페테아스카 네아그라, 라라, 비오리카 같은 품종들은 몰도바의 보물이죠. 특히 '라라 네아그라'는 몰도바에서만 자라는 희귀 품종으로, 체리와 자두의 향이 가득한 우아한 레드 와인을 만듭니다.

최근 몰도바는 '소규모 부티크 와이너리' 운동이 활발합니다. 소련 시대의 대량 생산에서 벗어나 품질에 집중하는 젊은 와인메이커들이 늘어나고 있죠. EU와의 자유무역협정 체결 후 수출도 급증하고 있어, 몰도바 와인의 미래는 밝습니다.

재미있는 이야기: 지하 200km에 숨겨진 와인 왕국의 비밀

세계 최대의 와인 미로 밀레슈티 미치의 지하 터널은 원래 15세기부터 채굴하던 석회암 광산이었어요. 소련 시대인 1969년, 이 버려진 광산을 와인 저장고로 개조하기 시작했죠. 일정한 온도

6장 나라별 와인의 종류

(12-14도)와 습도(85-90%)를 유지하는 이곳은 천연 와인 셀러로 완벽했습니다. 가장 놀라운 것은 이 지하 도시의 규모입니다. 200km 중 55km가 와인 저장에 사용되고 있는데, 이는 서울에서 천안까지의 거리와 맞먹습니다! 관광객들은 차를 타고 이 지하 미로를 탐험할 수 있는데, GPS 없이는 길을 잃기 십상이라 반드시 가이드와 함께 다녀야 합니다. 이곳에는 1902년산 와인부터 현재까지 모든 빈티지가 보관되어 있고, 특별 컬렉션에는 괴링 원수가 소장했던 와인들도 있어요. 2차 대전 후 소련군이 압수한 것들이죠. 역사의 아이러니가 느껴지는 대목입니다.

이런 지하 와인 도시에 얽힌 흥미로운 인물 중 하나가 바로 인류 최초의 우주비행사 유리 가가린입니다. 그는 몰도바 와인의 열렬한 팬이었는데, 1966년 크리코바 와이너리를 방문했을 때 지하 와인 도시에 너무 매료되어 나오기를 거부했다는 일화가 있어요. 결국 수행원들이 그를 찾아 헤맸고, 몇 시간 후에야 와인 시음실에서 발견했다고 하죠. 가가린은 "달에 가는 것보다 여기서 나가는 게 더 어렵다"는 농담을 남겼고, 크리코바는 그를 기념해 '가가린 홀'을 만들었습니다. 지금도 러시아 우주비행사들이 우주로 떠나기 전 이곳을 방문해 행운을 비는 전통이 있다고 해요!

몰도바 와인이 국제적 주목을 받은 또 다른 사건은 2002년 블라디미르 푸틴의 50번째 생일 파티였습니다. 그는 크리코바 지하 와인

26. 또 다른 나라들: 동유럽

도시에서 생일 파티를 열었고, 슈뢰더, 베를루스코니 등 각국 정상들이 참석했죠. 하지만 아이러니하게도 2006년 러시아는 몰도바 와인 수입을 전면 금지했습니다. 정치적 이유였지만, 이는 오히려 몰도바가 서구 시장으로 눈을 돌리는 계기가 되었어요. 지금은 미국, 중국, 일본 등 새로운 시장에서 인기를 얻고 있습니다.

몰도바 사람들의 와인 사랑은 매년 10월 첫째 주 주말에 절정에 달합니다. '와인 데이'라는 축제 기간에는 수도 키시나우의 중앙 광장이 와인 시음장으로 변하고, 전국의 와이너리들이 부스를 차려 자신들의 와인을 선보이죠. 가장 인기 있는 이벤트는 '와인 달리기'입니다. 참가자들은 5km를 달리면서 중간중간 와인을 시음해야 합니다. 당연히 결승선에 도착할 때쯤이면 모두가 행복한 상태가 되죠.

몰도바 와인과 음식 페어링
페테아스카 알바
→ 플라친테(치즈 파이), 마말리가(옥수수 죽)
라라 네아그라
→ 미티테이(그릴 소시지), 사르말레(양배추 롤)
디저트 와인
→ 코조낙(호두 빵)

6장 나라별 와인의 종류

초보자를 위한 몰도바 와인 추천

와인명	가격	특징
푸르카리 로제 드 푸르카리	2.5만원	3종 포도 블렌드의 우아한 로제
크리코바 카베르네	3만원	지하 도시에서 숙성된 클래식
카스텔 미미 페테아스카 알바	2만원	상큼한 몰도바 화이트
에트 세테라 라라 네아그라	3.5만원	토착 품종의 매력
밀레슈티 미치 골드 컬렉션	5만원	프리미엄 블렌드

리투아니아(Lithuania): 와인계의 북방 개척자

리투아니아는 와인 생산에 있어 도전의 연속입니다. 북위 54-56도에 위치한 이 나라는 전통적인 와인 벨트보다 훨씬 북쪽에 있죠. 하지만 발트해 연안의 해양성 기후와 기후 변화의 영향으로 새로운 가능성이 열리고 있습니다. 무엇보다 리투아니아인들의 창의성이 빛을 발하고 있죠!

전통적으로 리투아니아는 '**미두스**(midus, 꿀술)'의 나라였습니다. 14세기부터 리투아니아 대공국의 궁정에서는 최고급 미두스를 생산했고, 이는 유럽 왕실에 선물로 보내졌죠. 현재도 리투아니아는 EU에서 유일하게 미두스를 '와인'으로 분류하는 나라입니다.

최근에는 과일 와인이 주목받고 있습니다. 사과, 체리, 블랙커런트, 라즈베리 등 북방 기후에 강한 과일들로 만든 와인들이 국제 대회에서 수상하며 인정받고 있죠. 특히 아이스 와인 스타일의 냉동 과일 와인은 리투아니아만의 특산품이 되었습니다.

26. 또 다른 나라들: 동유럽

재미있는 이야기: 발트의 꿀과 바이킹의 유산

미두스는 단순한 술이 아니라 문화유산입니다. 전통적으로 결혼식, 아이의 탄생, 중요한 조약 체결 때 마셨죠. 특히 '수크티니스'라는 스타일은 꿀 75%에 물 25%로 만들어 18개월 이상 숙성시킨 최고급 미두스입니다. 소련 시대에 거의 사라질 뻔했던 미두스 제조 기술이 독립 후 극적으로 부활했습니다. 현재 리투아니아에는 50개가 넘는 미두스 생산자가 있고, 젊은 세대들이 현대적인 기법을 도입해 칵테일용 미두스, 스파클링 미두스 등을 개발하고 있어요!

그런데 바이킹의 후예 리투아니아에서 정말 놀라운 변화가 일어나고 있습니다. 2018년 처음으로 피노 누아 포도가 완전히 익은 거예요! 기후 변화로 평균 기온이 상승하면서 이전에는 불가능했던 일이 현실이 되었죠. 현재 리투아니아에는 약 30개의 포도원이 있고, 주로 독일이나 폴란드에서 개발된 내한성 품종을 재배합니다. 솔라리스, 레겐트, 론도 같은 하이브리드 품종들이 주를 이루지만, 일부 생산자들은 리슬링과 피노 누아 재배에도 도전하고 있어요.

리투아니아의 겨울은 와인용 포도에게는 여전히 너무 춥지만, 사과에게는 완벽한 조건을 제공합니다. 영하 8도 이하에서 수확한 냉동 사과로 만든 '애플 아이스와인'은 리투아니아의 새로운 자랑이 되었어요. 특히 '아나바의 사과원'에서 만든 아이스 사이더는 2019년 프랑크푸르트 국제 와인 대회에서 금메달을 받았습니다. 심사위원

6장 나라별 와인의 종류

들은 "독일 아이스바인에 버금가는 복잡성과 우아함"이라고 평가했죠. 북방의 추위를 오히려 장점으로 바꾼 훌륭한 사례입니다!

리투아니아 와인과 음식 페어링

미두스
→ 전통 디저트 샤코티스(나무 케이크), 훈제 생선, 치즈

과일 와인
→ 야생 베리를 넣은 리투아니아식 팬케이크

초보자를 위한 리투아니아 와인 추천

와인명	가격	특징
릴라 애플 와인	2.5만원	상큼한 사과의 매력
스타클리슈케스 미두스	3만원	전통 꿀술의 맛
아나바 아이스 사이더	2만원	리투아니아식 아이스와인
리에투비스카스 체리 와인	3.5만원	체리의 달콤함
트라카이 스파클링 미두스	5만원	축하용 꿀 스파클링

27. 또 다른 나라들: 중동 지역

중동은 와인 역사의 시작점입니다. 고고학적 증거에 따르면 8,000

6장 나라별 와인의 종류

년 전 현재의 조지아와 아르메니아 지역에서 최초의 와인이 만들어졌고, 이후 메소포타미아와 이집트로 퍼져나갔죠. 구약성경에도 노아가 홍수 후 첫 번째로 한 일이 포도나무를 심고 와인을 만든 것이라고 기록되어 있습니다.

하지만 7세기 이슬람의 등장으로 중동의 와인 문화는 큰 타격을 받았습니다. 코란이 음주를 금지하면서 많은 포도밭이 사라졌죠. 그럼에도 불구하고 기독교 공동체가 있는 레바논, 이스라엘, 아르메니아 등은 와인 전통을 이어왔고, 현재는 세계적 수준의 와인을 생산하고 있습니다.

중동 와인의 특징은 '극한의 테루아'입니다. 사막의 열기, 높은 고도, 큰 일교차 등 포도 재배에는 어려운 조건이지만, 이를 극복한 포도는 놀라운 농축미와 복잡성을 보여줍니다. 또한 고대 품종들을 보존하고 있어 와인 다양성 측면에서도 중요한 역할을 하고 있죠.

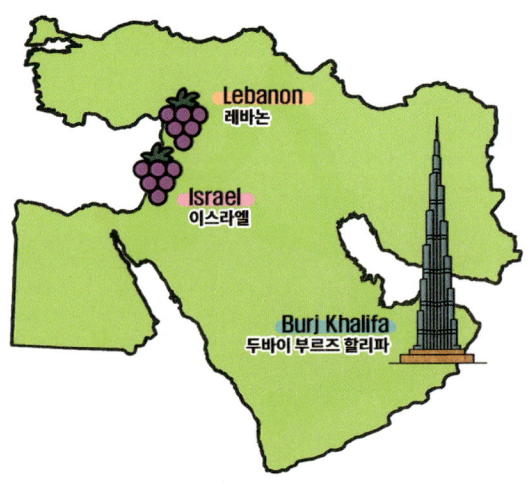

27. 또 다른 나라들: 중동 지역

현대 중동 와인은 '전통과 혁신의 조화'를 추구합니다. 수천 년 된 토착 품종에 최신 양조 기술을 접목하고, 종교적 제약 속에서도 품질 향상에 매진하며, 정치적 불안정 속에서도 와인 문화를 지켜나가고 있습니다. 그들의 와인 한 병에는 역사와 문화, 그리고 불굴의 의지가 담겨 있습니다.

레바논(Lebanon): 와인계의 숨은 챔피언

레바논은 중동에서 가장 오래되고 중요한 와인 생산국입니다. 페니키아인들이 BC 3000년경부터 와인을 만들었고, 그들의 와인은 고대 이집트와 그리스까지 수출되었죠. 성경에 나오는 '가나의 혼인 잔치' 와인도 레바논산이었을 가능성이 높습니다.

레바논 와인의 심장은 베카 밸리입니다. 해발 1,000m의 이 고원 지대는 지중해성 기후와 대륙성 기후가 만나는 독특한 환경을 가지고 있죠. 낮에는 뜨겁고 밤에는 서늘한 큰 일교차는 포도에 완벽한 산도와 농축된 풍미를 부여합니다. 또한 석회암 토양은 와인에 우아한 미네랄리티를 더하죠.

레바논 와인의 상징은 샤토 무사르입니다. 1930년 설립된 이 와이너리는 15년간의 내전 중에도 단 한 번(1976년)을 제외하고는 매년 와인을 생산했죠. 포격 속에서 포도를 수확하고, 검문소를 피해 와인을 운반한 그들의 이야기는 전설이 되었습니다.

재미있는 이야기: 전쟁과 평화, 그리고 와인의 승리

전쟁의 상흔 속에서도 와인을 만들어낸 레바논의 이야기는 더욱 극적입니다. 샤토 무사르의 1984년 빈티지는 그 역사상 가장 드라마틱했어요. 베카 밸리가 전쟁터가 되면서 포도밭에 포탄이 떨어지고, 수확 인부들이 총격을 피해 숨어야 했죠. 설상가상으로 수확한 포도를 실은 트럭이 민병대에 징발되기도 했습니다. 하지만 세르주 호샤르(창업자의 아들)는 포기하지 않았어요. 위험을 무릅쓰고 포도를 수확했고, 베이루트의 와이너리까지 운반하는 데 성공했죠. 놀랍게도 이 '전쟁 빈티지'는 샤토 무사르 역사상 가장 뛰어난 와인 중 하나가 되었습니다. 로버트 파커는 "역경이 만든 걸작"이라고 평가했죠.

레바논에는 와인의 역사가 깊이 새겨진 곳들이 많은데, 그중에서도 익사 와이너리는 정말 특별합니다. 2,000년 된 로마 신전 터 위에 지어진 이 와이너리는 고대와 현대가 만나는 곳이죠. 와인 저장고로 내려가면 로마 시대의 모자이크와 기둥들을 볼 수 있어요. 더 놀라운 것은 이 신전이 바쿠스(로마의 와인 신)에게 바쳐진 곳이라는 점

입니다. 2,000년 전 로마인들이 와인 신을 모시던 곳에서 현재도 와인을 만들고 있다니, 역사의 연속성이 느껴지지 않나요?

1990년대 내전이 끝난 후 레

바논 와인은 놀라운 부활을 했어요. 1990년 5개에 불과했던 와이너리가 현재는 50개 이상으로 늘어났죠. 특히 젊은 세대 와인메이커들이 프랑스, 미국에서 공부하고 돌아와 현대적인 와이너리를 설립했습니다. 이들은 전통적인 프랑스 품종뿐만 아니라 토착 품종 부활에도 힘쓰고 있어요. 메르와, 오베이데 같은 고대 품종들이 재발견되어 독특한 레바논 와인을 만들어내고 있죠. 전쟁의 상처를 와인으로 치유하는 레바논의 이야기는 계속되고 있습니다.

레바논 와인과 음식 페어링

샤토 무사르 레드
- → 양고기 케밥, 카프사

익사 블랑
- → 팔라펠, 타불레

초보자를 위한 레바논 와인 추천

와인명	가격	특징
샤토 무사르 제네	2.5만원	레바논 와인의 입문서
익사 엘 익사	3만원	현대적 스타일의 보르도 블렌드
케프라야 레드	2만원	부드럽고 균형 잡힌 레드
도맨 워디 사바라	3.5만원	신선한 레바논 화이트
샤토 크사라 로제	5만원	지중해의 여름을 담은 로제

이스라엘(Israel): 와인계의 현대적 부활

이스라엘은 와인 역사의 요람이면서 동시에 최첨단 와인 기술의 실험장입니다. 구약성경에 521번이나 와인이 언급될 정도로 고대 이스라엘은 와인 문화가 발달했지만, 로마 시대 이후 거의 사라졌다가 19세기 말부터 다시 부활하기 시작했죠.

현대 이스라엘 와인의 시작은 1882년 에드몽 드 로스차일드 남작의 투자로 거슬러 올라갑니다. 보르도 샤토 라피트의 소유주였던 그는 팔레스타인에 포도원을 조성하고 프랑스에서 전문가를 초빙했죠. 하지만 진정한 품질 혁명은 1980년대 골란 하이츠 와이너리의 등장과 함께 시작되었습니다.

이스라엘 와인의 특징은 '다양성'입니다. 지중해 연안의 따뜻한 기후부터 골란 고원의 서늘한 기후, 네게브 사막의 극한 환경까지 다양한 테루아를 가지고 있죠. 또한 유대교 정결법(코셔)에 따라 만든 코셔 와인부터 일반 와인까지, 전통과 현대가 공존합니다.

재미있는 이야기: 성경의 포도원에서 우주 시대 와인까지

이스라엘의 와인 이야기는 고대와 현대가 놀랍도록 조화를 이룹니다. 아리엘 대학 연구진은 정말 놀라운 프로젝트를 진행하고 있어요. 고대 유적지에서 발굴한 포도 씨앗과 항아리에 남은 효모에서 DNA를 추출해 고대 와인을 재현하는 것이죠! 2019년에는 실제로 3,000년 전 효모를 되살려 와인을 만드는 데 성공했습니다. 다윗 왕이 마셨을 법한 와인을 현대에 재현

27. 또 다른 나라들: 중동 지역

한 것입니다. 연구진에 따르면 "현대 와인보다 도수가 낮고, 꿀과 민트 향이 나는 독특한 맛"이었다고 합니다. 고고학과 생명공학이 만나 역사를 되살린 놀라운 사례죠!

현대 이스라엘 와인의 가장 극적인 도전은 네게브 사막에서 펼쳐지고 있습니다. 연간 강수량 50mm, 여름 기온 40도가 넘는 극한의 환경에서 와인을 만드는 것은 불가능에 도전하는 일이었어요. 하지만 이스라엘 와인메이커들은 첨단 관개 기술과 야간 수확으로 이를 극복했습니다. 특히 '**점적 관개법(드립 이리게이션)**'을 발명한 나라답게, 물 한 방울도 낭비하지 않는 정밀 관개로 포도를 재배해요. 또한 사막의 큰 일교차(낮 40도, 밤 15도)는 오히려 포도에 놀라운 산도와 아로마를 부여한다는 것을 발견했죠. 지금은 네게브 와인이 이스라엘의 프리미엄 와인으로 인정받고 있습니다!

코셔 와인도 현대적으로 진화했습니다. 코셔 와인은 유대교 율법에 따라 만든 와인으로, 안식일을 지키고 오직 유대인만 포도를 만질 수 있으며, 일정 비율의 포도를 수확하지 않고 남겨두는 등 까다로운 규정을 따라야 해요. 예전에는 코셔 와인 = 저품질이라는 인식이 있었지만, 현재는 완전히 달라졌어요. 골란 하이츠, 도메인 네투파 같은 와이너리들이 만든 프리미엄 코셔 와인들이 국제 대회에서 수상하며 인식을 바꿨죠. 특히 '**메부샬(끓인)**' 와인 대신 현대적 저온 살균법을 도입해 품질을 유지하면서도 코셔 규정을 지키고 있습니다.

'스타트업 네이션' 이스라엘답게 와인 산업에도 첨단 기술이 활용

6장 나라별 와인의 종류

되고 있어요. 드론으로 포도밭을 모니터링하고, AI로 최적의 수확 시기를 예측하며, 블록체인으로 와인의 진품 여부를 추적합니다. 특히 튤립 와이너리는 시각 장애인 직원들이 후각과 미각만으로 와인을 블렌딩하는 특별한 프로그램을 운영해요. "눈이 아닌 코와 혀로 만드는 와인"이라는 컨셉으로, 놀랍게도 이들이 만든 와인이 일반 와인보다 더 균형 잡혔다는 평가를 받고 있죠!

이스라엘 와인과 음식 페어링

골란 하이츠 카베르네
  → 양고기 샤와르마, 케밥

갈릴리 소비뇽 블랑
  → 후무스, 팔라펠

초보자를 위한 이스라엘 와인 추천

와인명	가격	특징
골란 하이츠 야르덴 카베르네 소비뇽	2.5만원	이스라엘 와인의 자존심
달톤 레저브 쉬라즈	3만원	갈릴리의 스파이시한 매력
레카나티 리저브 화이트	2만원	지중해의 신선함
플램 클래식 메를로	3.5만원	부드러운 이스라엘 레드
바르칸 모라드 아르가만	5만원	이스라엘 토착 품종의 맛

와인 신대륙의 미래

또 다른 나라들'의 와인은 더 이상 주변부가 아닌 와인 세계의 새로운 중심이 되고 있습니다. 남아공의 지속가능한 와인 생산, 동유럽의 토착 품종 부활, 중동의 고대 와인 전통 복원은 각각 와인 산업에 새로운 영감을 주고 있죠.

특히 주목할 점은 이들 지역이 '다양성'의 가치를 보여주고 있다는 것입니다. 획일화된 국제 품종 대신 토착 품종을 고집하고, 대량 생산 대신 테루아의 개성을 추구하며, 상업적 성공보다 문화적 정체성을 중시합니다. 이런 접근은 와인 애호가들에게 새로운 경험과 가치를 제공하고 있어요.

기후 변화는 이들 지역에게 위기이자 기회가 되고 있습니다. 전통적인 와인 산지가 온난화로 어려움을 겪는 동안, 리투아니아 같은 북방 국가들은 새로운 가능성을 발견하고 있죠. 네게브 사막의 극한 농법은 미래 와인 생산의 모델이 될 수도 있습니다.

와인 관광도 이들 지역의 새로운 성장 동력입니다. 몰도바의 지하 와인 도시, 레바논의 고대 와이너리, 남아공의 와인랜드는 단순한 시음을 넘어 문화와 역사를 체험하는 특별한 여행지가 되고 있죠.

무엇보다 중요한 것은 이들이 보여주는 '와인의 민주화'입니다. 와인이 특정 지역이나 계층의 전유물이 아니라, 각 지역의 문화와 전통을 담은 보편적 음료라는 것을 증명하고 있어요. 마치 음식이 그러하듯, 와인도 지역의 정체성을 표현하는 문화적 매개체가 되고 있는 거죠.

6장 나라별 와인의 종류

마무리

26개국의 와인 여정이 끝났습니다. 지구를 한 바퀴 돌며 와인이 들려주는 이야기를 들었습니다. 각 나라의 와인은 단순한 포도 품종의 차이가 아닌 역사와 문화, 때로는 생존을 위한 투쟁의 결과물이었습니다. 레바논의 전쟁 속 와인, 한국의 기후 극복 이야기처럼 와인은 인간의 의지와 창의성의 증거였죠. 이제 와인 한 잔에서 수천 년의 지혜와 각 나라 사람들의 영혼을 느낄 수 있을 것입니다. 여러분의 진짜 와인 여행은 이제부터 시작입니다.

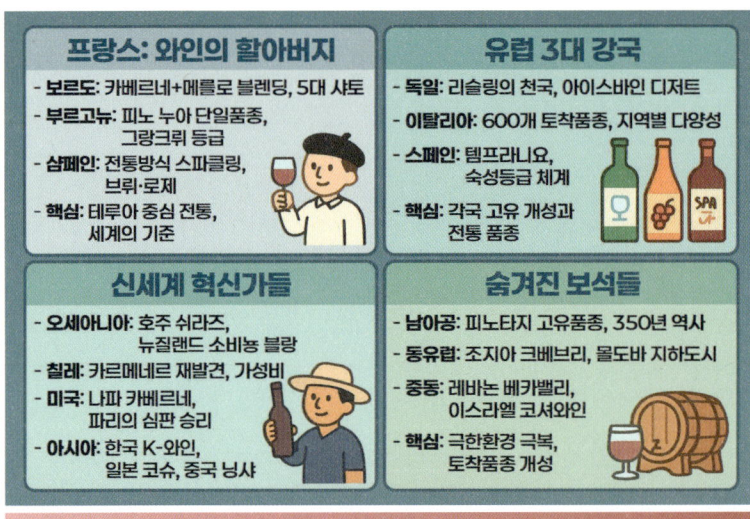

마무리

Part 5
와인의 미래
7장 와인의 전망

―――――

"인생은 너무 짧아서 나쁜 와인을 마실 시간이 없다."

요한 볼프강 폰 괴테

7장
와인의 전망

우리가 알던 와인의 세계가 흔들리고 있습니다. 아니, 더 정확히 말하면 진화하고 있습니다. 전통이라는 뿌리는 그대로지만, 가지는 전혀 예상치 못한 방향으로 뻗어가고 있죠. 누군가는 위기라고 말하고, 누군가는 기회라고 말합니다.

하지만 분명한 것은 와인이 시대와 함께 숨 쉬며 변화한다는 사실입니다. 마치 오래된 포도나무가 새로운 토양에 적응하듯, 와인 산업도 21세기라는 낯선 환경에서 생존법을 찾아가고 있습니다.

이제부터 펼쳐질 이야기는 미래에 대한 예언이 아닙니다. 이미 시작된 변화의 물결, 그리고 우리가 함께 만들어갈 와인의 내일에 대한 이야기입니다.

28. 와인 산업의 미래 트렌드

와인 산업은 수천 년의 역사를 자랑하지만, 21세기에 들어서면서 그 어느 때보다 빠른 속도로 변화하고 있습니다. 전통과 혁신이 조화를 이루며 새로운 와인 문화를 만들어가는 현장을 들여다보면, 우리가 앞으로 마시게 될 와인의 미래가 어떤 모습일지 그려볼 수 있습니다.

7장 와인의 전망

기술 혁신이 바꾸는 와인의 생산

현대의 포도원은 더 이상 낭만적인 시골 풍경만으로 설명되지 않습니다. 하늘을 나는 드론이 포도밭을 스캔하고, 땅속에 묻힌 센서들이 토양의 수분과 영양 상태를 실시간으로 모니터링합니다. 이러한 정밀농업(Precision Agriculture) 기술은 와인 생산의 패러다임을 완전히 바꾸고 있습니다.

프랑스 보르도의 한 유명 샤토에서는 인공위성 데이터를 활용해 포도밭의 각 구획별 성숙도를 파악합니다. 이를 통해 같은 포도원 내에서도 최적의 수확 시기를 구획별로 달리 정할 수 있게 되었습니다. 이는 단순히 효율성을 높이는 것을 넘어, 각 테루아(terroir)의 특성을 최대한 살린 와인을 만들 수 있게 해줍니다.

인공지능(AI)과 머신러닝의 도입은 더욱 놀라운 변화를 가져오고 있습니다. 수십 년간 축적된 기상 데이터와 와인 품질 데이터를 학습한 AI는 이제 와인메이커보다 더 정확하게 올해의 빈티지 품질을 예측할 수 있습니다. 미국 나파밸리의 한 와이너리는 AI 시스템을 통해 발효 과정을 실시간으로 모니터링하고 조절함으로써, 와인의 품질 일관성을 획기적으로 개선했다고 보고했습니다.

스마트 발효 탱크(Smart Fermentation Tank)
- 온도, 압력, 당도를 실시간으로 측정하는 센서 내장

28. 와인 산업의 미래 트렌드

- AI가 발효 속도를 자동으로 조절
- 와인메이커는 스마트폰으로 원격 모니터링 가능
- 발효 과정의 미세한 변화를 데이터로 기록되어 품질 개선에 활용

양조 과정에서도 혁신은 계속되고 있습니다. 나노 기술을 활용한 새로운 필터링 시스템은 와인의 순도를 높이면서도 풍미를 그대로 보존할 수 있게 해줍니다. 또한 초음파를 이용한 숙성 촉진 기술은 몇 년이 걸리던 숙성 과정을 몇 개월로 단축시킬 수 있는 가능성을 보여주고 있습니다. 물론 이러한 기술이 전통적인 숙성 방법을 완전히 대체할 수는 없지만, 중저가 와인 시장에서는 혁명적인 변화를 가져올 것으로 예상됩니다.

디지털 혁명과 와인 유통의 미래

와인 유통 분야에서의 변화는 더욱 극적입니다. 전통적으로 와인은 생산자에서 수입상, 도매상, 소매상을 거쳐 소비자에게 도달하는 복잡한 유통 구조를 가지고 있었습니다. 그러나 디지털 기술의 발달로 이러한 중간 단계들이 빠르게 사라지고 있습니다.

온라인 와인 플랫폼들은 단순한 판매 채널을 넘어 와인 문화의 새로운 중심지로 부상하고 있습니다. 미국의 비비노(Vivino)는 2억 명이 넘는 사

7장 와인의 전망

용자가 와인 리뷰를 공유하는 거대한 커뮤니티로 성장했습니다. 사용자들은 와인 라벨을 스마트폰으로 촬영하기만 하면 즉시 그 와인에 대한 평가와 가격 정보를 얻을 수 있습니다. 이는 와인 선택의 민주화를 가져왔고, 소비자들이 더 이상 소믈리에나 와인 전문가에게만 의존하지 않게 만들었습니다.

구독 경제의 확산은 와인 산업에도 큰 영향을 미치고 있습니다. 월 정액을 내면 큐레이션된 와인을 정기적으로 받아볼 수 있는 서비스들이 급성장하고 있습니다. 이들 서비스는 단순히 와인을 배송하는 것을 넘어, 각 와인에 대한 상세한 테이스팅 노트, 푸드 페어링 제안, 심지어 온라인 테이스팅 클래스까지 제공합니다. 프랑스의 '르 쁘띠 발롱(Le Petit Ballon)'은 매달 200만 병 이상의 와인을 유럽 전역에 배송하며 와인 구독 서비스의 가능성을 보여주고 있습니다.

블록체인 기술의 도입은 와인 산업의 투명성을 크게 향상시키고 있습니다. 특히 고가 와인 시장에서 심각한 문제였던 위조품 문제를 해결하는 데 중요한 역할을 하고 있습니다. 각 와인 병에 부착된 NFC 칩이나 QR 코드를 통해 소비자는 그 와인의 전체 생산 및 유통 이력을 확인할 수 있습니다. 포도가 수확된 날짜부터 양조 과정, 보관 온도, 운송 경로까지 모든 정보가 블록체인에 기록되어 변조가 불가능합니다.

프리미엄화와 개인화의 시대

와인 소비 패턴의 변화 중 가장 주목할 만한 것은 프리미엄화 경향

28. 와인 산업의 미래 트렌드

입니다. 전 세계적으로 와인 소비량은 정체되거나 소폭 감소하고 있지만, 와인 시장의 총 매출액은 꾸준히 증가하고 있습니다. 이는 소비자들이 더 적은 양을 마시더
라도 더 좋은 와인을 선택하고 있음을 의미합니다.

이러한 변화는 특히 밀레니얼 세대와 Z세대에서 두드러집니다. 이들은 대량 생산된 와인보다는 스토리가 있는 와인, 지속 가능한 방식으로 생산된 와인, 희소성이 있는 와인을 선호합니다. 작은 가족 경영 와이너리나 자연주의 와인을 생산하는 부티크 와이너리들이 젊은 소비자들 사이에서 큰 인기를 끌고 있는 것도 이러한 맥락에서 이해할 수 있습니다.

부티크 와이너리의 특징
- 연간 생산량 5,000케이스 미만의 소규모 생산
- 와인메이커의 개성과 철학이 강하게 반영된 와인
- 대부분 수작업으로 이루어지는 전통적 양조 방식
- 한정된 수량으로 인한 희소성과 수집 가치
- 와이너리 직접 방문이나 멤버십을 통한 독점적 판매

개인화 서비스는 와인 산업의 또 다른 중요한 트렌드입니다. DNA 분석을 통해 개인의 미각 유전자를 파악하고 이를 바탕으로 와인을 추천하는 서비스가 등장했습니다. 스페인의 한 스타트업은 타액 샘플 분석을 통해 개인이 단맛, 쓴맛, 신맛에 대해 어떤 민감도를 가지고 있는지 파악하고, 이를 바탕으로 맞춤형 와인을 추천합니다.

더 나아가 개인 전용 와인을 만들어주는 서비스도 등장하고 있습니다. 고객은 온라인 플랫폼을 통해 포도 품종, 블렌딩 비율, 숙성 기간 등을 직접 선택할 수 있고, 자신만의 라벨을 디자인할 수도 있습니다. 이러한 서비스는 특별한 기념일이나 기업 선물용으로 큰 인기를 끌고 있습니다.

신흥 와인 생산국의 부상

전통적으로 와인은 프랑스, 이탈리아, 스페인 등 구세계 와인 생산국과 미국, 호주, 칠레 등 신세계 와인 생산국이 주도해왔습니다. 그러나 최근 들어 예상치 못한 지역에서 고품질 와인이 생산되기 시작했습니다.

중국은 이미 포도 재배 면적으로는 세계 2위에 올라섰고, 와인 품질도 급속도로 향상되고 있습니다. 닝샤(寧夏) 지역의 와인들은 국제 와인 대회에서 수상하며 세계의 주목을 받고 있습니다. 중국 정부의 적극적인 지원과 프랑스 보르도의 유명 샤토들의 기술 제휴로 중국 와인의 미래는 밝아 보입니다.

28. 와인 산업의 미래 트렌드

　인도 역시 놀라운 성장을 보이고 있습니다. 마하라슈트라 주의 나시크(Nashik) 지역은 '인도의 나파밸리'로 불리며 수준 높은 스파클링 와인을 생산하고 있습니다. 뜨거운 기후에도 불구하고 고도가 높은 지역의 서늘한 밤 기온을 활용해 우수한 품질의 와인을 만들어내고 있습니다.

　동남아시아에서는 태국이 와인 생산국으로 부상하고 있습니다. 열대 기후에서는 포도 재배가 불가능하다는 통념을 깨고, 태국 북부 고산지대에서는 연 2회 수확이 가능한 독특한 와인 생산 시스템을 구축했습니다. 몬순 기후를 활용한 이러한 재배 방식은 와인 생산의 새로운 가능성을 보여줍니다.

　심지어 북유럽의 덴마크, 스웨덴 같은 국가들도 기후 변화로 인해 와인 생산이 가능해지고 있습니다. 이들 국가의 서늘한 기후는 산도가 높고 알코올 도수가 낮은 우아한 스타일의 와인을 만들기에 적합합니다. 특히 스파클링 와인 생산에서 좋은 성과를 보이고 있습니다.

와인 산업의 미래 전망

　와인 산업의 미래는 전통과 혁신의 균형에서 찾을 수 있을 것입니다. 기술의 발전은 와인 생산의 효율성과 품질을 높이고 있지만, 동시에 테루아의 중요성과 전통적 양조 방법의 가치는 더욱 부각되고 있습니다.

　앞으로의 와인 산업은 더욱 투명하고, 지속 가능하며, 소비자 중심

7장 와인의 전망

적으로 변화할 것입니다. 생산자와 소비자 간의 거리는 더욱 가까워질 것이며, 와인은 단순한 음료를 넘어 문화적 경험과 개인의 정체성을 표현하는 수단으로 자리 잡을 것입니다.

동시에 와인 교육의 대중화도 가속화될 것으로 예상됩니다. AI 소믈리에를 통한 실시간 와인 교육, 게임화된 와인 학습 앱 등이 와인 문화의 진입 장벽을 낮추고 있습니다. 이러한 변화는 더 많은 사람들이 와인을 즐기고 이해할 수 있게 만들 것입니다.

기후 변화는 와인 산업에 위협이자 기회가 되고 있습니다. 전통적인 와인 산지들은 변화하는 기후에 적응해야 하는 과제를 안고 있지만, 동시에 새로운 지역에서 와인 생산이 가능해지면서 와인의 다양성은 더욱 풍부해지고 있습니다.

미래의 와인 애호가들은 오늘날보다 훨씬 더 다양하고 흥미로운 와인들을 만날 수 있을 것입니다. 전통의 깊이와 혁신의 활력이 만나는 지점에서, 와인은 계속해서 우리의 삶을 풍요롭게 만들어갈 것입니다!

29. 와인 문화의 변화와 새로운 소비 패턴

밀레니얼과 Z세대가 이끄는 와인 문화 혁명

와인 문화는 지난 수십 년간 많은 변화를 겪어왔지만, 밀레니얼 세대(1981-1996년생)와 Z세대(1997-2012년생)의 등장만큼 극적인 변화를 가져온 것은 없습니다. 이들은 와인을 바라보는 관점 자체를 완전히 바꾸어 놓았습니다.

전통적으로 와인은 특별한 날에만 마시는 고급 음료였습니다. 격식 있는 레스토랑에서, 정해진 예절에 따라, 소믈리에의 추천을 받아 마시는 것이 일반적이었죠. 하지만 젊은 세대들은 와인을 일상의 소중한 순간을 함께하는 친구로 인식합니다. 퇴근 후 집에서, 친구들과의 소소한 모임에서, 혼자만의 시간을 즐길 때도 와인 한 잔을 곁들입니다.

이러한 변화의 중심에는 소셜 미디어가 있습니다. 인스타그램과 틱톡에서는 #와인스타그램, #와인일기, #오늘의와인, #혼술와인 등의 해시태그로 수많은 와인 콘텐츠가 공유되고 있습니다. 2024년 기준으로 인스타그램의 #wine 해시태그는 1억 개가 넘는 게시물을 기록했으며, 이는 와인이 얼마나 일상적인 문화로 자리 잡았는지를 보여주는 지표입니다.

젊은 세대의 또 다른 특징은 와인 선택에 있어서의 독립성입니다. 이들은 전문가의 평점이나 유명 브랜드보다는 자신의 취향과 경험을 더 중요시합니다. 와인 앱의 사용자 리뷰, 친구의 추천, 인플루언서의 소개 등 다양한 채널을 통해 정보를 수집하고, 자신만의 와인 데이터베이스를 구축해 나갑니다.

체험과 교육 중심의 와인 문화

현대 소비자들은 단순히 와인을 마시는 것을 넘어 와인에 대한 깊이 있는 이해와 체험을 원하고 있습니다. 이는 소비에서 경험으로,

29. 와인 문화의 변화와 새로운 소비 패턴

소유에서 공유로 가치관이 이동하는 현대 사회의 큰 흐름과 맥을 같이 합니다.

와인 테이스팅 클래스는 이제 대도시뿐만 아니라 중소도시에서도 쉽게 찾아볼 수 있는 일반적인 문화 프로그램이 되었습니다. 기초 과정부터 전문가 과정까지 다양한 수준의 교육이 제공되며, 특히 주말 원데이 클래스나 퇴근 후 저녁 클래스는 직장인들에게 큰 인기를 끌고 있습니다.

와이너리 투어도 새로운 여행 트렌드로 자리 잡았습니다. 나파 밸리나 보르도 같은 전통적인 와인 산지뿐만 아니라, 한국의 영동, 대부도, 안산 등 국내 와이너리들도 체험 프로그램을 강화하며 와인 관광 산업을 발전시키고 있습니다. 포도밭을 걸으며 떼루아를 직접 느끼고, 와인 메이커와 대화하며 와인 철학을 듣고, 배럴룸에서 숙성 중인 와인을 시음하는 경험은 와인에 대한 이해를 한층 깊게 만들어줍니다.

특히 한국에서는 독특한 와인 공간들이 속속 등장하고 있습니다. 와인 바와 와인 카페는 기본이고, 와인 서점, 와인 갤러리, 와인 편집숍 등 와인과 다른 문화를 결합한 공간들이 생겨나고 있습니다.

와인 공간의 진화

- **와인 서점** 와인 관련 서적과 함께 와인을 즐길 수 있는 공간

7장 와인의 전망

- **와인 갤러리** 미술 작품 감상과 와인 테이스팅을 동시에
- **와인 편집숍** 큐레이션된 와인과 와인 액세서리를 한 곳에서
- **와인 스파** 와인 성분을 활용한 스파와 와인 테이스팅 결합
- **와인 요가** 요가 후 와인으로 마무리하는 웰니스 프로그램

이러한 공간들은 각자의 독특한 콘셉트와 스토리로 와인 애호가들을 끌어들이고 있으며, 와인을 단순한 음료가 아닌 라이프스타일의 일부로 자리매김하게 만들고 있습니다.

교육 방식도 진화하고 있습니다. 특히 코로나19 팬데믹 이후 온라인 와인 교육은 폭발적으로 성장했으며, 지리적 제약 없이 세계적인 와인 전문가들의 강의를 들을 수 있게 되었습니다.

건강과 가치를 중시하는 소비 패턴

21세기 와인 소비자들은 맛과 품질뿐만 아니라 와인이 어떤 가치관과 방식으로 생산되었는지를 중요하게 여기고 있습니다. 이는 전 지구적인 환경 위기와 건강에 대한 관심 증가, 그리고 윤리적 소비에 대한 인식 확산과 밀접한 관련이 있습니다.

유기농 와인 시장은 매년 두 자릿수 성장률을 기록하고 있습니다. 유기농 와인은 화학 비료와 농약을 사용하지 않고 재배한 포도로 만든 와인으로, 더 깨끗하고 순수한 맛을 추구하는 소비자들에게 큰 호응을 얻고 있습니다. 프랑스의 경우 2022년 기준으로 전체 포도밭의 20%가 유기농 인증을 받았으며, 이 비율은 계속 증가하고 있

29. 와인 문화의 변화와 새로운 소비 패턴

습니다.

바이오다이나믹 와인은 유기농을 넘어선 더 엄격한 기준을 적용합니다. 루돌프 슈타이너의 농업 철학에 기반한 이 방식은 포도밭을 하나의 생명체로 보고, 달의 주기와 우주의 리듬에 따라 농사를 짓습니다. 처음에는 신비주의적이라는 비판을 받았지만, 이제는 많은 명품 와이너리들이 바이오다이나믹 농법을 채택하고 있으며, 실제로 더 복잡하고 깊이 있는 와인을 생산한다는 평가를 받고 있습니다.

내츄럴 와인(Natural Wine)은 최근 가장 뜨거운 트렌드 중 하나입니다. 최소한의 개입으로 만든 와인으로, 야생 효모를 사용하고, 아황산염(SO2) 첨가를 최소화하거나 전혀 하지 않습니다. 내츄럴 와인은 때로는 탁하고, 펑키하고, 예측 불가능한 맛을 보여주지만, 바로 그 점이 매력이라고 여기는 애호가들이 늘어나고 있습니다. 특히 젊은 세대들은 내츄럴 와인의 독특함과 개성을 높이 평가하며, 이를 하나의 문화적 선언으로 받아들이고 있습니다.

알코올 도수에 대한 관심도 높아지고 있습니다. 전통적으로 와인의 알코올 도수는 12-14%였지만, 기후 변화로 인해 많은 와인들이 15% 이상의 높은 도수를 보이고 있습니다. 이에 반해 소비자들은 더 가벼운 와인을 원하고 있어, 일부 생산자들은 일찍 수확하거나 특별한 양조 기법을 사용해 알코올 도수

7장 와인의 전망

를 낮추고 있습니다.

무알코올 와인과 저알코올 와인 시장도 급성장하고 있습니다. 특히 건강을 중시하는 소비자, 운전을 해야 하는 상황, 임산부, 종교적 이유 등으로 알코올을 피하지만 와인의 맛과 문화는 즐기고 싶은 사람들을 위한 대안으로 주목받고 있습니다. 기술의 발전으로 무알코올 와인의 품질도 크게 향상되어, 이제는 일반 와인과 구별하기 어려울 정도의 제품들도 등장하고 있습니다.

창의적인 페어링 문화의 확산

와인과 음식의 페어링은 와인 문화의 핵심 요소 중 하나입니다. 전통적으로는 "레드 와인은 육류, 화이트 와인은 해산물"이라는 단순한 규칙이 지배적이었지만, 현대의 페어링 문화는 이러한 경계를 완전히 허물고 있습니다.

가장 주목할 만한 변화는 와인과 아시아 음식의 페어링입니다. 한식, 일식, 중식, 태국 음식 등과 와인의 조화는 이제 전 세계적인 관심사가 되었습니다. 김치와 리슬링, 불고기와 피노 누아, 초밥과 샴페인, 마라탕과 게뷔르츠트라미너 등 다양한 조합이 연구되고 있으며, 이는 와인의 다양성과 포용성을 보여주는 좋은 예입니다.

특히 한국에서는 독특한 페어링 문화가 발전하고 있습니다. 치킨과 와인의 조합인 '치와인'은 이제 하나의 고유명사가 되었고, 피자

29. 와인 문화의 변화와 새로운 소비 패턴

와 와인, 떡볶이와 와인, 심지어 라면과 와인 등 기존에는 상상하기 어려웠던 조합들이 새로운 재미를 선사하고 있습니다.

한국식 와인 페어링의 진화
- **치킨 + 스파클링 와인** 기름진 치킨을 상쾌하게 씻어주는 조합
- **김치찌개 + 로제 와인** 매운맛을 중화시키고 감칠맛을 더함
- **삼겹살 + 말벡** 강한 탄닌이 기름진 맛을 잡아주는 균형
- **떡볶이 + 모스카토** 단맛이 매운맛을 중화시키는 의외의 조합
- **회 + 알바리뇨** 해산물의 신선함을 극대화하는 스페인 화이트

홈 쿠킹 트렌드와 함께 일상적인 음식과 와인의 페어링도 활발해지고 있습니다. 코로나19 팬데믹 이후 집에서 요리하고 와인을 즐기는 문화가 크게 확산되었으며, 이는 와인을 더욱 일상적이고 친근한 존재로 만들었습니다. 소셜 미디어에는 #오늘의집밥와인, #홈쿡와인 등의 해시태그로 수많은 일상 페어링이 공유되고 있습니다.

페어링의 개념도 확장되고 있습니다. 음식뿐만 아니라 음악, 영화, 책, 계절, 기분 등과 와인을 매칭하는 시도들이 늘어나고 있습니다. "비 오는 날의 와인", "재즈와 어울리는 와인", "헤밍웨이를 읽을 때 마시는 와인" 등 와인을 하나의 문화적 경험으로 확장하는 움직임이 활발합니다.

7장 와인의 전망

스마트한 와인 소비 문화

디지털 기술의 발전은 와인 소비 방식을 근본적으로 변화시키고 있습니다. 현대의 와인 소비자들은 더욱 스마트하고 정보에 기반한 구매 결정을 내리고 있으며, 이는 와인 시장 전체의 투명성과 접근성을 높이고 있습니다.

블록체인 기술도 와인 산업에 도입되고 있습니다. 와인의 생산부터 유통까지의 전 과정을 블록체인에 기록함으로써 위조 와인을 방지하고, 와인의 이력을 투명하게 관리할 수 있게 되었습니다. 이는 특히 고가의 와인 거래에서 신뢰성을 높이는 중요한 역할을 하고 있습니다.

가상현실(VR)과 증강현실(AR) 기술도 와인 경험을 혁신하고 있습니다. VR을 통해 집에서도 세계 유명 와이너리를 방문할 수 있고, AR을 통해 와인 라벨에서 생산자의 스토리를 동영상으로 볼 수 있습니다. 이러한 기술들은 와인과 소비자 사이의 거리를 좁히고, 더 깊은 연결을 만들어내고 있습니다.

소셜 커머스와 라이브 커머스도 와인 판매의 새로운 채널로 부상했습니다. 와인 전문가나 인플루언서가 실시간으로 와인을 소개하고 시음하는 라이브 방송은 높은 구매 전환율을 보이고 있으며, 특히 젊은 세대들에게 효과적인 마케팅 수단이 되고 있습니다.

29. 와인 문화의 변화와 새로운 소비 패턴

와인 문화의 미래

이러한 모든 변화들은 와인 문화가 더욱 포용적이고, 접근 가능하며, 다양해지고 있음을 보여줍니다. 와인은 더 이상 특권층의 전유물이 아니라 모든 사람이 즐길 수 있는 일상의 즐거움이 되었습니다.

미래의 와인 문화는 기술과 전통의 조화, 글로벌과 로컬의 균형, 그리고 지속 가능성과 즐거움의 공존을 추구할 것입니다. 와인은 단순한 음료를 넘어 문화적 경험이자 사회적 연결고리로서의 역할을 더욱 강화할 것이며, 각 개인의 취향과 가치관을 표현하는 수단이 될 것입니다.

와인 문화의 변화는 계속될 것이며, 그 변화의 중심에는 항상 와인을 사랑하는 사람들이 있을 것입니다. 전통을 존중하면서도 새로운 시도를 두려워하지 않고, 와인이 주는 즐거움을 더 많은 사람들과 나누려는 노력이 계속되는 한, 와인 문화는 더욱 풍성하고 아름답게 발전해 나갈 것입니다!

7장 와인의 전망

30. 지속 가능한 와인 생산과 환경 이슈

와인 산업이 마주한 기후 변화의 현실

21세기 와인 산업이 직면한 가장 심각한 도전은 바로 기후 변화입니다. 포도나무는 테루아(terroir)라는 개념이 보여주듯, 특정 지역의 기후와 토양에 극도로 민감한 작물입니다. 지난 수십 년간 전 세계 와인 생산 지역에서는 평균 기온이 1-2도 상승했고, 이는 와인의 맛과 품질에 직접적인 영향을 미치고 있습니다.

프랑스 보르도의 경우, 1980년대에 비해 수확 시기가 평균 2-3주 앞당겨졌습니다. 이는 포도가 더 빨리 익는다는 것을 의미하며, 결과적으로 알코올 도수가 높아지고 산도가 낮아지는 현상을 초래합니다. 독일의 라인가우 지역에서는 과거에는 재배가 불가능했던 카베르네 소비뇽이 이제는 성공적으로 재배되고 있습니다. 이러한 변

30. 지속 가능한 와인 생산과 환경 이슈

화는 전통적인 와인 지도를 다시 그리게 만들고 있습니다.

극한 기상 현상도 증가하고 있습니다. 2020년 캘리포니아 나파 밸리의 대형 산불, 2021년 프랑스 부르고뉴의 봄서리 피해, 2022년 이탈리아 북부의 극심한 가뭄 등은 와인 생산량을 크게 감소시켰습니다. 우박, 폭우, 열파 등의  빈도와 강도가 증가하면서 포도원 관리는 더욱 복잡하고 위험한 일이 되고 있습니다.

이에 대응하여 와인메이커들은 다양한 적응 전략을 수립하고 있습니다. 일부는 더 높은 고도나 북쪽 지역으로 포도원을 이전하고 있습니다. 영국에서는 샴페인 스타일의 스파클링 와인 생산이 급증하고 있으며, 스칸디나비아 국가들도 와인 생산을 시작했습니다. 또한 열에 강한 포도 품종 개발, 캐노피 관리 기술 향상, 관개 시스템 개선 등 다양한 기술적 해결책도 모색되고 있습니다.

유기농과 바이오다이나믹: 자연과 함께하는 와인

지속 가능한 와인 생산의 가장 대표적인 형태는 유기농 와인입니다. 유기농 와인은 화학 비료, 살충제, 제초제를 사용하지 않고 재배한 포도로 만듭니다. 유럽연합의 경우 2012년부터 유기농 와인에 대한 엄격한 규정을 시행하고 있으며, 이는 포도 재배뿐만 아니라 양조 과정에서도 적용됩니다.

7장 와인의 전망

유기농 와인의 장점
- 토양의 생명력과 미생물 다양성 유지
- 화학물질 잔류 걱정 없는 안전한 와인
- 테루아의 순수한 표현 가능
- 장기적으로 포도원의 건강성 향상

하지만 유기농 와인 생산에는 도전 과제도 있습니다. 병충해 관리가 어렵고, 수확량이 일반 농법에 비해 20-30% 적을 수 있습니다. 또한 날씨 변화에 더 취약하여 빈티지별 품질 차이가 클 수 있습니다.

바이오다이나믹 농법은 유기농보다 한 단계 더 나아간 개념입니다. 루돌프 슈타이너의 철학에 기반한 이 농법은 포도원을 하나의 살아있는 유기체로 보고, 천체의 움직임과 자연의 리듬에 따라 농사를 짓습니다.

바이오다이나믹의 주요 원칙
- 포도원 내 생태계의 완전한 순환 추구
- 동물성 퇴비와 허브 제제 사용
- 달의 주기에 따른 작업 일정
- 포도원 내 생물 다양성 극대화

프랑스의 도멘 르플레브, 알자스의 도멘 지네르베르, 부르고뉴의

30. 지속 가능한 와인 생산과 환경 이슈

도멘 르로와 등 세계적인 와이너리들이 바이오다이나믹을 채택하고 있습니다. 이들은 이 농법이 와인의 복잡성과 순수함을 높인다고 주장합니다.

와인 산업의 새로운 목표 탄소 발자국 줄이기

와인 한 병이 소비자에게 도달하기까지 발생하는 탄소 배출량은 생각보다 큽니다. 포도 재배, 양조, 병입, 운송, 유통의 전 과정에서 온실가스가 배출됩니다. 평균적으로 와인 한 병당 약 1.2kg의 CO_2가 배출되는데, 이는 자동차로 5km를 운전하는 것과 비슷한 수준입니다.

탄소 배출의 주요 원인

- 유리병 생산 (전체 배출량의 약 40%)
- 운송 (특히 장거리 수출)
- 포도원 관리 장비 운영
- 양조장 에너지 사용
- 포장재 생산

많은 와이너리들이 탄소 중립을 목표로 다양한 노력을 기울이고 있습니다. 캘리포니아의 페처 빈야드는 100% 태양광 에너지로 운영되며, 뉴질랜드의 야릴럼 에스테이트는 세계 최초로 탄소 제로 인증을 받았습니다.

7장 와인의 전망

구체적인 탄소 감축 방법
- 재생 에너지 사용 (태양광, 풍력, 지열)
- 경량 병 사용 (기존 500g에서 420g으로 감량)
- 전기 트랙터와 농기계 도입
- 지역 유통망 강화로 운송 거리 단축
- 탄소 상쇄 프로그램 참여

혁신적인 포장재: 전통을 넘어서

와인 포장의 혁신은 환경 보호와 실용성을 동시에 추구합니다. 전통적인 750ml 유리병과 코르크 마개는 여전히 주류지만, 새로운 대안들이 속속 등장하고 있습니다.

스크류 캡은 이제 더 이상 '저급한' 와인의 상징이 아닙니다. 코르크 오염(TCA) 문제를 완벽하게 해결하고, 산소 유입을 정밀하게 조절할 수 있어 와인의 신선함을 오래 유지합니다. 특히 호주와 뉴질랜드에서는 프리미엄 와인에도 스크류 캡을 사용하는 것이 일반화되어, 전체 와인의 70% 이상이 스크류 캡으로 마감됩니다. 재활용이 가능한 알루미늄 소재라는 점도 환경적 이점입니다.

백인박스(Bag-in-Box)는 편견을 깨고 있습니다. 3리터 용량으로 유리병 4개 분량을 담을 수 있고, 특수 진공 포장 덕분에 개봉 후에도 4-6주간 신선함을 유지합니다. 최근에는 프리미엄 와인도 백인박스로 출시되며, 가정에

30. 지속 가능한 와인 생산과 환경 이슈

서 매일 즐기는 데일리 와인으로 인기를 얻고 있습니다. 캔 와인은 젊은 세대의 라이프스타일과 완벽하게 맞아떨어집니다. 피크닉, 캠핑, 페스티벌 등 야외 활동에 적합하고, 알루미늄 캔의 재활용률이 70%를 넘어 환경적으로도 우수합니다.

가장 혁신적인 시도는 종이병입니다. 94% 재활용 종이로 제작되어 탄소 배출을 84% 줄이면서도, 내부 특수 코팅으로 와인의 품질을 완벽하게 보존합니다. 영국의 프로게토 와인이 선보인 종이병은 무게가 83g에 불과해 운송 비용과 탄소 발자국을 획기적으로 줄였습니다. 이러한 혁신은 특히 환경 의식이 높은 밀레니얼과 Z세대에게 강한 어필을 하고 있습니다.

물 관리: 소중한 자원의 효율적 사용

포도나무는 본래 건조한 환경에 잘 적응하는 작물이지만, 양질의 포도를 생산하기 위해서는 적절한 수분 관리가 필수적입니다. 기후변화로 인한 강수량 패턴 변화와 가뭄 증가는 물 관리를 더욱 중요하게 만들고 있습니다.

현대적 물 관리의 핵심은 '정밀함'입니다. 드립 관개 시스템은 포도나무 뿌리에 직접 물을 공급해 증발을 최소화하고, 물 사용량을 40% 이상 절감합니다. 여기에 토양 수분 센서를 결합하면 각 구역

7장 와인의 전망

의 정확한 수분 상태를 파악하여 필요한 만큼만 물을 공급할 수 있습니다.

호주 바로사 밸리의 선구적인 사례는 주목할 만합니다. 연간 강수량이 400mm에 불과한 이 지역의 와이너리들은 빗물 수집 시스템과 양조장 폐수 정화 시설을 통해 물을 100% 재활용합니다. 더 나아가 일부 와이너리는 '**드라이 파밍**(dry farming)'을 실천합니다. 관개를 전혀 하지 않고 자연 강수만으로 포도를 재배하는 이 방식은 포도나무가 깊은 뿌리를 내리도록 유도합니다. 15-20미터 깊이까지 뻗은 뿌리는 지하수와 토양 깊숙한 곳의 미네랄을 흡수하여, 와인에 독특한 복잡성과 미네랄리티를 부여합니다.

정밀 포도재배(Precision Viticulture)는 기술과 전통의 완벽한 조화입니다.

GPS를 장착한 드론이 포도원을 비행하며 적외선 카메라로 촬영한 이미지를 분석하면, 수분 스트레스를 받는 구역을 정확히 파악할 수 있습니다. 이 데이터를 바탕으로 구역별로 차별화된 관개를 실시하여 물 사용량을 30-50% 줄이면서도 포도 품질은 오히려 향상시킵니다.

사회적 책임: 사람과 지역사회를 위한 와인

지속 가능성은 환경만의 문제가 아닙니다. 와인 한 병 뒤에는 수많은 사람들의 노동과 삶이 있습니다. 포도를 재배하는 농부, 수확을 돕는 계절 노동자, 와인을 만드는 양조 기술자, 그리고 그들이 속한 지역 사회 모두가 와인 산업의 중요한 구성원입니다.

공정 무역 와인은 이러한 인식에서 출발합니다. 단순히 포도 재배 농가에 공정한 가격을 지불하는 것을 넘어, 노동자들의 자녀 교육, 의료 서비스, 주거 환경 개선 등 삶의 질 향상을 위한 종합적인 지원을 제공합니다. 아르헨티나의 라 리오하나 협동조합은 공정 무역 프리미엄으로 지역 학교를 건립하고, 노동자 자녀들에게 장학금을 지급하고 있습니다.

남아프리카공화국의 변화는 특히 감동적입니다. 아파르트헤이트 시대에는 흑인들이 와인 산업에서 단순 노동자로만 일할 수 있었지만, 이제는 블랙 임파워먼트 프로그램을 통해 와이너리 소유주가 되고 있습니다. 솔름스-델타 와이너리는 노동자들에게 회사 지분의 33%를 제공하고, 그들의 자녀들을 위한 음악 학교를 운영합니다. 이러한 프로그램은 단순한 자선이 아니라, 역사적 불평등을 바로잡고 지속 가능한 발전을 추구하는 모델입니다.

칠레의 비냐 코노 수르는 노동자들의 근로 조건 개선에 앞장서고 있습니다. 모든 계절 노동자에게 정규직과 동일한 복지 혜택을 제공하고, 자녀 교육비를 지원합니다. 또한 지역 원주민 마푸체 공동체와 협력하여 전통 포도 품종인 파이스를 복원하고, 수익의 일부를 공동체 발전 기금으로 환원합니다.

소비자의 역할: 의식 있는 선택

지속 가능한 와인 생산은 생산자만의 노력으로는 불가능합니다. 소비자의 의식 있는 선택이 시장을 변화시키는 원동력이 됩니다. 우리가 구매하는 와인 한 병이 투표용지와 같은 힘을 가진다는 인식이 필요합니다.

와인을 선택할 때 라벨의 인증 마크를 확인하는 습관을 들입시다. 유기농 인증(EU Organic, USDA Organic), 바이오다이나믹 인증(Demeter, Biodyvin), 공정무역 인증(Fairtrade) 등은 엄격한 심사를 거쳐 부여됩니다. 하지만 인증이 없다고 해서 지속 가능하지 않은 것은 아닙니다. 많은 소규모 생산자들은 인증 비용 때문에 공식 인증을 받지 않지만, 실제로는 그 이상의 기준으로 와인을 생산합니다.

지역 와인을 선택하는 것도 중요합니다. 한국에서 프랑스 와인을 마시는 것보다 가까운 일본이나 중국 와인을 선택하면 운송에 따른 탄소 배출을 크게 줄일 수 있습니다. 더 나아가 국내에서 생산되는 와인을 응원하는 것은 지역 경제 활성화와 환경 보호를 동시에 실천하는 일입니다.

미래를 위한 혁신

와인 산업의 지속 가능성을 위한 혁신은 계속 진화하고 있습니다. 인공지능(AI)은 이미 포도원 관리에 혁명을 일으키고 있습니다. 캘리포니아의 몬테레이 와인 컴퍼니는 AI 시스템을 통해 병충해를 조

30. 지속 가능한 와인 생산과 환경 이슈

기에 감지하여 농약 사용을 50% 줄였습니다. 카메라와 센서가 포도 잎의 미세한 변화를 감지하고, 머신러닝 알고리즘이 질병 패턴을 분석하여 정확한 시기에 최소한의 개입만으로 문제를 해결합니다.

블록체인 기술은 와인의 전 생산 과정을 투명하게 만듭니다. 포도 재배부터 소비자의 테이블까지 모든 단계의 탄소 발자국을 추적하고, 진품 여부를 보증합니다. 프랑스의 샤토 마고는 이미 모든 그랑 크뤼 와인에 블록체인 인증을 도입했습니다.

도시 농업과 와인의 만남도 흥미롭습니다. 파리, 뉴욕, 도쿄 등 대도시의 옥상과 지하 공간에서 수직 농법으로 포도를 재배하는 실험이 진행 중입니다. LED 조명과 수경재배 기술을 활용하면 토지와 물 사용을 95% 줄이면서도 연중 포도 생산이 가능합니다. 아직은 실험 단계지만, 미래에는 도심에서 생산된 '제로 마일' 와인을 즐길 수 있을지도 모릅니다!

7장 와인의 전망

마무리

와인의 미래를 탐험하는 여정이 끝났습니다. 우리는 드론이 날아다니는 포도밭과 AI가 관리하는 발효 탱크를 보았고, 캔에 담긴 와인과 종이병의 혁신을 만났으며, 기후 변화와 맞서 싸우는 와인메이커들의 열정을 목격했습니다.

하지만 이 모든 변화 속에서도 변하지 않는 것이 있습니다. 와인이 주는 근본적인 가치 - 사람과 사람을 연결하고, 특별한 순간을 더욱 특별하게 만들며, 땅과 시간의 이야기를 전하는 힘입니다.

기술 혁신과 디지털 혁명
- 생산 혁신: 드론 모니터링, AI 품질 예측, 스마트 발효 탱크
- 유통 변화: 비비노 2억 사용자, 구독 서비스, 블록체인 투명화
- 개인화: DNA 분석 추천, 부티크 와이너리, 맞춤형 와인 제작

와인 문화의 혁명
- 젊은 세대: 일상화, #와인스타그램, 독립적 선택
- 체험 중심: 테이스팅 클래스, 와이너리 투어, 와인 갤러리
- 창의적 페어링: 치와인, 김치찌개+로제, 음악·영화 매칭

지속 가능한 미래
- 기후 대응: 평균 기온 상승, 수확 시기 변화, 고도 이전
- 친환경 농법: 유기농, 바이오다이나믹, 탄소 중립 와이너리
- 혁신 포장: 스크루 캡, 백인박스, 종이병 (탄소 84% 감소)

신흥 시장과 미래 전망
- 새로운 생산국: 중국 닝샤, 인도 나시크, 북유럽 기후변화
- 미래 기술: VR 투어, AI 소믈리에, 도시 농업 실험
- 사회적 책임: 공정 무역, 지역 와인 선택, 의식 있는 소비

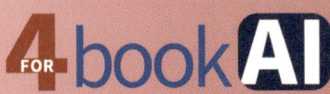

마무리

맺음말

AI와 함께 떠나는 와인의 여정

    와인의 여정을 함께 걸어온 독자 여러분께 진심으로 감사드립니다. 이 책의 마지막 페이지를 넘기는 지금, 여러분의 와인에 대한 이해와 애정이 깊어졌기를 바랍니다. 와인은 단순한 음료를 넘어 삶을 풍요롭게 하는 문화적 경험입니다. 한 잔의 와인 속에는 수천 년의 역사, 자연의 섭리, 그리고 인간의 열정이 깃들어 있습니다.

    포도나무가 척박한 땅에서 뿌리를 내리고, 사계절의 변화를 견뎌내며 열매를 맺는 과정부터, 와인메이커의 세심한 손길로 발효되고 숙성되는 모든 단계까지 - 이 하나하나의 과정이 모여 우리 잔 속의 기적을 만들어냅니다.

    이러한 와인의 다양한 이야기와 깊이를 알아가는 과정은 우리의 감각을 일깨우고, 삶의 작은 순간들을 특별하게 만드는 마법과도 같습니다. 더불어, 와인은 사람과 사람을 이어주는 훌륭한 소통의 매개체입니다. 테이블 위에 놓인 와인 한 병은 대화를 시작하게 하고, 경험을 나누게 하며, 관계를 깊게 만듭니다.

    와인에 대한 지식은 새로운 인연을 맺고 소셜 네트워크를 확장하는 데 큰 도움이 될 것입니다. 와인 테이스팅에서 만난 사람들, 와인에 대한 열정을 공유하는 커뮤니티, 심지어 레스토랑에서 소믈리에와 나누는 짧은 대화까지 - 이 모든 순간이 여러분의 삶을 더욱 풍요롭게 할 것입니다. 와인은 국경과 문화를 초월하는 보편적 언어이기도 합니다. 프랑스의 작은 비스트로에서, 이탈리아의 가족 경영 트라토리아에서, 또는 나파밸리의 와이너리에서 - 와인이라는 공통의 관심사는 언제나 따뜻한 환대와 진정한 교류의 문을 열어줍니다.

책 속의 AI 기능을 활용하여 계속해서 탐구하고, 실제 와인을 마시며 경험을 쌓고, 그 경험을 소중한 사람들과 나누시길 권합니다. 각자의 취향을 발견하는 것도 중요한 여정입니다. 처음엔 어렵게만 느껴졌던 테이스팅 노트가 어느새 자연스럽게 읽히고, 자신만의 와인 스타일을 찾아가는 과정은 그 자체로 즐거운 모험이 될 것입니다.

와인의 세계는 끝없이 넓고 깊습니다. 그 아름다운 여정에 이 책이 작은 안내자가 되었기를 진심으로 바랍니다.건강하고 행복한 와인 라이프를 응원합니다! 앞으로 펼쳐질 여러분의 와인 이야기가 더욱 특별하고 의미 있기를 기원합니다.

AI가 알려주는
와인의 모든 것

4book
powered